今天是昨天的明天，生命是新陈代谢的其代谢炼，让我后来人们这更诚的教徒对走诚的不在者难

叶荣槐 二〇八三年元月

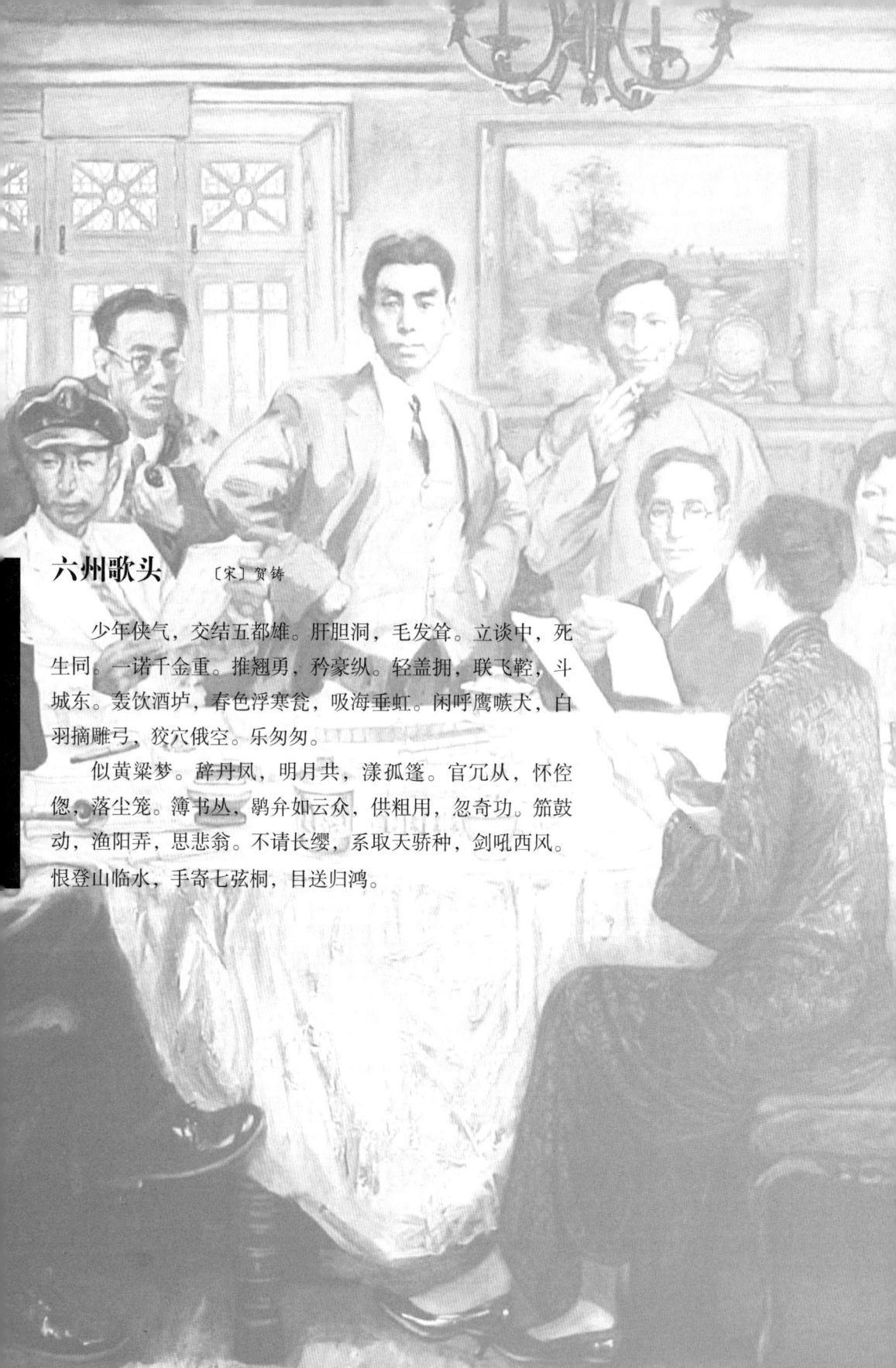

六州歌头 〔宋〕贺铸

　　少年侠气，交结五都雄。肝胆洞，毛发耸。立谈中，死生同。一诺千金重。推翘勇，矜豪纵。轻盖拥，联飞鞚，斗城东。轰饮酒垆，春色浮寒瓮，吸海垂虹。闲呼鹰嗾犬，白羽摘雕弓，狡穴俄空。乐匆匆。

　　似黄粱梦。辞丹凤，明月共，漾孤篷。官冗从，怀倥偬，落尘笼。簿书丛，鹖弁如云众，供粗用，忽奇功。笳鼓动，渔阳弄，思悲翁。不请长缨，系取天骄种，剑吼西风。恨登山临水，手寄七弦桐，目送归鸿。

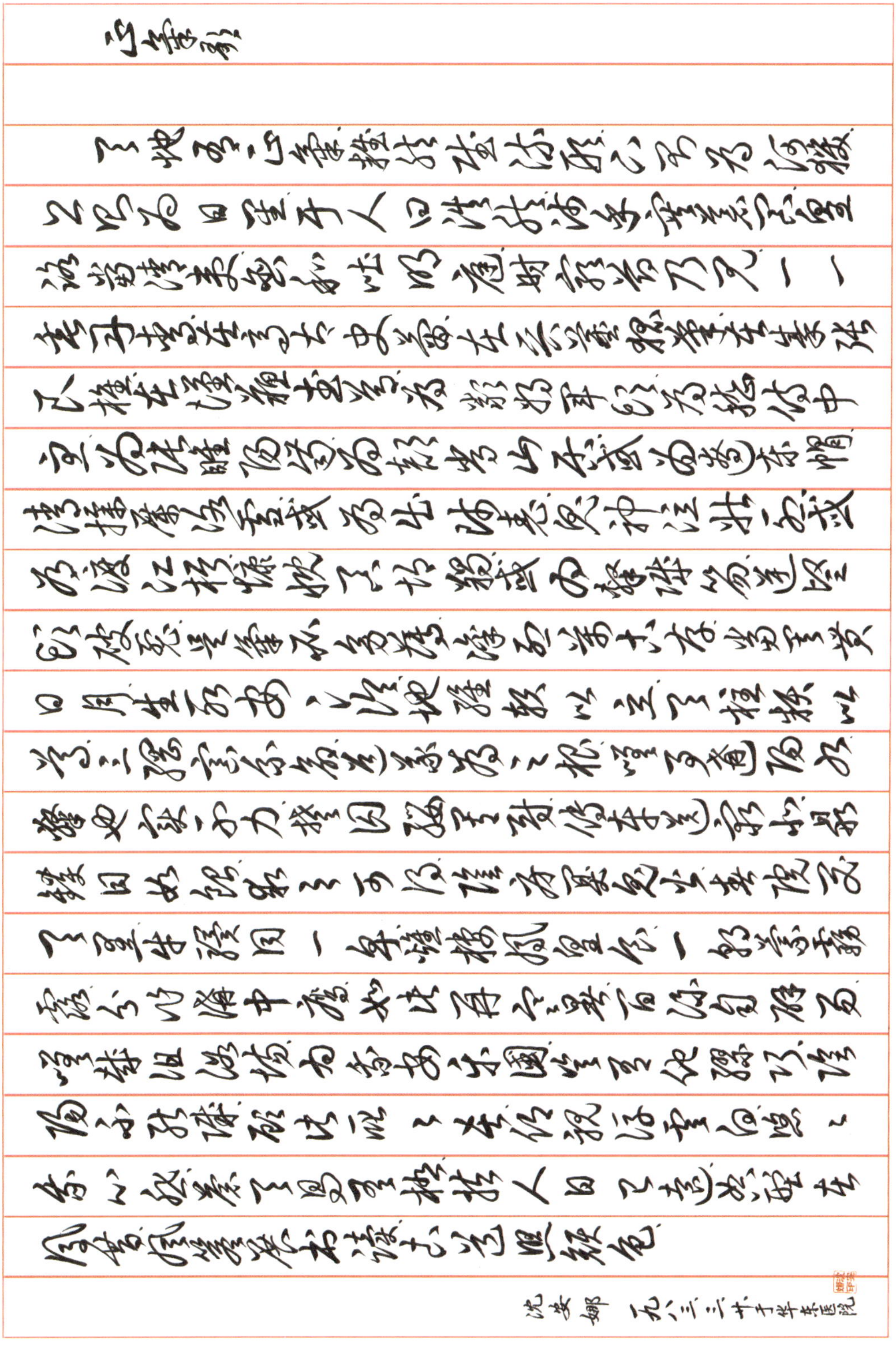

今天是昨天的明天，生命是新陈代谢的共代谢炼，让我们后来人在这虔诚的教徒般虔诚的不息奋斗中

叶燕雄
二〇二三年六月

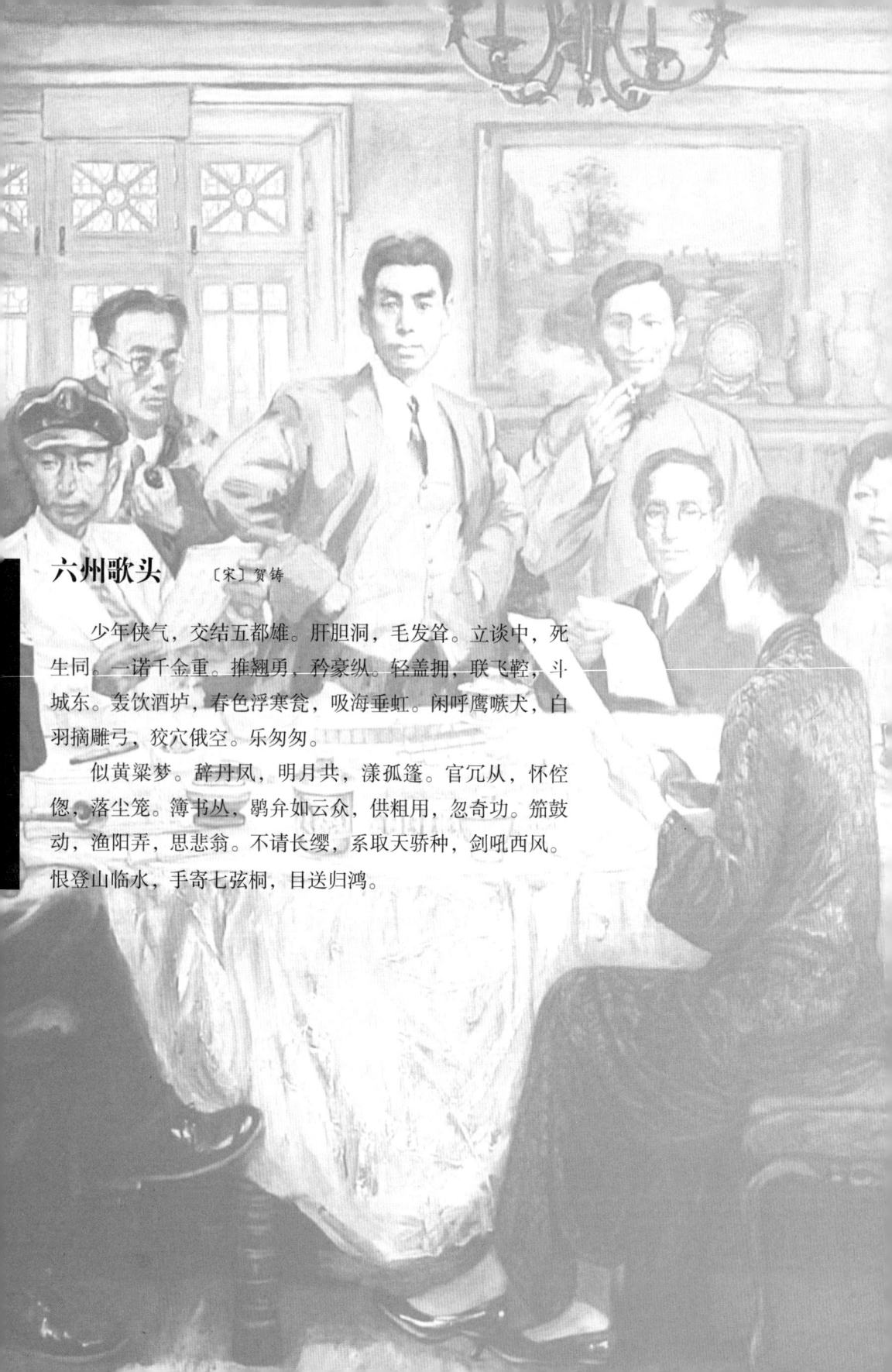

六州歌头 〔宋〕贺铸

少年侠气,交结五都雄。肝胆洞,毛发耸。立谈中,死生同。一诺千金重。推翘勇,矜豪纵。轻盖拥,联飞鞚,斗城东。轰饮酒垆,春色浮寒瓮,吸海垂虹。闲呼鹰嗾犬,白羽摘雕弓,狡穴俄空。乐匆匆。

似黄粱梦。辞丹凤,明月共,漾孤篷。官冗从,怀倥偬,落尘笼。簿书丛,鹖弁如云众,供粗用,忽奇功。笳鼓动,渔阳弄,思悲翁。不请长缨,系取天骄种,剑吼西风。恨登山临水,手寄七弦桐,目送归鸿。

典藏版

剑吟如风

| 中央特科纪事 |

叶孝慎 / 著

金城出版社
GOLD WALL PRESS
·北京·

图书在版编目（CIP）数据

剑吼西风：中央特科纪事：典藏版 / 叶孝慎著 . — 北京：金城出版社有限公司，2023.4（2024.12 重印）

ISBN 978-7-5155-2291-3

Ⅰ.①剑… Ⅱ.①叶… Ⅲ.①中国共产党—情报活动—史料—1927—1935 ②中国共产党—保卫工作—史料—1927—1935 Ⅳ.① D231

中国版本图书馆 CIP 数据核字（2022）第 172235 号

剑吼西风——中央特科纪事（典藏版）

作　　者	叶孝慎
责任编辑	李凯丽
责任校对	王秋月
责任印制	李仕杰
开　　本	710 毫米 × 1000 毫米　1/16
印　　张	26.5
字　　数	390 千字
版　　次	2023 年 4 月第 1 版
印　　次	2024 年 12 月第 2 次印刷
印　　刷	鑫艺佳利（天津）印刷有限公司
书　　号	ISBN 978-7-5155-2291-3
定　　价	118.00 元

出版发行	金城出版社有限公司　北京市朝阳区利泽东二路 3 号（100102）
发 行 部	（010）84254364
编 辑 部	（010）84250838
投稿邮箱	825994321@qq.com
总 编 室	（010）64228516
网　　址	http://www.jccb.com.cn
电子邮箱	jinchengchuban@163.com
法律顾问	北京市安理律师事务所　18911105819

序言

中央特科的天下旧闻

中共隐蔽战线斗争始于蒋介石发动"四一二"政变、破坏国共合作的严酷时刻。完全是出于本能的自保和自卫，1927年9月底至10月上旬，中共中央机关迁回上海的同时，周恩来指示筹建中央特科，开展搜集情报、保卫中央机关、打击叛徒出卖的英勇斗争。与此同时，中央特科时刻面临严重危险。事实上，八七会议之后，各地共产党人发起南昌起义、秋收暴动、广州起义，国民党反动派也加紧了对于上海的共产党人的搜捕、围追和囚禁，几次破坏中共中央各秘密机关和机构。中央特科针锋相对，搞情报，打叛徒，几经挫折，一再振作。从1927年11月成立，到1935年9月随着中共上海中央局撤销，中央特科在上海坚持了八年，也是我党隐蔽战线斗争顽强坚持的八年，八年的影响持久长远，犹如绵延不尽的隐秘电波，永不消失。

特科八年，隐秘凶险，既是艰难撑持，却也声名遐迩。有轰动一时的行动，比如处决叛徒白鑫的"喋血霞飞路"；也有影响长远的举措，比如派沈琼打入国民党机关、数年后获得机密文件，被誉为"按住蒋介石脉搏的人"。《剑吼西风：

《中央特科纪事》用十五章的结构和篇幅，细致记述中央特科所有值得说道的往事。第一章和第二章从人物的行事方式，介绍中央特科的工作特点及人物形色。其他十三章，分别记述了中央特科经历的重要事项。有七章涉及机关潜伏和情报运行，比如第五章《真金库，假夫妻》、第六章《不是我，是风》、第十章《开铺子做买卖》、第十一章《野天鹅》、第十三章《并蒂莲》、第十四章《"一号机密"》和第十五章《最后的努力》；有三章记述中央特科行动股也即著名的"红队"英勇锄奸的故事，分别是第三章《谁是犹大》、第四章《喋血霞飞路》、第十二章《锄奸红灯区》；特别值得一起的是第七章《大隐隐于市》，记述1930年5月上海召开全国苏维埃区域代表大会，中央特科安排会议、保障安全，整个过程严丝合缝，巧妙避开敌特追踪，让敌特抓捕无望，读来十分精彩！另外还有两章，是记述中央特科应对重大危机的第八章《金陵夜，十万火急》和第九章《向忠发失踪之谜》，"龙潭三杰"发挥重要作用，中共中央机关避免了一次重大损失，中共中央早期领导人成分不纯意志不坚的情况也呈现出来，令人深长思之。

  本书作者既是作家，也是党史研究专家，对于中共历史史实细节的熟悉掌握，也给本书叙事增添了几分光泽。本书叙述，散文笔法，所叙内容，不疾不徐，读来从容自如。自如在行文的夹叙夹议：作者在叙述当中，拈出史实若干，时不时地，与当下流行书籍及影视里的错讹做些比较，点评错讹，驳正失误，辨析实相，既校正了读者对于史实的认知，又丰富着读者的阅读兴味，生动有趣。应该说，这一系列的点评和驳正，也是重要的校正，有助于读者客观真切地了解中央特科在那个特殊时代的特别经历。也正是因为这样，这部纪实作品，真切生动，颇具时代风貌。

中央特科纪事，已经是距今近一个世纪的陈年旧事了！历史的烟尘，遮不住往昔情状，天下旧闻，总是唤起一代新人的记忆。时代正义、理想信念、忠诚奉献，附丽在中共党史上，本书记述的生动事例，依然在激励人们奋发进取的精神。阅读这样一部有情致、有风格的纪实文学作品，对于思辨历史，启迪思想，效仿正气大义先贤，鄙薄私欲算计宵小，总是有益的。谢谢作者！

2022 年 3 月 9 日

于马连道

前言 ❀ 历史不能被妖魔化

2021年2月20日，习近平总书记在党史学习教育动员大会上的重要讲话中指出："我们党从诞生那一天起，就同中国人民和中华民族的前途命运紧密联系在一起。鸦片战争以后，我国逐渐成为半殖民地半封建社会，处在列强入侵、战火频仍、山河破碎、生灵涂炭的悲惨境地，中国人民生活在水深火热之中。从那时起，实现民族复兴就成为了中华民族最伟大的梦想。为了改变被奴役、被欺凌的命运，无数仁人志士前赴后继，努力探寻救亡图存的出路。"

事实上，近代以来，中华民族之所以历经劫难而生生不息，饱尝艰辛而斗志更强，始终保持旺盛生命力和强大凝聚力，最根本的是一批又一批仁人志士始终怀着对祖国和人民的无限忠诚，以强烈的责任感和使命感，自觉肩负起历史和时代赋予的责任，为祖国和人民的利益奉献一切。

以忠诚为本，正是我党隐蔽战线斗争的永恒主题。

以奉献为荣，正是无名英雄薪尽火传的鲜明本色。

2009年9月10日，"双百"人物（一百位为新中国成立作出突出贡献的英雄模范人物和一百位新中国成立以来感动中国人物）评选结果揭晓，国家安全系统报送的钱壮飞和李白入选"双百"人物。前者名列"龙潭三杰"，后者系经典电影、精品舞剧《永不消逝的电波》的原型之一。9月14日下午3时许，作为"双百"人物亲属代表，钱壮飞之孙钱泓应邀出席了"双百"人物代表座谈会。

我曾以忠诚为经、奉献为纬，为新中国成立60年，为我党隐蔽战线斗争，为前赴后继的无名英雄，同时写了两组系列报道。我把其中与钱壮飞有关的两篇报纸文章《钱泓：我爷爷演的是武侠，干的是潜伏》（《劳动报·品位周刊》，2009年9月6日）和《龙潭三杰》（《解放日报》，2009年9月7日）带去北京，给了钱泓。钱泓则与我分享喜悦，给我看了"双百"人物代表座谈会上的合影，以及组委会颁发的相关证书、纪念牌、纪念章等。钱泓还送了我一本《穿过幸福时差：听月坛老人讲故事》（2009），其中收有他写的文章《回忆我的爷爷钱壮飞》，里面说到一个小学生为他爷爷修墓捐了一分钱。钱泓说："在我爷爷牺牲的地方，老百姓自发捐资修建了一座'红军墓'，其中有一个小学生捐了一分钱。我得知后很感动，很想见见这个孩子。许多年后，这个孩子给我来了一封信，说她现在已经是贵阳师范大学的学生。我请她来北京做客。我在家里接待了她。我向她当面致谢，她说她崇敬我爷爷那样的英雄。我问她毕业后有什么打算。她说，她要回金沙县任教，让家乡的孩子接受更好教育，茁壮成长为栋梁之材，为实现革命先烈的遗愿作出应有贡献。"

钱泓的讲述开阔了我的思路。我说，我正参与策划一部取材于"龙潭三杰"的电影。一分钱，一座墓，一个小学生，完全可以营造出一个如泣如诉的凄美意境。

钱泓问这部电影的由来。我告诉他，为纪念中国共产党成立90周年，国家广电总局有意投拍一部关于"特科"题材的电影，继《金陵之夜》（公映于1985年，导演为钱泓之父、钱壮飞之子钱江，其代表作有《中华儿女》《白毛女》《祝福》《林家铺子》《海霞》等）之后，再将李克农、钱壮飞、胡底的不朽业绩搬上银幕，任务已经下达，由某新锐导演担纲。国家广电总局颇为欣赏他的才华，认为他执导的国庆60周年献礼片很到位。听说我参与了新版"龙潭三杰"的创作，钱泓再三叮咛，说你们怎么搞都行，就是不能太媚俗、太商业化。我说，我最怕的也正是这一点。因为《金陵之夜》开机前，你父亲先写了《七封绝密电报》。为了写好《七封绝密电报》，你父亲不仅如他在那部纪实作品的后记中所说，"四处收集了很多当时的历史档案"，而且还"按照自己童年的回忆"，从"事件、人物、情节"到"出事地点"，都"力求真实"。我去甘司东路（今上海嘉善路）查证你爷爷当年寓所的确切地址，当地居民都给我讲你父亲去那里看外景时的兢兢业业、一丝不苟。而眼下，有些人打着"市场化操作"的幌子，就是想要把革命历史题材拍成纯粹意义上的商业大片。要是李克农、钱壮飞、胡底的名字都被改了，顾顺章也摇身一变，从护送张国焘、陈昌浩、沈泽民等人去鄂豫皖苏区变成钦差办案，奉中央命令，去汉口彻查"中共在湖北的地下组织连连被破坏"的原因所在，就像《中共特工》（1996）里所津津乐道的那样，一会儿"将情妇翠花拦腰一抱"，"像头发狂的雄狮"，"唰地一下扯开她的胸衣"；一会儿与特务"厮打起来"，"从裤腰处抽出匕首"，当场刺翻熊腰虎背的"大个子"，那就实在太糟了。

钱泓的神情变得肃穆起来。

多年交往中，我深知他是一个很随和的人。只是彼时彼刻，他的脸色变得分外冷峻。

钱泓说，他别无奢望，只希望先烈的英名不被玷污。

他的希望，亦是我的希望。

我曾在《民国疑案》（2008）中，写下了如下一段话：

> 这不是一本猎奇的书。恰恰相反，这是一本反猎奇的书。书中的每一疑案，也有劫夺、追杀、贪渎、背叛；也有刀光剑影、腥风血雨、男盗女娼、尔虞我诈。但是，这只是一种表象，一种浅表层面的现象。谁也无意简单还原一个罪恶社会的黑暗。更多的揭秘，更多的考证，更多档案的发掘，更多史实的解读，更多亲历者的浮出水面，更多当事人的开口说话，都是为了还历史以本来面目，让今人与后人远离信口开河、望文生义、道听途说、似是而非。我深知，我绝对不是那些大案、要案的第一叙述者。几乎每一故事、每一篇章，都是被人说过了、写过了的。问题是，越是耳熟能详，越是以讹传讹。越是说了又说、写了又写，越是无真实可言，越是把原本就已疑云密布的鸡鸣狗盗、作奸犯科变得更加扑朔迷离、疑窦丛生。也正因为这样，一个"疑"字，变得多义起来。一个"疑"字，也就成为本书的核心所在、关键所在。案件本身之"疑"，那是自然的。真正让人揪心的，还是那些所谓纪实、所谓传真的起哄之"疑"，臆断之"疑"，捏造之"疑"，山寨之"疑"。正本清源是我所要做的。去伪存真是我已经做的。我不敢说我已经做到了我想做的一切。我只敢说我不把谣传当信史。我正在愈益接近我所要接近的事实真相。我不想轻易作结论、下判断。我特别不想凭借尚

未穷尽的资料对那些尚无定论的重大事件胡乱猜测、轻言是非。我可以没有定论，我不能没有严谨。历史不是可以随便打扮的小女孩。历史不能被妖魔化。

历史不能被妖魔化，这是我写作《民国疑案》的基点，也是我写作《剑吼西风：中央特科纪事》的基点。

热话题，冷思考，恐怕更能使当今人们，无论是怀旧老人，还是亟待更多洞悉历史原生态的年轻人，一步步走近波谲云诡的从前，走近谍影幢幢的以往，走近所有那些为了中国人民的解放事业，在旧上海的腥风血雨、金迷纸醉中赴汤蹈火、人智人勇的无名英雄。所有那些在中国共产党领导下的隐蔽战线上前赴后继、一往无前的地下尖兵，都是"富贵不能淫，威武不能屈，贫贱不能移"的光辉典范。他们是时代的先驱，他们是历史的丰碑，他们是国家的精英，他们是民族的脊梁。他们以他们的热血忠魂创立了不朽的功勋，他们以他们的辉煌业绩谱写了流芳百世的凯歌。当年，"左联五烈士"遇害，鲁迅在《为了忘却的纪念》的最后曾凝重地写道，夜正长，路也正长，将来总会有记起他们，再说他们的时候。

2021年2月20日，习近平总书记在党史学习教育动员大会上的重要讲话中指出："在一百年的非凡奋斗历程中，一代又一代中国共产党人顽强拼搏、不懈奋斗，涌现了一大批视死如归的革命烈士、一大批顽强奋斗的英雄人物、一大批忘我奉献的先进模范，形成了一系列伟大精神，构筑起了中国共产党人的精神谱系，为我们立党兴党强党提供了丰厚滋养。"

同时，也是为了更好地正本清源、固本培元，旗帜鲜明地反对历史虚无主义。习近平总书记强调："如果历史观错误，不仅达不到学习教育的目的，反倒会南辕北辙、走入误区。现在，一些错误倾向要引起警惕：有的夸大党史上的失误和曲折，肆意抹黑歪曲党的历史、攻击党的领导；有的将党史事件同现实问题刻意勾连、恶意炒作；有的不信正史信野史，将党史庸俗化、娱乐化，热衷传播八卦轶闻，对非法境外出版物津津乐道，等等。要坚持以我们党关于历史问题的两个决议和党中央有关精神为依据，准确把握党的历史发展的主题主线、主流本质，正确认识和科学评价党史上的重大事件、重要会议、重要人物。"

  一个有希望的民族不能没有英雄，一个有前途的国家不能没有先锋。中央特科及其英烈的事迹和精神，正是激励我们前行的强大力量。我们要以史为鉴、以理服人，反击史学界的浮躁之风、文学界的猎奇之风、影视界的戏说之风，而不放任历史虚无主义甚嚣尘上、泛滥成灾。我们绝不允许历史虚无主义者往中央特科英烈的脸上抹黑。所谓"后真相时代"的虚无历史，不能成为、也不应该成为当前人们精神生活的廉价消费品。

  中央特科先烈的英名与江河同在。

  中央特科先烈的精神与日月同辉！

叶孝慎

2021 年 4 月 15 日

第六个全民国家安全教育日

目录

001　第一章　不知掩饰,不知生存
002　一、生来就是变魔术的
008　二、茂密林里英雄来
019　三、高洁自难忘
034　四、你是千面人么

043　第二章　清者自清,浊者自浊
044　一、英雄阳刚
048　二、流氓无产者

053　第三章　谁是犹大
054　一、他们的手上有血
055　二、盛会难再
060　三、半分钟都差不得
063　四、装成出殡救人
065　五、她要两本出国护照和巨额美金
070　六、爆竹声中的锄奸真相
075　七、贺稚华到底想要什么

079　第四章　喋血霞飞路

080　一、捕人如像预知的一样

085　二、两面间谍

089　三、伏击枫林桥

093　四、白鑫叛变

097　五、惊弓之鸟

099　六、皮夹里有一张车票

102　七、"将他老婆接来"

109　第五章　真金库，假夫妻

110　一、党中央最机密的机关

118　二、爱吃红烧狮子头

123　三、三个良师益友

129　第六章　不是我，是风

130　一、代号"木匠"

133　二、人间蒸发

136　三、快给巡捕房挂电话

138　四、孟尝君风度

140　五、昨天晚上谁值班

141　六、电灯闹鬼了

146　七、福利电器公司

148　八、顺手拉开身后窗帘

150　九、没有一人暴露是共产党员

152　十、告慰亲人，明天再见

第七章　大隐隐于市

- 162　一、全国苏维埃区域代表大会
- 165　二、神秘医院
- 170　三、以子之矛，攻子之盾
- 173　四、多重保险
- 178　五、分批进场，一律不准外出
- 180　六、唱起《国际歌》
- 183　七、真相只有一个

第八章　金陵夜，十万火急

- 188　一、徐恩曾栽在了钱壮飞手里
- 192　二、铁三角
- 200　三、只要不死，就会看到他叛变
- 205　四、化广奇
- 208　五、刺杀蒋介石
- 215　六、对付共产党的大计划
- 217　七、地图被小刀划出大叉
- 221　八、破例要了一支烟
- 226　九、大魔术家并不等于魔术大师
- 227　十、英雄死了，英雄长在

第九章　何忠发失踪之谜

- 232　一、探勒车行
- 233　二、那人只有九个指头
- 239　三、传话的"印象最深"
- 241　四、直接用钥匙开门
- 245　五、我们的思想是相通的

251　六、通缉与卖人

256　七、脚下是一个陷阱

258　八、屈膝跪地为免一死

261　九、"密电"依然"存在"

265　第十章　开铺子做买卖

266　一、这个人不简单

272　二、第一桶金

277　第十一章　野天鹅

278　一、小开

282　二、从淞沪抗战到闽变倒蒋

287　三、我们的人

297　第十二章　锄奸红灯区

298　一、枪响"小花园"

301　二、1469号车牌

305　三、谣言杀人

307　四、葬身之所

310　五、如入无人之境

313　六、神枪手

315　七、殉道者永受赞美

321　第十三章　并蒂莲

322　一、派沈琬去

327　二、挺进师

332　三、按住蒋介石的脉搏

338　四、失联

343　五、开张吃三年

351　第十四章　"一号机密"

352　一、中央文库

355　二、决不让一个纸片落到敌人手里

357　三、我不死，我还要工作

360　四、"小老大"

363　五、让自己永远沉默

366　六、档归我们天下

369　第十五章　最后的努力

370　一、陈云来了

375　二、"三人团"

377　三、沧海横流，方显英雄本色

380　四、在浦东上船

385　参考文献

399　后记　守住清贫，耐住寂寞

第一章

不知掩饰，不知生存

◎ 生来就是变魔术的
◎ 茂密林里英雄来
◎ 高洁自难忘
◎ 你是千面人么

一、生来就是变魔术的

一样是站在有几百瓦灯光照着的高台上,当着众人的面,把有的东西变没了,或把没的东西变有了,中国摩登化了的戏法跟原装进口的外国魔术还是有差异、有区别。

中国戏法,道具小,表演细,特别强调手的技巧和肢体语言,早在两汉时期就有。元封三年(公元前108年),汉武帝下令举行百戏盛会,会上即有出神入化的《鱼龙蔓延》。至唐宋年间,作为一种日臻成熟的表演艺术,中国戏法里的《入壶舞》,不仅可以让人从左面缸中钻入、从右面缸中爬出,还可以让拦腰截分的死尸通过"七圣法"当场复活。令人叹为观止的古彩戏法,似乎也就是在那一时期风靡临安(今杭州)坊间的。

但中规中矩的中国戏法终究摩登化了。

"上有好者,下必有甚焉者矣。"中国戏法的摩登化跟西太后的垂青有很大关系。光绪末年,西洋马戏东渡中国,国人惊诧莫名,视为异端,群起而攻之。但看惯了一袭大褂、"八字真言"的慈禧,突然间看到那么多稀奇古怪的辨认术、读心术、预言术、第六感术、不能伤害术,还有眼花缭乱的光、声、电等物理、化学幻象,忍不住失声叫好,恩宠有加。

西太后的青睐使得土生土长的中国戏法极大地加快了脱胎换骨的摩登化进程。特别是在海纳百川的上海，开风气之先的十里洋场，一夜间，从"楼外楼""天外天""云外楼"，到"新世界""花世界""大世界"，到处都是燕尾一族，不是从大礼帽里抓出一只活蹦乱跳的小白兔，就是对着上了锁的空箱子，连轰三枪，然后拨开氤氲烟雾，领出一个风情万种的半裸女郎。

就这样，隔着一条黄河，中国戏法分了南北两派。急功近利的南派越来越向西方看齐，更加现代化、时尚化。他们的动作越来越诙谐惊险、优雅洒脱。他们的道具越来越庞大恢宏、光怪陆离。他们越是不张口说话，就越是注重脸部表情，强化怪诞的艺术构思。他们越是张扬个性，就越是利用现代科技手段，追求匪夷所思的现场氛围，营造特别夸张、煽情的舞台效果。循规蹈矩的北派则依然故我、亦步亦趋，越来越传统化、本土化。他们依旧巧夺天工、平中求奇。他们依旧穿着大褂上台，让观众先看清那一褂子的上、下、反、正，乃至手中盖布的里里外外。他们依旧讲究"捆、绑、藏、掖、撕、携、摘、解"，也就是后台准备用的捆起、绑好、埋藏、掖夹，前台演出用的撕烂、携带、摘下、解开。他们在重复表演《萝圈献彩》《九连环》《仙人栽豆》的同时，还很注重妙语连珠的"贯口"。"贯口"亦称"背口"，常见于对口相声。"贯口"里的"贯"是一气呵成、一以贯之的意思。然而，一气呵成、一以贯之的"贯口"，一旦被江湖人士移植成为林林总总的嘴上功夫，"贯口活"也就不再是马三立们的专利。至少沧州吴桥的"鬼手"王宝合，除了独步天下的《三仙归洞》，也还有一点也不输给《报菜名》《八扇屏》《百事会》的脱口秀。

一部中央特科历史之所以从魔术写起，从外国魔术的中国化写起，完全是因为潜伏上海的重要人物之一是魔术师，一个很有天分的草根魔术师。他经历了那一特定时代，经历了中国魔术的凤凰涅槃、浴火重生。正是那样的经历，使得他金盆洗手、再不登台后许久，还是按捺不住，常去各种各样的演出场所，躲在暗处，偷偷观看他的昔日同行演出一些跟原装进口的外国魔术多少还是有差异、有区别的中国戏法，不洋不土、半新半旧的中国戏法。

他就是顾顺章。

顾顺章鄙薄他的昔日同行，打心眼里瞧不起他们。他在偷看他们演出时的神情往往是轻蔑的。他的唇角上总是凝着冷冷的微笑。他生性孤傲，自命不凡。环顾20世纪20年代的中国魔术界，除了张慧冲，没有人能入他法眼。

张慧冲是中国影坛的传奇，第一位武侠明星。1928年，张慧冲和他的二哥张慧民自组慧冲影片公司，专拍武侠片，名声很大。

■张慧冲（左）及其表演的海派魔术（右）曾经风靡民国时期的上海

他们的七弟张达民，也常带女友阿根来片场玩。张达民将阿根举荐给张慧冲。张慧冲给了阿根上镜机会。阿根就此平步青云，积累了初始经验，以致最后"如炸弹般落于中国影坛"，成为默片时代与胡蝶齐名的悲剧皇后阮玲玉。

张慧冲还是"海派魔术"的开创者、奠基人。

张慧冲以大规模的专场演出把中国现代魔术推上了正规艺术舞台。他的《刀箱遁人》《马遁》《绒线球》，推陈出新，高潮迭起，无一不是纯粹意义上的"巨型魔术"。他的"巨型魔术"可以使人从寒光凛凛的刀丛中腾空而出，又可以让高头大马在铁栅栏里变成他本人。他还可以把巨大探照灯里的女助手变进更大体积的绒线球中，只有抽光那个大绒线球上的所有线绳，球中央的女助手才能笑盈盈地重现在观众眼前。

张慧冲让顾顺章心悦诚服。但他还是认为，张慧冲能做到的，他也能做到；他能做到的，张慧冲未必能做到。

顾顺章做梦也想跟张慧冲对决。

顾顺章做梦也想做张慧冲第二。

顾顺章多少有点狂妄，却又并非一味放肆，异想天开。毕竟戏法人人会变，顾顺章有他好高骛远、桀骜不驯的资本。他的身体里流着天才魔术师的血。他的魔术造诣登峰造极、高深莫测。1930年11月9日《申报》的广告，以及同年12月1日《申报》的报道，不仅能够用来印证顾顺章"擅魔术，在上海租界内设有'化广奇'魔术团公开招生并表演"（蔡孟坚，1980），而且那一个"奇星魔术研究社"的"迁移"，那一个由"化广奇"担纲"主任"的"奇星魔术研究社"的扩容，从斜桥街（今吴江路）22号乔迁静安寺路（今南京西路）679号、斜桥总会左侧，应该也能客观说明"社务愈益发展"，"入社研究者甚为踊跃"，并非自我吹嘘。

事实上，魏斐德、王光远、穆欣、张国焘等人的渲染，要比蔡孟坚的追忆有过之而无不及。他们异口同声、无限放大顾顺章的魔术神乎其神、无所不能。只要说到顾顺章，他们就会说，他"在先施公司屋顶花园剧场定期演出"，"在舞台上衣冠楚楚，像位西方绅士"。（魏斐德，2011）他们就会说，他"在斜桥路22号开过'奇星魔术社'，专门出售玩魔术的道具，玻璃橱窗内陈列着光怪陆离的各种小玩艺儿"。（王光远，1999）他们就会说，他"非但喜欢表演魔术，而且还喜欢请朋友做他的助手，同台献艺。中央特科的'红队'队员谭忠余、张阿莲、张文虎、张文龙等都当过他的配角"。（穆欣，2013）他们就会说，他"曾在汉口表演多次，轰动一时，汉口有些大商人和富人曾拜他做老师，其中有几个和他来往亲密"。（张国焘，1991）

顾顺章似乎确有足够条件大显身手，以魔术公演掩护自己潜伏，潜伏在鱼龙混杂、危机四伏的上海。但瓜田李下，古人所慎。谁也不比原上海工人纠察队总指挥、市民代表会议执委、市政府委员，更不适宜在大庭广众抛头露面。

因此，更多时候，顾顺章只能销声匿迹，蛰伏深潜。

因此，公众场合，顾顺章只能收心耐性，隐姓埋名。

顾顺章在粉墨登场、大变活人时，常用一个艺名，叫"化广奇"。

顾顺章在潜伏地下、构建情报网、武装保卫党中央时，另有了一个化名，叫"黎明"。

"化广奇"是顾顺章的正面。

"黎明"则是顾顺章的背面。

正面的顾顺章是一个魔术师。

背面的顾顺章是一个特工，一个打盹都得睁一眼闭一眼的潜伏者。

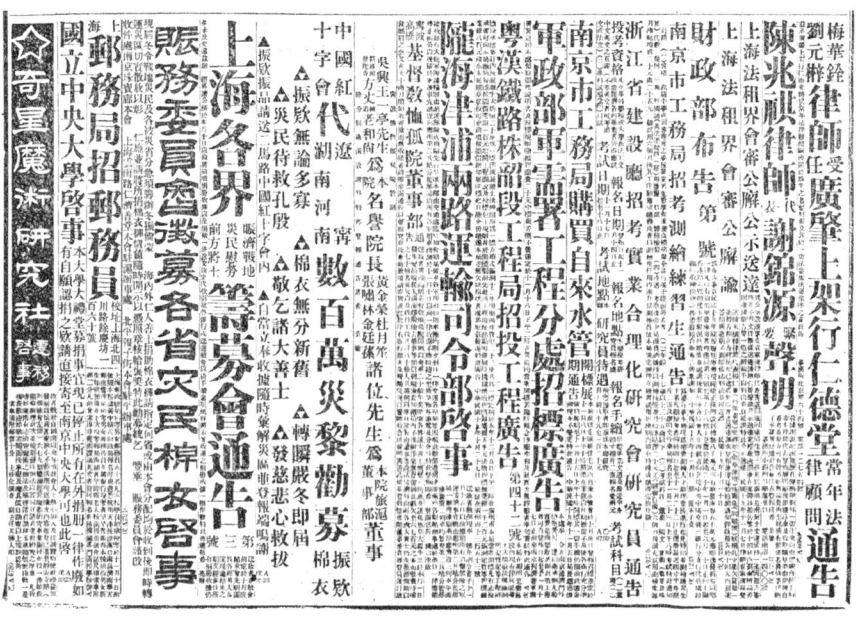

■《申报》1930年11月9日、12月1日有关"化广奇"的广告和报道

敌人不睡觉,这是列宁说的。

你可以不聪明,但不可以不小心,这是余则成说的。

二、茂密林里英雄来

中央特科,另有足智多谋的陈赓。

　　我生长于湘之湘乡,现年41岁。祖父出身贫寒,甚至衣不能掩羞,幼从戎为官致富,善战闻于当时。父亲袭祖业,乡间间微有声望,对革命具同情。我幼受祖父影响,时思弃读从戎,高小未卒业,即毅然投军,隶鲁涤平部下之第6团2营为兵。时年仅十四五,荷德造套筒步枪(不上刺刀),枪高几与头齐。由二等兵以次连升至上士。民国六年至民国九年,湖南连年战争(打张敬尧、护法、湘鄂之战),我几无役不从。目睹连年战争惨状,战场遗尸遍野,民家则十室十空,对军阀战争深表怀疑,遂萌退志。民国十年脱离行伍,复又插考中学,受"五四"思潮之激动,愿献身革命,乃于1922年加入S·Y·(社会主义青年团),从事反帝运动。1923年长沙"六一惨案"(日本兵登陆枪杀宣传学生),我曾亲身参与,即为当事者之一并负伤。

　　是年底,党派我至上海转广东,投入程潜所办之陆军讲武学校。1924年K·M·T·(国民党)改组,创办黄埔军官学校。我以为革命青年不应分散力量,甚或为私欲者所利用,而应集中黄埔训练,积极主张武校合并军校,我并以身作倡,首先退出该校,考入黄埔。是后武校同学相率来归,以至全校合并黄埔,改编军校第一期。毕业后，充学校入伍生连长，第三期副队长，第四期步科连长。1924~1926年广州革命运动与战争，我均大部参加，如镇压商团变乱，沙基惨案，省港大罢工，平定杨、刘叛变，第二次东征等。

1926年9月，党派我至苏联远东，学习群众武装暴动，留红军凡三阅月，1927年2月返沪。南昌决裂，到武汉，被派至唐生智部下为特务营长。国共分裂后，参加南昌起义。会昌战斗负重伤，几濒于死。潮汕战挫，历尽艰险潜入上海。伤愈，即参加上海秘密工作，日与反革命周旋。

以上《陈赓日记》(1982)里《我的自传》中所说的"上海秘密工作"，指的是陈赓化名"王庸"，与顾顺章等人一起，在周恩来的领导下，

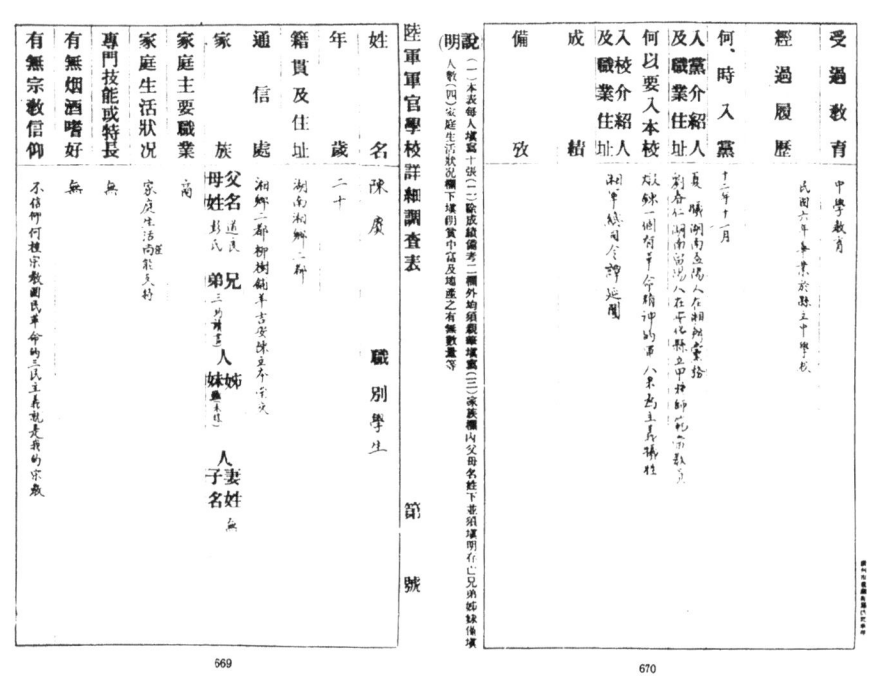

■陈赓亲笔填写的《陆军军官学校第一队学生详细调查表》

在灯红酒绿、纸醉金迷的上海，积极开展我党隐蔽战线斗争。而"日与反革命周旋"，则是形象折射出特科战士的睿智与果敢、敏锐与坚韧。

陈赓是中央特科二科（情报科）科长。四年潜伏，他到底编织了多大的网，发展了多少特勤，建立了多少情报关系，没谁能说清。顾顺章的《特务工作之理论与实际》（1933）中有一张顾顺章请李海风帮着"手绘"的图。图上大圈连小圈，"侦探科长陈赓"连着"某通讯社记者""上海警备部某女侦探""青帮流氓杨安清""日本翻译""高丽人"。小圈连着更小圈，更多更多的下线，更多更多的耳目，不仅有上海、南京的，也有香港、东北的，密密匝匝，无异蛛网。顾顺章叛变后曾说："第二科对于全国政治、经济以及国际方面得来的消息非常敏捷而有价值。尤其是如要破坏他们的机关，他们事先已经知道，因为每天编有一种叫《敏捷飞》的情报出来，所以消息灵通。同时又设法破坏敌方，有时制造种种相反消息，以挑拨对方内部，使其互相猜忌，力量分散。"徐恩曾（历任中国国民党中央组织部党务调查科科长、特工总部主任、中国国民党中央委员会调查统计局副局长，自诩"和共产党战斗"了十四个年头）亦称："这个机构万一发生问题，他们往往可以得到布置在警探机关内的内线人员的告警，由于共产党负责情报方面的迅速通知，于是，所有屋内的人物及有关文件等，在二小时之内，完成安全撤退，迁往平日早已布置好的预备地址，其他的善后工作可以不管。这座空房子，则仍由经手布置的甲去办理退租、退家具，这些手续，也限定在四小时之内办妥。所以等到官方人员到时，房中已成真空，也无从查询，而共产党更可不受丝毫损失。"（徐恩曾，1992）

董健吾的笔记亦可从另一侧面佐证顾顺章的《特务工作之理论与实际》（1933）中的图。董健吾是在大革命失败后入党的中共特工，直接接受陈赓领导，以圣彼得堂主持牧师的公开身份活跃在暗鸣则山岳潜形、叱咤则风云变色的谍报战中。

中华圣公会旗下的圣彼得堂，坐落在上海爱文义路（今北京西路）、北成都路（今成都北路）口。教堂的讲坛底下有秘密通道，周恩来等人经常在此聚会。一有紧急情况，就能安全转移。

董健吾在 1969 年 7 月 15 日的笔记中写道："1928 年 9 月，陈赓同志调我到他所领导的中央特科第二科，即情报科，指导我去发展公共租界捕房方面的警报工作，并暂兼管法租界捕房翻译兼探长赵子柏的一根早经建立好的警报线。赵子柏是绍兴人，他的儿子叫赵炳生，也是法捕房的探目。当时欧阳新，即老王同志，又称'大胖子'、'高鼻子'和'外国人'，当着我和陈赓同志之间的联络员。同时还有浦化人同志和刘仲华同志时常陪着陈赓同志到北京西路圣彼得堂里来，同我一起讨论警报工作上的各种问题。"

董健吾的晚年笔记，共有四本，分别为"调查研究"（第一本）、"写作暨备忘"（第二本）和"血泪垒随笔"（第三、四本）。

由于众所周知的原因，董健吾长期遭受不公待遇。十年动乱期间，更是饱受形形色色的政治迫害。但他处变不惊、宠辱皆忘，在笔记中再三强调："什么叫作经得起考验？经得起考验就是不怕斗争的熬煮，不怕火炼。受了委屈，不怨天，不尤人。搞清楚问题，需要一个过程，要经过一个时期。所以要谦虚，要忍耐，要丢下进步包袱，放下功臣架子。一旦问题搞清楚了，也不应狂喜，更不应翘尾巴，仍需保持谨慎态度，切忌自我宣扬。"

我在董健吾的笔记中看到了"警报"由陈赓总牵头。浦化人的下面,又"发展建立五根线",分别是梅育(捕房刑事部翻译)、陈嘉荫(电话总机)、周桂生(新闸捕房探长)、尚武(海宁捕房探长)和葛葆华(捕房政治部翻译)。而整个"警报",顺着欧阳新(老王、王子春、"大胖子"、"高鼻子"、"外国人")这条线,还有老陈、老杨、老朱、老董(董健吾)。老董下面还有"跑捕房关系和国际关系的小交通一名"。她就是董健吾的二女儿董惠芳。

董惠芳曾对我说:"爸爸早在我给他当小交通之前,就在有意识培养我了。他带我上街,进了商店,就要我特别注意橱窗玻璃里面的人影,以及玻璃里面折射出来的各种陌生人。我不明白,心想这有什么好看的。其实他是在教我当特工。他要我提高警惕,时刻留意周围动静,经常看看身后是不是有形迹可疑的人在盯梢、在跟踪。我们是在敌人的心脏里潜伏,不能有丝毫麻痹大意。"

其实,陈赓的工作对象远不止顾顺章、董健吾已经列出的那些。一个是大概念,一个是小概念;一个是泛指,一个是特指。隐蔽战线斗争有别于一般地下斗争的最鲜明特点之一就是单线联系。一般的地下党,组织架构都取金字塔形,从基层到中层,从中层到高层,从个别党员到党小组、党支部,再到区委、市委、省委,自下而上,有很多层、很多级,叠床架屋,垂直管理,形成一个很大体系。唯此才能一呼百应,在一个大范围内发动一场又一场声势浩大的群众运动。诸如"一二·九",诸如"五二〇"。潜伏,卧底,隐蔽战线,却截然相反。越是暗中较劲,死一样寂静,越是要撇得清清楚楚,切割得干干净净,变纵向为横向,绝对个对个,单兵作战,独自交往,没有一点同一层级上的横关系。结果,再大系统，哪怕跨好几个市、好几个省、好几个地区，照样一个领导，来回奔波，直接面对几十个、上百个甚至几百个必须直接面对的下属或情报关系，不串联，不交叉，全封闭。当然，这样做，不免造成一个地方，几个系统同时存在，相互之间不配合，有重叠，资源浪费，事倍功半。谁都知道，一个地方，要是能有一个统一领导，大家分头搞情报、找材料，比分散地做，时间更省，效率更高，作用更大。但是，隐蔽战线斗争的危险，数十倍、成百倍地高于一般的地下斗争。隐蔽战线斗争的铁律就是安全高于一切。潜伏无灵活可言。卧底的大忌就是讨巧。送"一名可敬的农村劳动妇女"到大城市里给"一个大特务当太太"，电视剧可以这么拍，否则不好看，没有矛盾，没有冲突，没有悬念，没有高潮。生活却不能这样重演。生活中的隐蔽战线斗争要是这样展开，那被断送的绝不只是余则成的个人生命。

总之，地下斗争可以做隐蔽战线的事：渗透、窃密、策反，隐蔽战线不可以做地下斗争的事：宣传、鼓动、扩张。潜伏是隐蔽战线的第一要义。潜伏的最高境界就是"两阵余一卒，荷戟独彷徨"。潜伏就是耐得住寂寞，忍得住孤单。轰轰烈烈，热热闹闹，之于潜伏，之于卧底，等于自杀。

十年动乱期间，杨度遗孀遭受冲击，周恩来只是要求有关方面予以保护，不致伤害，并未直说杨度是我们党的"秘密党员"。直至1975年10月7日，周恩来病重，方才嘱秘书找王冶秋（时任国家文物局局长），要他告诉上海《辞海》编辑所（今上海辞书出版社），一旦《辞海》修订，有条目说到杨度，务必明言他是中共党员，以免湮没无闻。周恩来承认杨度在历史上确有污点，给袁世凯出谋划策，鼓吹帝制，系"筹安会六君子"之一。但周恩来又说，杨度晚年入党，经他之手，报中共中央政治局正式批准。而我们党之所以欢迎杨度、接纳杨度，则是因为杨度迷途知返，痛改前非，与旧我决裂，努力以实际行动为党工作。事实上，杨度洗心革面、弃暗投明后，曾积极营救被捕入狱的李大钊，百般接济他的眷属，不惜变卖家产，倾囊而出。后来，海上"闻人"杜月笙附庸风雅，仿效"春申门下三千客"，恭请杨度入幕，对他执门生礼。杨度将计就计，通过陈赓，用雪茄烟盒，送出许多有用情报。（中共中央文献研究室，1997）

有人说，杨度入党"由潘汉年介绍，经过周恩来批准"；还说，1929年秋，潘汉年带沈端先（夏衍）去见杨度，对他说："过几天我要出远门，什么时候回来也难说，所以今后由这位朋友和你单线联系。"（林成西、许蓉生，1996）其实，潘汉年"到特科负责二科（情报）的工作"，是在1931年春夏之交。换言之，1929年秋，即使潘汉年带了夏衍去见杨度，也并不表明杨度就是他"单线联系"的"秘密党员"。杨度入党肯定不是"由潘汉年介绍"。潘汉年也不可能如林成西、许蓉生所说"陪同"杨度见周恩来。杨度更不可能每次见潘汉年或夏衍，"总要送一盒雪茄烟，或者干脆送一个用火漆封口的大信封，无论那盒普普通通的雪茄烟，还是大信封，里面都装着杨度亲笔写好的各种具有重要价值的情报"。

跟杨度"单线联系"的是陈赓，也就是潘汉年的前任。

介绍陈赓结识杨度的是胡鄂公。

胡鄂公，原名胡荣铭，字新三，号南湖，室名风雨楼，1884年生，湖北江陵人。

胡鄂公是辛亥骁将。1909年，与熊得山、钱铁如等人成立同盟会保定支部。1910年，组建共和会，任干事长。1911年，南下武汉参加起义队伍，任高等侦探科科长、鄂军水陆总指挥、北方革命军总司令等职。著有《辛亥革命北方实录》（1948），最早、最完备地记录了中国北方的辛亥革命史。

胡鄂公还是现代中国最早信仰马克思主义的少数人之一。他与高等警官学校教员邝保汉、熊得山等人发起成立的马克思主义研究会（即"中国共产党同志会"，因办《今日》杂志宣传自己主张，也被人称作"今日派共产党"），似乎还曾得到苏联远东军事情报部门的认可。陈独秀亦要求中共北方组织能够正视他们的存在，将他们团结过来。

1923年，胡鄂公经李大钊介绍加入以陈独秀为总书记的中国共产党，利用自己的国会议员和教育部次长身份，为党工作。

1924年1月，李大钊南下广州参加国民党"一大"，胡鄂公代为主持中共北方区委。1927年4月，李大钊壮烈牺牲在军阀张作霖的绞刑架下，北京城内弥漫了血腥味，胡鄂公临危不惧，毅然出任中共北京临时市委宣传部长。

不久，中共北平市委书记被捕叛变，胡鄂公弃家南下，隐居上海法租界贝当路（今衡山路），潜心研究农业、林业，相继参加左翼社会科学家联盟、自由大同盟，与陈赓邂逅。不久，便将杨度介绍给了陈赓。

胡鄂公说，杨度拥戴袁世凯有错，走了弯路，但五四运动前，就主动到上海求见孙中山，负荆请罪，当面悔过。孙中山介绍他认识李大钊。李大钊推荐他读马克思主义经典原著。他又大彻大悟，有了"但哦松树当公事，愿与梅花结后缘"的强烈愿望。

杨度很清高。杜月笙巴结、笼络他，送他一栋雅致小楼，他嗤之以鼻，宁愿节衣缩食，靠卖字为生。但他从陈赓那里一得知党希望他当杜月笙的客卿,并利用杜月笙同国民党要员的密切关系,了解国民党高层的底细;他就二话不说,坚决照党的要求去做,从杜月笙那里侦知了许多帮会内幕以及南京当局的动向。这些内幕,这些动向,帮助党及时掌握了反动派与黑社会沆瀣一气、相互勾结,疯狂镇压革命力量的罪恶阴谋。

陈赓在中央特科期间,还为顾顺章兼任科长的三科(行动科,即"红队")专开训练班,重点传授易容术、监控与反监控、破译密码、用隐显墨水密写信函和被捕后如何快速脱铐、逃离现场等。他还安排船只,带"红队"队员出海,去长江口外打靶练射击,熟悉各种枪械性能。他是黄埔军校第一期毕业生,精通《步兵操典》《射击教范》《野外勤务》《兵器学》等军事理论。他是第一批接受正规培训的中共特工。他与顾顺章、陆留一起"至苏联远东,学习群众武装暴动,留红军凡三阅月",最有心得的就是打灯泡,就是"50公尺外的墙上有很多灯泡,哪个灯泡亮了,就用手枪马上打灭它"。

潜伏上海,陈赓行踪飘忽,居无定所,经常更换公开身份。他有时西装革履,像是洋行买办;有时长袍马褂,像是钱庄掌柜;有时礼帽缎鞋,像是赌场老板。1930年,张克侠(中共党员,时任西北军张自忠师参谋长)在上海见过陈赓,当时陈赓"穿了一身青缎子裤褂,裤腿用黑缎带扎紧,样子很像上海的'小开'"。同一时期的陈赓,还照过一张相片。相片上的他歪戴便帽,一脸络腮胡子,跟满头乱发连在

■陈赓

一起，看上去就像混迹江湖最底层的痞子。陈赓说："打扮成这种样子住在亭子间里，跟妓女、暗娼一板之隔，上下左右都是同等角色，夜里吵得不能安生，但很安全。"

潜伏上海，整天跟党棍、政客、特务、警察、巡捕、包探、白相人打交道，陈赓学什么像什么，九腔十八调，各种方言都能说上几句，大家都称呼他"王先生"。他们都很喜欢他的诙谐、豪爽、肝胆。谁都愿意跟"王庸先生"有交情。他们做梦也没想到，正是眼前这位谈笑风生、出手阔绰的主，在二次东征时救了蒋介石的命，在会昌城外，带了一个营，一口气拿下了三个山头。

潜伏上海，影响了陈赓的一生。

我读过许多老一辈无产阶级革命家的日记，还不曾发现有谁能比陈赓更加懂得情报、重视情报，那么集中、那么精辟地论述情报，剖析情报。《陈赓日记》（1982）里写道：

1943 年 6 月 10 日
部队侦察是证实谍报的真伪与深入细微的侦察。
敌强我弱的形势特需侦察来补救。
敌人钉钉子进入腹地，"扫荡"发起容易与突然，更需要侦察。

6 月 11 日
目前情报工作，还赶不上战争的需要，还未操情报斗争的主动权，往往被谣言所迷惑。情报工作，今天还是部队侦察来支持，以及上级得来的情报，谍报工作仍未起到应有的作用。

必须根据中央调查研究决定，在整风中克服作战中的主观主义，真正做到知彼，掌握情况，进入主动，调动敌人，进入战争的胜利。

谍报应以战役侦察为主，战术次之。部队侦察在平时应以战役为主，在战争发起以后，应以战术为主。分区以上战役侦察为主，团战役（术）并重，营以下属于战术侦察范围。间谍派遣只有分区以上才行。

7月6日

指挥部的任务：围困，打交通，抢粮，反维持，侦察戒严，打击敌之外犯者，战斗活动。

7月11日

处处关心群众，为群众痛苦打算，解决其困难，给以安慰，经常通报敌情，特别加强侦察。是顽强的比赛——与沁源敌人。

7月13日

要提倡勇敢。作战情报立刻通报，交流鼓励意义甚大。

7月16日

防止敌奔袭，防特，不使群众受损失，因此不要久居一地。加强侦察，加强通话（架电话），随时向群众通报。政府和群众获得的情报，也必须通报军队。

1943年6月、7月，陈赓时任国民革命军第十八集团军第一二九师第三八六旅旅长，他的百战百胜给人留下深刻印象。个中奥秘，据当时跟他并肩作战的薄一波在多年后披露，那就是"每次战前，他总要仔细弄清情况，多次派出侦察人员，有时还要亲临前线视察地形地貌，了解敌情，反复研究各种方案"；那就是"对在敌占区派遣情报队，撒出情报网，防止敌人派遣特务等方面，提出过许多好的意见，以后还亲自领导了情报队的组建和开展军事情报的工作"。（薄一波，2003）于是，我们不禁要问，若无上海潜伏，若无四年中央特科情报科科长的独特经历，即使是陈赓，还会有如此的"战前兢兢业业，举轻若重；战场指挥大刀阔斧，举重若轻"吗？面对他的"对着地图凝神思考，茶饭不进"，面对他以"处处关心群众，为群众痛苦打算，解决其困难，给以安慰"与"经常通报敌情，特别加强侦察"的并重作为自己与敌人"顽强的比赛"，我们怎能不更深缅怀，缅怀他的"乱石山中高士卧，茂密林里英雄来"（已故越南劳动党主席胡志明赠陈赓诗）？我们怎能不更深理解，理解罗青长在电视剧《陈赓大将》创作座谈会上所说的一段话："陈赓的历史涉及我们的党史和军史，他是我党我军杰出的历史人物，他在公开的和隐蔽的两条战线都有很大贡献，我们要记住这段历史，永远纪念隐蔽战线的英雄。"

三、高洁自难忘

陈赓的潜伏始于大革命的失败。

当那样一场轰轰烈烈的大革命戛然止步于东海之滨、黄浦江畔，疯狂的屠杀就劈头盖脑，从天而降，挟着血雨，裹着腥风。据中共六大的不完全统计，从1927年3月到1928年上半年，全国被杀害的共产党员和革命群众多达 31 万人,其中共产党员约有 2.6 万人。

其实,没有杨虎、陈群、何键、王东原,乃至许克祥、夏斗寅的"宁可错杀一千,不可使一人漏网",那就更加不会有几万、数十万国民党人的非正常消失。相关数据表明,"清党"前,全国国民党党员总数在 100 万以上。"清党"后,全国国民党党员总数锐减至 65 万余人。35 万不是一个小数字。35 万国民党员的人间蒸发,引起了一些国民党地方党员的惊呼。他们说:"本党不幸,为实际需要所迫而有清党运动之发生,致予贪污豪劣及投机腐化分子以乘机崛起,向革命势力反攻机会,凡属忠实同志,受其诬陷摧残,几至与共产党同归于尽。现在同志等均在腐化分子一网打尽之中,被殴辱者有之,被劫掠者有之,被杀害者有之,被诬告者有之,被缉拿者有之,被系狱者有之。"事实上,"被殴辱""被劫掠""被杀害""被诬告""被缉拿""被系狱"的主要是左派青年党员和下层农工党员。无怪乎连陈立夫都要痛心疾首,迭呼"上海清党,无辜人民之遭害者不计其数,对本党之失去学界同情及一般人民之失望,均属无可补偿之损失也"。

(陈立夫,1994)

"清党"是一场国民党内人才逆淘汰运动。"清党"在大肆屠杀共产党人的同时,也在国民党内部铲除、伤害、打击了一大批精英分子。这些人具有现代意识,完全有别于那些抱残守缺的国民党元老。他们锐意改革,力主创新,崇尚民主。他们一心想要以他们的激进理念,推动旧中国的现代化进程。他们跟更多的共产党人一起,惨烈地牺牲在了反动当局的暴戾屠杀中。

为有牺牲多壮志,敢教日月换新天。

惨绝人寰的"清党",没能吓倒、征服、杀绝前仆后继的中国共产党人。他们从地上爬起来,揩干净身上的血迹,掩埋好同伴的尸首,高举起真理的旗帜,继续前进了、战斗了!

昔日的盟友变成了如今的死敌。继续前进、战斗的中国共产党人只能隐蔽自己、潜伏地下。

然而,中国共产党人少了地下斗争经验。

虽然1920年11月的《中国共产党宣言》里明白写上了中国"共产主义者的目的":"要引导革命的无产阶级去向资本家争斗,并要从资本家手里获得政权",虽然"二七"大罢工的领袖人物林祥谦和施洋宁死不屈、舍生取义,惨死在了军阀吴佩孚的滴血屠刀下,但是中国共产党在其建党初期还是没有以更多的暴力动摇反动当局的统治,反动当局也就没有更多动用暴力手段无情地反制他们。因此,革命高涨时,不免一个比一个更亢奋、更激进。革命退落时,张皇、消极、逃亡,甚至反叛,也就绝非个别。这从李一氓的晚年回忆中可以看出一二端倪。

> 脱党的情况在武汉极为明显。8月初,武汉国民党颁布了《清查共产党员办法四项》,其中第三项就规定:"有共产党嫌疑者,令其于三日内登报声明反对共产党或发表文字反对共产党。"甚至登脱党声明的人多了,汉口《中央日报》还专门登一个启事说:"奉中央命令,关于党报登载脱离共党或声明非共产主义启事,非经汉口特别市党部改组委员会审查盖章,不得登载。因此,本报自即日起,凡不合上项手续的启事,一律不代刊登。"(李一氓,2001)

没有比叛徒的出卖对我们党的危害更大的了。诸如机要交通的叛变造成中共五届中央委员、政治局候补委员、中共江苏省委书记陈延年，省委组织部长郭伯和，省委秘书长兼宣传部长韩步先等人的被捕。韩步先的叛变又造成中共五届中央委员、中共江苏省委代理书记赵世炎的被捕。

自"八七"会议至今一年有半，在白色恐怖压迫之下，各省组织几经破坏，干部牺牲不计其数，而自首告密叛变的事由南而北渐渐遍及于全国上级党部。于是党的无产阶级基础日益削弱，党的组织日益脱离群众、隔绝社会，上级党部机关尤多形成空架子，完全与群众生活相隔绝。（周恩来，1980）

为了把敌人的嚣张气焰打下去，为了有效防范万恶叛徒对于我们党各级组织的侵蚀和伤害，中国共产党人只能以血还血，以牙还牙，以暴力还击暴力，以革命的两手反制反革命的两手。

1927年10月18日，中共临时中央政治局常委们决定在上海召开紧急会议（后称中共临时中央政治局扩大会议），并通过南方局及广东省委，通知远在九龙油麻地广东道住所养病的周恩来，"务于7日以前赶到上海以便出席"。

据李维汉回忆，当时的中共临时中央政治局常委仅三人，就由他和瞿秋白、苏兆征组成常委会。由于形势"已有大的变化"，党在"湘鄂粤赣四省的秋收暴动"中，"充分暴露了它的弱点，同时也得了不少的教训，这些

■苏兆征

弱点和教训均须有一番正确的整理"。因此，瞿秋白在征得李维汉等人的同意后，即发出《中央召集紧急会议的通告》，称中央"决定十一月十二日在沪召集紧急会议，凡中央政治局委员及中央指定出席的政治局候补委员均须列席；被指定之重要省委或中央分局亦须派代表出席"。后又有《中央关于召开紧急会议的更正》发出，将会议召开日期由 11 月 12 日改为 11 月 8 日。

■李维汉

> 罗亦农同志是在十一月中共中央扩大会议前几天到的上海。恩来也是那时回到上海的，但恩来回来早一点。扩大会议前，秋白、我、老苏（兆征）、弼时，还有张国焘都在那儿。（李维汉，2002）

1927 年 11 月 9 日、10 日，瞿秋白在上海主持召开中共临时中央政治局扩大会议，苏兆征、李维汉、任弼时、顾顺章、罗亦农、向忠发、周恩来、张太雷、李立三、邓中夏、蔡和森、任旭等参会。

会议为党"努力鼓动各地城乡革命的高潮，创造总暴动的局面"而召开，集中讨论并通过的《中国现状与党的任务议决案》中，明确写上了"武装暴动的总口号"和"武装暴动的总政策"，却无一字有涉中央特科。非但没有，甚至先经中共临时中央政治局扩大会议讨论通过、再经中央常委会修改审定、最后于 1927 年 11 月 14 日在中共临时中央政治局常委会议上通过并下发的《最近组织问题

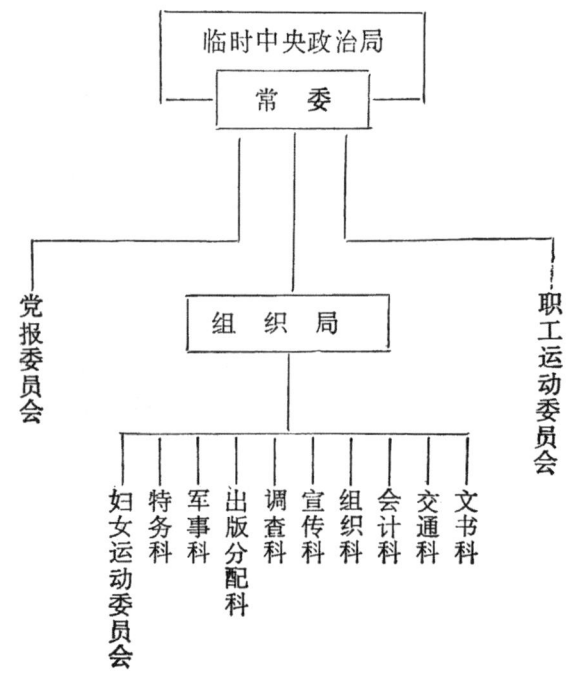

■《中央通告第十七号——关于党的组织工作》中的中央组织架构图

的重要任务议决案》中,还有这样一段话:"从前党曾经派遣党员到我们阶级仇敌的组织之中(如黄色工会,工贼工会,国民党党部等)去做侦探的工作,但是经验上所得的结果,大半是很坏的。因此,如今在一般的通例上决定抛弃这种政策,除非有非常之大的必要和意义,才可以偶尔使用这种方法,而且所派遣的党员必须是确实可靠而忠实于共产主义的同志。"(中央档案馆,1989)这段话说得太决绝、太直白。这样的决绝和直白,只能被我们自然理解为当时的中央领导们很是鄙薄"侦探的工作",不屑"使用这种方法"。他们的"经验"让他们决心彻底"抛弃"前不久刚被他们写进上一个中央紧急会议(八七会议)决议(《党的组织问题议决案》)的"中央临时政治局,应当建立全国的秘密交通机关,与出版委员会的散布宣传品的工作相联络,担任传达通告指令输送宣传品等等的职任;并兼办探听反革命线索及其他各种消息各地环境的特务工作"。他们认定"特务工作"实在"很坏"。

但1927年11月14日,中共临时中央政治局召开常委会议,决定调整中央组织机构,不再设部,改在中央政治局常委会下设立组织局,组织局还是负有领导组织、宣传、军事、

■周恩来

特务、调查、交通、文书、出版分配、会计等科及妇委的职能。

但1927年12月31日,中共中央颁发第二十五号通告,还是重提打入敌人内部进行情报活动的必要性和迫切性,认为:"根据决议,我们的党支部应该派一至两名忠诚的同志到国民党内及其最重要的反动机关,在那里进行破坏和情报工作。"(维克托·乌索夫,2013)

因此,同一时期,即1927年11至12月间,中央特科还是在上海成立了,由周恩来统领。《周恩来传》(1998)中写道:

> (1927年)11月、12月(周恩来)对中共中央的政治保卫机关进行整顿,将原有的特务股改为总务、情报、行动三科,后又增设无线电通讯科,并展开各方面工作;保证中共领导机关的安全,收集掌握情报,镇压叛徒,营救被捕同志,建立秘密电台。

"原有的特务股"隶属中央军委特科。特科老同志、原中共中央顾问委员会委员、对外贸易部部长李强生前曾说:"中央军委特科是 1927 年 5 月在武汉成立的。当时,中国共产党第五次全国代表大会刚刚开过。鉴于蒋介石背叛革命,反动势力猖獗,疯狂镇压中国共产党,白色恐怖日趋严重,为了保卫党的领导机关,巩固党的组织,及时掌握敌人的动向,有力地开展对敌斗争,周恩来在武汉主持成立了中央军委特科,由中共中央委员顾顺章任特科科长。……中央军委特科下设四个股:一是保卫股,负责保卫中央领导人和中央机关的安全;一是情报股,负责搜集情报;一是特务股,负责镇压叛徒特务,兼办中央交给的其它特殊任务;一是土匪股,负责与各种帮会组织联系,收编土匪的散兵游勇。……在武汉时,保卫股股长是李剑如,情报股股长是董胖子(可能叫董醒吾),土匪股股长叫胡子,我是特务股股长。"(李强,2006)

1988 年 8 月 19 日,李强致信冯文彬(时任中共中央党史征集委员会主任),说到中央特科时,再一次强调:"关于中央特科的名称,最近出现了一种说法,即把它称为特务工作处。我认为'特务工作处'的名称与事实不符。八一南昌起义以前,党中央在武汉建立的组织是特科,而不是特务工作处。中央特科科长是顾顺章。特科设四个股:保卫股,股长是李剑如;情报股,股长是董胖子;土匪股,股长是胡子;特务股,股长是我。中央军委办公地点在友益街余积里 12 号,该处是一座上海式三楼三底二厢石库门的弄堂房子。门框右上角贴一张红纸,上写西厢房。周恩来同志在楼上客堂办公,特科在楼上东厢房,秘书处在楼上西厢房,组织科在楼下西厢房,办杂务的人在楼下东厢房。……1981 年在党史会议上突然出现了一个特务工作处问题,有人硬说是中央军委设的特务工作处,而不是特务科。我要声明,我是特务科的一个股长,而不是特务工作处的科长,我只在特务科工作过,没有在特务工作处工作过。如果有人硬要写特务工作处的历史,请不要把我写进去,因为我从来未在该处工作过。我不知道特务工作处是不是一个另外的组织,处长是谁,下面的科长又是谁。余积里从来没有存在过这样一个处。今年夏季在北戴河与徐以新同志谈过此事,他也只记得是特务科。回北京后我写信问聂荣臻同志,他的秘书打电话给我说,他所记得的也是特务科。这个特务工作处的说法到底是从何而来的呢?我问了罗青长同志,他说周恩来同志在一次讲话时曾经使用过特务工作处这个词。我想,如果周恩来同志确实这么说过的话,那么很可能指的是特科之上的特委。这个特委1929年至1930年设在上海,由向忠发、周恩来、顾顺章三人组成,没有开过会。存在这个特委的事是顾顺章告诉我的。"

中央军委特科虽然只存在了三个多月,但十分活跃,做了许多有益的工作,发挥了重要、独特而又不可替代的作用。譬如苏联顾问团团长鲍罗廷被迫回国,保卫股抽调三十人护送,他们完成任务后就留在苏联学习政治保卫。譬如,当时武汉地区的国民党反动派屡屡寻衅滋事、制造事端,妄图加害我们党和社会各界进步人士,情报股总能截获情报,掌握动向,洞察内幕,为我们党揭露、粉碎阴谋,提供有力支持。譬如,汪精卫集团发动"七一五"反革命政变,平地刮起赶尽杀绝的"分共"妖风,此时疏散已暴露的党员干部,保卫党中央机关的安全,掩护党的领导干部向上海转移,秘密运送物资乃至武器,都离不开中央军委特科的默默奉献和不懈努力。还譬如,"打狗",也就是严肃党纪,镇压叛徒,更需要中央军委特科的铁拳。1927年8月,武汉国民党颁布《清查共产党员办法四项》,

严令"有共产党嫌疑者",务必"于三日内登报声明反对共产党或发表文字反对共产党"。结果,天天报上有脱党启事,少则一两人,多则十来人。有的说:"敝人曾经由人介绍,加入中国共产党,现因政见不合,声明退出。"有的说:"我以前被人引诱加入共产党,本不知什么叫作共产主义,现在看见中央命令,晓得共产党是一个叛国叛民的党,特此登报声明,决与该党脱离关系。"还有的

■李强

不仅朝秦暮楚,公开声明脱党,而且还像鲁迅所说那样,"或则投书告密,或则助官捕人","昨天还高喊共产主义万岁,今天就到处去搜索共产主义系统的工人"。这就急需李剑如、李强他们亮剑,亮出诛恶之剑。

特别难能可贵的是,中央军委特科在它亮剑诛恶、扬威武汉三镇期间,还破天荒地建立了我们党情报史上的第一个情报关系,他就是梅宝玑。

李强曾在《我所了解的中央军委特科和中央特科》中说:"当时,我们通过原北洋时期国会议员梅宝玑(梅龚彬的叔父、梅中林的父亲)搞日本方面的情报,我过几天去找他一次。"

梅宝玑,字镜垣,1881年生,湖北黄梅人,早年求学于两湖总师范学堂,又赴日留学,受孙中山影响,有了民主革命思想。

1908年,詹大悲创办《商务报》,广交反清义士,梅宝玑毛遂自荐,担任编撰。1911年,经孙武介绍,参加共进会,改任该会文书。同年10月9日,孙武等人在汉口俄租界宝善里总机关试

制炸药，失手引发爆炸，俄国巡捕闻风而至，蜂拥而来，搜去革命党人名册、起义文告等。湖广总督慌忙下令关闭四城，全城拉网式大缉捕。梅宝玑侥幸逃脱，赶往武昌军事指挥部告急。起义军背水一战，兵分三路，于10月10日晚一举攻占总督署和毗邻的第八镇司令部，又逐次光复武昌、汉阳、汉口，成立湖北军政府。

湖北军政府下设稽查部，梅宝玑为八大总稽查之一。1912年2月，改任武昌电报局总理，兼都督府参议，受袁世凯授予的"勋五位"和黎元洪的赐匾，名列"不爱钱、不惜命"之首义之士。

根据《中华民国临时约法》，1912年底，全国进行国会选举，梅宝玑众望所归，高票当选众议院候补议员。翌年，湖北军政府向北京稽勋简公函685名立功人员，梅宝玑又一枝独秀，为甲种第三名。

1914年，袁世凯下令解散国会，颁布《中华民国约法》，改内阁制为总统制。杨度、孙毓筠、李燮和、胡瑛、刘师培、严复六人联名组成"筹安会"，积极策动湖南、湖北、吉林、奉天（今辽宁）、安徽等省组织分会，狂热鼓吹君主立宪。梅宝玑亦一时糊涂，误上贼船，上书劝进，甚至预制袍笏，在北京《天民报》馆演习跪拜礼。

1916年3月，袁世凯废除洪宪年号，复辟失败。梅宝玑铩羽南归，灰头土脸，饱受舆论指责。

痛定思痛，梅宝玑迷途知返，回到孙中山旗下。

1918年，孙中山、廖仲恺等人南下广州，组织"护法军政府"，密令盛延祺去湖北荆州、襄阳策动第一师师长石星川、第九师师长黎天才反正，实行"荆襄自治"，梅宝玑也奋袂而起，到鄂西组织队伍。

1926年9月，国民革命军誓师北伐，以广东、广西为基地，出兵湖南，势如破竹，连克平江、岳阳，再下汀泗、贺胜，顺利进占武汉，受到梅宝玑及战友的策应。

1927年4月，蒋介石搞"清党"，宁汉分裂，梅宝玑站在汪精卫一边。同年夏，汪精卫跟着蒋介石搞"分共"，梅宝玑拍案怒起，挂印而去，隐居不仕，设馆招徒。

林成西、许蓉生在《中共中央特科》（1996）中说："梅宝玑混迹官场多年，消息十分灵通。特务科与他结识后，按月向他提供津贴，他则尽量把自己得到的消息及时转达特务科的联络人员。"

我想说，林成西、许蓉生把"不爱钱、不惜命"的梅宝玑写成唯利是图的情报贩子是错误的。

梅宝玑正直、豪放，自有风骨。他不是因为中央军委特科"按月向他提供津贴"而"尽量把自己得到的消息及时转达特务科的联络人员"。在谍报战中，多的是一手接钱、一手交情报的线人，如电视连续剧《潜伏》里的晚秋丈夫谢若林。谢若林信仰生存主义，而不是什么三民主义或者共产主义。谢若林的名言是："如果你一枪打不死我，活过来我们可以继续交易，只要价钱公道。"梅宝玑却绝对不是那种见钱眼开、一身铜臭味的逐利之徒。他跟中央军委特科建立情报关系的前提是他强烈不满蒋、汪之流的"反共"政策。他有他的是非标准。他是我们党的同路人。

同样，梅宝玑的侄子梅龚彬成为中共情报史上的典范，也不是为了什么蝇头小利。

詹玮在《铁血梅氏：红色间谍梅龚彬》（未刊稿）中写道："1955年4月3日，对梅龚彬以及追随梅龚彬左右的人来说，是一个灾难之日。这一天晚上，他在北京开会期间，突然遭到秘密逮捕，从此在中国政坛上消失了。"詹玮还说："这是共和国的第一个大冤案。"这"冤案"之所以"历时长达27年之久"，是因为梅龚彬命乖运蹇，受到潘汉年牵连。

我想说，梅龚彬的身后站着潘汉年不假。潘汉年也不否认梅龚彬是自己"直接联系"的。但是，潘汉年身陷冤狱，梅龚彬并未受到太多牵连，更没"突然遭到秘密逮捕，从此在中国政坛上消失"。

■梅龚彬

梅龚彬，字电龙，又名逸仙，化名张柏生，1901年生，湖北黄梅人。1919年参加五四运动，1921年考入上海东亚同文书院，1923年加入中国国民党，曾任国民党上海特别市党部秘书长、党团书记。1924年经贺昌、施存统介绍，参加社会主义青年团，创建徐家汇团支部，任第一任书记。1925年加入中国共产党，并以全国学联负责人身份投身五卅运动，与上海总工会第一届执行委员、组织科主任刘华等人并称"五虎将"。

1926年，梅龚彬随军北伐，任国民革命军第四军第十二师政治部主任。1927年8月1日，南昌起义打响武装反抗国民党反动统治的第一枪，梅龚彬跟郭沫若、阳翰笙、李一氓一起，在铁路工人帮助下，乘坐手摇车赶到南昌，加入起义队伍。之后，又率部赶赴海陆丰参加彭湃领导的农民起义。

1928年，受周恩来派遣，梅龚彬出任中共浙江省委委员兼宣传部长，参与组织、发动浙东和浙西的农民暴动。

1929年，梅龚彬东渡日本，通过神州国光社的胡秋原，认识了陈铭枢和李济深。

1931年，梅龚彬回国后，加入我党隐蔽战线斗争，受潘汉年领导。在"一·二八"淞沪抗战中，努力促成我们党与十九路军的合作。

1933年11月，福建事变发生。李济深、陈铭枢、蒋光鼐、蔡廷锴等十九路军爱国将领公开宣布脱离国民党，在福州成立中华共和国人民革命政府。梅龚彬和陈希周立刻作出反应，马不停蹄，涉险入闽，跟李、陈、蒋、蔡同甘苦、共患难。

陈希周，原名陈昭礼，又名陈豪人，1907年生，福建福州人，也是在中共党史和中共隐蔽战线史上双重有名人物。人们将他与梅龚彬、宣侠父（原名尧火，号剑魂，浙江诸暨人，黄埔一期生，1934年加入中央特科，1938年被国民党特务在西安残害）并称为"抗战三杰"。

1935年7月，李济深、陈铭枢在香港成立中华民族革命同盟，梅龚彬任宣传处长，大力宣传"联合战线，武装抗日"，"国共合力救亡"。他在铜锣湾的寓所，也就因而成为我们党在香港开展隐蔽战线斗争的重要机关之一。

1937年7月，全面抗战爆发，国共两党团结抗日，共赴国难。中华民族革命同盟自行解散，梅龚彬相继担任暨南大学、中山大学、香港达德学院教授和战地党政委员会设计委员会委员，以党的统战政策，以从善如流的个人魅力，与李任仁、陈此生、杨东莼、林崇墉、柳亚子、何香凝、彭泽民、李章达等爱国民主人士结下了深厚友谊，使得他们在整个抗战期间，都能紧密团结在以周恩来为首的中共中央南方局周围。

1945年8月,中国人民迎来抗日战争的最后胜利。中山大学迁回广州,梅龚彬随之抵穗,任法学院代理院长兼经济系主任。

1947年7月,梅龚彬在香港与阔别六年的潘汉年重建关系,潘汉年指示他协助李济深等人筹建中国国民党革命委员会。

1947年10月,毛泽东发表《中国人民解放军宣言》,号召广大爱好和平、主张民主的人民,广泛"组成民族统一战线,打倒蒋介石独裁政府,成立民主联合政府"。梅龚彬在执笔起草《中国国民党革命委员会成立宣言》时积极回应,鲜明写上了"倒蒋而不同时与国内革命的民主党派联合,则不仅违反总理之三大政策,即欲顺利达成推倒蒋氏独裁政权之目的亦不可能"。冯玉祥读后大为赞赏,说《中国国民党革命委员会成立宣言》高屋建瓴,大气磅礴,颇有"诸葛武侯文风"。

1948年1月,中国国民党革命委员会在香港应运而生,宋庆龄当选名誉主席,李济深当选主席,梅龚彬任中央执行委员会委员。

中国国民党革命委员会的成立引起了蒋介石集团的深刻仇恨。国民党特务组织随即开出一张长长的黑名单,妄图采用极卑劣的暗杀手段,阻挠包括中国国民党革命委员会主要领导人在内的在港爱国民主人士北上加入缔造新中国的伟大进程。中共中央紧急电示潘汉年、廖承志、梅龚彬等人全力展开大营救、大护送。梅龚彬亲自陪同李济深转道大连,安抵沈阳,与络绎进入解放区的其他各民主党派领导人和爱国民主人士共同署名发表《对时局的意见》,明确表示拥护中国共产党领导,拥护中共提出的和谈条件。

1949年4月,梅龚彬在解放后的北平,见到了时任中共中央统战部部长的李维汉。李维汉说:"从现在起,你的组织关系转到中共中央统战部,你是一个中共中央统战部派往民主党派工作的、

不公开的共产党员。"（梅龚彬，1994）

新中国诞生了，梅龚彬的真实身份依然隐蔽。人们只知道他是全国政协第一届全体会议代表，第二、三届全国委员会委员、副秘书长，中央财经委员会委员，第一、二、三届全国人大代表，第二、三届全国人大常委会委员，民革中央历届中委、常委、秘书长，却不知道他是中国共产党党员、中共隐蔽战线史上的英杰。

1975年8月1日，梅龚彬与世长辞，享年75岁。

1980年1月18日，梅龚彬追悼会在北京举行，叶剑英、邓小平、陈云、乌兰夫、邓颖超等送了花圈，胡耀邦、宋任穷、季方、王首道、胡子昂、李维汉、王昆仑等出席了追悼会。追悼会由乌兰夫主持，刘宁一致悼词。悼词不仅公开宣称梅龚彬是中共党员，而且说他早在半个多世纪前就已入党，是中国共产党"久经考验的老党员、老干部"。

消息传开，梅龚彬的老友们，没有几个不惊呆的。读着赫然刊登在《人民日报》上的悼词，他们谁也不敢相信自己的眼睛。

"雨过尚留香，高洁自难忘。"这是全国政协副主席、澳门中华总商会会长马万祺写给梅龚彬的两句赠诗。同样适用于所有献身于隐蔽战线的中共党员。我们敬仰他们的"高洁"。我们"难忘"他们的"高洁"。没有他们的"高洁"，"雨过"天晴的朗朗乾坤，又有何"香""尚留"呢？

四、你是千面人么

中央特科的前史既可以追溯到武汉时期的中央军委特科，也可以回顾到"五卅"时期的上海工人纠察队。因为中共江苏省委的"打

■ "五卅"时期上海街头的群众游行

狗队"成员,几乎在"五卅"时期就都是上海工人纠察队的骨干。

1925年5月15日,日本资本家宣布内外棉七厂停工,不准工人进厂。该厂工人顾正红率领工人冲进工厂,要求复工和发工资。日本大班(相当于厂长)向工人开枪,打伤十多人。顾正红身中四弹,伤重身亡,激起上海内外棉各厂工人的愤怒。5月28日,中共中央和上海党组织召开紧急会议,决定5月30日在租界内举行大规模的反帝示威活动,反对公共租界提出的压迫华人的四项提案,声援工人罢工。5月30日,上海各大、中学校学生两千余人分散到公共租界的繁华马路,进行宣传、讲演和示威游行。早有戒备的英租界巡捕突然开枪,打死十三人、伤数十人,南京路上顿时血流成河,这就是震惊中外的"五卅"惨案。

"五卅"惨案引发了更大规模的罢工斗争。各厂工会为维持罢工秩序,防止工贼、流氓破坏,纷纷组织工人纠察队。当时,一般千人左右的工厂都有一支几十到一两百人的工人纠察队。队员从工会积极分子、党员、团员中挑选。工人纠察队除维持本企业的罢工秩序外，还负责调解工人和群众内部的纠纷。

6月下旬，工人罢工已有二十多天，帝国主义及其走狗加紧了对罢工的破坏。他们一边利用部分工人罢工后生活困难，挑拨离间，企图分裂工人队伍；另一边利用流氓、工贼，有组织、有计划地袭击罢工领导人、工会负责人和积极分子。我们党就从工人纠察队中选拔了少数会打枪的同志，严惩那些明目张胆破坏罢工、怙恶不悛的流氓、工贼，给那些被流氓、工贼打成重伤甚至凶残打死的罢工领导人、工会负责人和积极分子复仇。

事实证明，除掉那些作恶多端的坏人，工人和群众是拥护的，社会上也是同情的。工人纠察队的挺身而出，不仅反击了敌人的阴谋，巩固了罢工斗争，同时也为我们党拥有自己的武装力量、在上海工人三次武装起义中一举推翻军阀统治、豪迈创建中国革命史上第一个人民政权奠定了基础、准备了干部、提供了可能。工人纠察队中的大多数在上海工人三次武装起义中发挥了先锋作用，他们用从敌人手中缴来的枪支武装自己。正是这些枪支引起蒋介石、白崇禧的惶惶不可终日。徐梅坤说："（当时）党决定组织特别支部，由我任特支书记，专门对付工贼走狗和共产党内的叛徒、奸细。在接受任务后，我到许多工厂去物色可靠的工人，组织了特工组，我担任组长，组员有李剑如、张阿四、肖阿四等，这是我党用武器对付敌人的开始。当时，我们有五把锋利的英制小斧头，后来我又从意大利军火船上买了四支意国造手枪。用手枪行动有危险，容易暴露目标，就将四支枪暂时存放在沈雁冰家里。这个秘密的反奸组织——特工队，就是以后的'打狗队'，上海工人三次武装起义时，我担任上海总工会副委员长，

离开了'打狗队',这个组织交由顾顺章负责。"（徐梅坤，1985）

徐梅坤，1893年生，浙江萧山人。1922年由陈独秀介绍入党，为上海地区第一个工人党员。1923年出席中共三大，当选中央候补委员，历任中共上海地方委员会书记兼江浙区委员会书记、上海印刷总工会委员长、上海总工会组织部长、副委员长、全国印刷总工会委员长等。新中国成立后，曾任政务院监察委员会参事、监察部参事、国务院参事。

■徐梅坤

对于挑选一些英勇善战的工人纠察队队员，成立直属中共江苏省委的锄奸自卫武装，坚决镇压叛徒，沉重打击那些携巨款逃来上海躲避农民暴动的土豪劣绅，瞿秋白、李维汉也是赞成的。他们认为，我们党确实需要有人来专门对付特务、叛徒、内奸。但是，他们又拒绝过激行为。他们让邓中夏跟他们联名中止"大杀豪绅地主"一类口号的流传。因此，中共江苏省委常委、农民部长王若飞特地为江苏省委的"打狗队"指定政治指导员，并再三叮嘱政治指导员："这个队的成员尽管都是党员，但如果思想教育抓得不紧，掌握了武装，还可能出乱子，你的任务就是做好队员的政治思想工作。至于具体行动，由队长负责，你们商量好了，一定要经过审批才能采取行动。"

1927年11月上旬，周恩来从九龙深水埗乘船抵达上海，不久就将武汉来的同志（中央军委特科）和上海的同志（江苏省委"打狗队"）集中归到中央特科名下，统称三科，亦即行动科，又称"红队"，由变魔术出身的顾顺章兼任科长。

顾顺章是中共五届中央委员。1927年8月7日，中共中央召开紧急会议，顾顺章意外当选中央临时政治局委员。1928年11月14日，中共中央政治局常委会议召开，指定向忠发（时任中共中央政治局常委会主席）、顾顺章（时任中共中央政治局候补委员）、周恩来（时任中共中央政治局常委）组成中央特务委员会（中央特委）。顾顺章又被周恩来选定为第一助手，直接领导中央特科，全面开展我党隐蔽战线斗争。

俄罗斯专家维克托·乌索夫坚持说，中央特委的建立是中共六大的产物。由中央档案馆编辑、中央文献研究室（现为中央党史和

■大革命时期的上海工人纠察队

文献研究院）审定的《中共中央文件选集》却没有收录这样一个决议，既说大会赞同成立中央特科，又说"依照苏联国家政治保安总局的模式，建立由向忠发、周恩来和顾顺章组成的反间谍委员会"。（维克托·乌索夫，2007）我只是在六大《政治议决案》里看到了"最大限度的加紧工人和党员的武装训练，尽可能的建立工人自卫的秘密武装（纠察队等）"；只是在六大《关于组织问题草案之决议》的"附一"里看到了"有武装队的很秘密的委员会"；只是在六大《军事工作决议案》里看到了"中国共产党的一切军事工作都应集中于中国共产党中央军事部"，"军事部应很有系统地工作，为此，必须进行军事人员之统计和分配，且于必要时，能将自己的力量集中于少数重要中心地"；还有就是李强说的"三个任务，一个不准"，这是周恩来带回来的，一个跟中央特科有关的提纲。作为我们党历史上第一个专业情报保卫机构，中央特科的"三个任务"是：搞情报，搞与保卫中央机关安全有关的情报；惩处叛徒；筹款及其他各项特殊使命。"一个不准"是：不准在党内互相侦察。

"三个任务，一个不准"决定了中央特科的最鲜明特点就是，组织完善、纪律严明、行动果敢、分工明确。

中央特科共设四个科：一科为总务科，主要负责建立党的秘密工作联络点，确定党在白区的活动方式，为中央召集的重要会议确定地点、租赁房子、布置会场、备办庶务，营救被捕同志，给烈士操办后事。二科为情报科，主要负责选派优秀的共产党员深入虎穴，直接从敌人手中获得情报，或在敌人的谍报机关内部建立反间谍关系，准确掌控敌人的动向。三科为行动科，主要负责惩处叛徒，武装保卫党中央，保卫中央领导、中央机关和中央高层会议的安全。四科为通讯联络科，主要通过地下电台等无线电通讯手段，为中共中央与各地党组织、苏区红军以及共产国际的沟通提供保障。

中央特科在共产国际的文件中被表述为"特工部"。共产国际执行委员会特工部在《关于远东和近东国家共产党秘密工作状况和特务工作情况的书面报告》（1932年6月3日）中说："中国在1931年年中以前有一个组织得很好的在党内反对间谍和奸细并在敌人的组织和军队中进行破坏工作的机构。（中共）中央下面有一个所谓的特工部，四年来一直由顾（顺章）同志领导。顾有几个常任的助手，他们的工作由顾领导并向（中共中央）政治局负责。"

顾顺章的"几个常任的助手"，分明是洪扬生、陈赓和李强等，他们分别担任中央特科一科（总务科）、二科（情报科）、四科（通讯联络科）科长，三科（行动科）科长曾由顾顺章兼任。

周恩来选定顾顺章做自己的副手，由他替代自己掌管整个中央特科不是没有道理的。周恩来器重顾顺章的最主要理由就是，顾顺章与陈赓、陆留都是我们党最早派去苏联学习政治保卫的干部。据维克托·乌索夫披露，苏联举办"未来潜在情报员的学校"，开设"专门军事训练班"，对"通过共产国际和其他系统来到莫斯科的中国革命者进行军事训练"，是"应中国共产党领导人（特别是周恩来）的请求"。维克托·乌索夫还说："军事训练由总参谋部负责组织。"苏联教官所"面临的任务"是"培养'在中国条件下开展秘密军事工作的'中国专家"，向学员重点传授"地下工作的工作技术"。苏联红军总参谋部情报总局（前身是苏联红军总参谋部第四部，再往前是苏联红军总参谋部情报部）局长扬·卡尔洛维奇·别尔津曾明确要求，工农红军政治学院院长在"培养'在中国条件下开展秘密军事工作的'中国专家"时，务必"注重对地下工作领导人员、党委军事部门领导人员等的教育"。别尔津还特别提醒:"武装起义理论与战术,农民游击战争理论与战术、地下工作技术等课程,应该在教学大纲中占据其越来越重要的地位。"

所谓"地下工作技术",也就是潜伏技术。

潜伏技术是"未来潜在情报员"的必修课。

"未来潜在情报员"必须学会伪装。因为潜伏就是卧底,就是隐身敌方营垒,以假象示人。

既然学会伪装是红色特工的基本教义,那么红色特工的最高统帅又怎能不在奸诈敌人面前说变就变、以假乱真?

从1927年秋冬之交到1931年夏秋之际,周恩来主要在上海活动。2008年2月29日,胡锦涛在纪念周恩来诞辰110周年座谈会上的讲话中指出,党的六大以后,周恩来是"实际主持党中央工作的领导人"。由于周恩来是众所周知的中共领袖,是中外反动势力重点通缉、疯狂追捕的首要目标;他在大革命时期又一直担任公开的领导职务,国民党内有许多人熟识他;所以他只能来无影、去无踪,频频易名、不停改姓。他只能时不时地变更居住地,多则十天半个月,少则数小时,几乎没人确知他一旦出门是否还会返回原地过夜。而他的外出,非特殊情况,也严格限定在清晨5时至7时或晚上7时以后。他从不搭乘公交车或去人多眼杂的场合。他看得最多的印刷品是各种版本的市区地图。他最关注的就是盘根错节、四通八达的大街小巷。他为自己的每一次出行精心设计最佳路线,总是避开马路,多穿弄堂。他通常打扮成为大老板或实业家。在他留起络腮胡子、更像古道热肠的江湖人士之后,党内同志又亲热地叫他"胡公"。(中共中央文献研究室,1998)

每一种文化都竭力推崇恪守信仰、抵制压迫或反抗强暴的完人。纵观历史，无数"不自由，毋宁死"的仁人志士在严刑拷打下，守望理想，守望信念，志比精金，心如坚石。李大钊、方志敏是这样的典范，向警予、江竹筠亦是这样的楷模。他们因世界上发生不正义的事情而激动得发抖。我们因他们拒绝不正义而敬仰他们。我们越是难以独立人格立足社会，我们就越是看重独立人格的张扬。天上有七彩阳光，英雄并非只是一种。"我自横刀向天笑"的固然是顶天立地的伟人，潜伏、卧底、勇于伪装、善于伪装，也同样是"长将一寸身，衔木到终古"的大英雄。人生是一个放大了的舞台，台上总得有人表演。哪怕勇于伪装、善于伪装并不总能得到预期效应，但隐蔽战线的波谲云诡还是决定了勇于伪装、善于伪装总有其存在的理由。因此，一句16世纪的拉丁语格言"Qui nescit dissimulare, nescit vivere"（不知道掩饰的人，就不知道怎样生存），迄今仍在影响着古今中外情报史、特工史。

第二章

清者自清，浊者自浊

◎ 英雄阳刚

◎ 流氓无产者

一、英雄阳刚

英雄，一个阳刚的名词。

我党隐蔽战线斗争史上多的是顶天立地的阳刚英雄。

宗孟平是其中的一个，匡亚明是其中的另一个。

1927年9月，中共宜兴县特别支部派宗孟平赴沪请示汇报。中共江苏省委批准成立中共宜兴县委，由史曜宾任书记，李旸谷和宗孟平任委员，领导6个支部、39名党员。

宗孟平，即宗益寿，又名宗颖、吴丹枫、宗文斌，1907年生，江苏荆溪（今宜兴）人。1926年1月，加入国民党，在国民党宜兴县党部农工部工作。同年夏，中共党员、武昌师范大学学生宗盘林回乡探亲，发展宗孟平入党，被组织上派往上海大学农运讲习班短期学习。后与共青团员宗道章在宜兴办起当地第一所农民夜校。

1927年8月7日，中共中央政治局在汉口召开紧急会议，确定以土地革命和以武装反抗国民党反动派的屠杀政策为党在新时期的总方针，把发动农民举行秋收起义作为党的最主要任务。

1927年10月，中共江苏省委为贯彻中央八七会议精神，在上海召开江南各县负责人会议。会议形成决议，决定"宜兴在江南首先发动武装暴动，建立工农兵苏维埃政权"，并指派万益、段炎华为省委特派员,到宜兴组织、领导宜兴暴动。

万益生性豪放,干劲十足。省委让他组织宜兴暴动,他就在宜城节孝祠召开干部会议,确定宜兴暴动以农协会农民为主,由宗孟平、蒋三大负责武装农民,训练农军。

10月底,匡亚明也来了。共青团江苏省委加派匡亚明为特派员,来宜兴协助万益、段炎华、史曜宾、宗孟平等人的工作。

匡亚明,本名洁玉,又名匡世,1906年生,江苏丹阳人。1926年加入中国共产党,历任共青团上海沪东、沪西、闸北等区委书记,无锡中心县委书记及江苏省委巡视员。

匡亚明带来了中共江苏省委的最新指示,明确万益、段炎华、匡亚明、宗孟平、史砚芬组成暴动行动委员会,由万益任总指挥,宗孟平、史砚芬任副总指挥。

11月1日中午12时,宜兴农民暴动,打响了江南地区武装反抗国民党反动派的第一枪。

九天后,无锡农民也同仇敌忾,一边高呼"农民暴动起来,打倒南京政府"和"农民暴动起来,杀土豪劣绅及一切反动派"的口号,一边"焚烧及捣毁土豪劣绅的房子,搜出田契租簿一概烧毁,

■宗孟平

■匡亚明

■严朴

捕杀土豪劣绅",一边在南石园的誓师大会上推举严朴为农民委员会委员长。严朴随即率五路大军发起总进攻,一口气攻下十三个村镇。

十四天后,江阴的农民亦"趁敌人防御稍疏,在后塍发动,解除公安局武装,焚毁豪绅房子田契债契租簿,击死反动派数人"。

宜兴暴动失败后,宗孟平辗转赴沪找省委,被省委派往如皋任济难会负责人,后改任江北特委青年委员。

1928年4月,宗孟平潜回宜兴,在官林史砚芬家召集会议,重建中共宜兴县委,并任书记。不久,宗孟平当选江苏省委委员,与陈云等人组成农委,领导全省农民运动。

1929年9月2日,陈云第一次参加江苏省委常委会议。9日,省委常委会议确定军委和农委组成人员名单。农民运动委员会由陈云、宗孟平、英举、赵和等组成,陈云任农委书记。(中共中央文献研究室,2005)

■陈云

1931年4月,中共六届中央政治局候补委员、中央特科一线领导顾顺章在武汉叛变投敌,中央决定"特委本身的组织,从最高指导委员会起,一律重新改组",调陈云进中央特委,领导中央特科。陈云要求宗孟平和他的弟弟宗益茂在报纸上刊登脱党启事,以假象骗得敌人信任,从而卧底魔窟。

宗孟平也是一位精明的情工人员。他是江苏宜兴人，在宜兴组织武装暴动失败，经组织介绍来到上海，开始分配做工会工作。后根据中央的决定派他打入敌人内部搜集情报。为此，故意让他在报纸上登了一则脱离共产党的启事，说自己年幼无知误入歧途，现在与中国共产党脱离关系，今后愿为党国效劳。当时国民党特务机关正开展自首攻势，对宗孟平的自首声明信以为真。这件事非常机密，连宗的家属都不知道。宗孟平打入敌内后，探听到敌人破坏中共机关和捕人的消息后，及时设法向组织报警。有的敌人抓人时，事先不告诉他，他看到特务抓的是自己人，就装作生气地说，你们怎么把他抓了，他是我安插在共产党里边的。特务一听抓错了，就赶快放人。有不少干部就是这样被他保护下来的。（李凯，2011）

这样的"机密"不好玩，有风险。匡亚明就因为这样的"机密"被自己人打了。自己人"误以为是叛徒，开枪打他，击中了门牙，由于距离远，又有门牙挡了子弹的力量，才幸免于难"。

此事发生后，惊动了上海巡捕房，待巡捕房知道了真相，国民党特务便千方百计诱使匡亚明投降。匡亚明在此情况下，面对敌人义正辞严地说："对于误伤，这是我们共产党内部的事情，我对共产主义的信念是坚定不移的，我决不会受你们挑拨，我决不会向你们反革命投降。"（罗青长，1997）

受屈不改心，然后知君子。

我们的党，我们的隐蔽战线，正因为有了千万个宗孟平、千万个匡亚明，富贵不能淫，贫贱不能移，威武不能屈，我们的事业方

能历久弥坚、"一往无前",可以"压倒一切敌人,而决不被敌人所屈服"。(毛泽东,1945)

但顾顺章却不。

顾顺章资格很老,入党很早,却组织上入党,思想上自行其是,另有一套。

顾顺章江湖气十足,动辄撒野、发飙,不受纪律约束,不讲党性原则,从来就不是一个真正意义上的革命者。因此,他早在被捕、叛变之前,早在领导中央特科对敌斗争之前,甚至早在组织上海工人纠察队加入上海三次工人武装起义之际,就已招降纳叛,沉瀣一气,称王称霸。

因此,上海第三次工人武装起义刚胜利不久后,陈独秀、彭述之、罗亦农、赵世炎、汪寿华就都想着"淘汰复杂分子","严密改编"顾顺章及其小团体分子。他们不能容忍"纠察队不纯,成分非常复杂,什么样的人都有"。他们绝不允许顾顺章之流恶性膨胀,由着性子胡来,有枪便是草头王。

二、流氓无产者

1927年3月23日上午10时,上海临时市政府开始办公。11时,召开委员会议,公开申明:"我们的市政府是我们民众从长期奋斗牺牲中得到的,我们要继续努力创造一个新上海。"沪上媒体纷纷报道:"破天荒的上海市民政府,为中国革命开了个先声。"

当日下午1时,上海各界上千团体、五十多万民众在闸北青云路广场举行"拥护上海临时市政府成立,欢迎北伐军莅沪大会"。大会通过宣言,坚决拥护上海临时市政府,坚决拥护国民政府,坚

■ 顾顺章（后排左三）参加上海临时市政府第一次执行委员常务会议

决要求国民政府迅速收回上海租界。

与此同时，中共诸要人，陈独秀、彭述之、罗亦农、赵世炎、汪寿华，则闭门开会，一个接一个，从3月23日早晨一直开到24日凌晨，最终达成共识："党的发展问题，是党的最重要的工作之一。"

> 在十天以内，假使没有一万个党员，则此次运动只有工会的胜利，而党是失败了！我们现在绝对不要隐讳，要公开的宣传C.P.，并要毫不客气的说明此次的暴动的主动者是C.P.。（中共上海区委，1983）

当时，上海市总工会所属工会502个、会员82万人，党员仅3000人，甚至还不到一万的三分之一。要想在十天以内，补上缺口，填满三分之二强的不足，谈何容易，根本就是一个不可能完成的任务。更何况泥沙俱下，鱼龙混杂，即使工人纠察队内，都还有待保持纯洁性，提升战斗力。

事实上，3月23日上午，中共上海区委各部委书记开联席会议；下午，中共上海区委各部委产总开联席会议；晚9时，中共上海区委开特委会会议；中共诸要员，陈独秀、彭述之、罗亦农、赵世炎、汪寿华，全都惴惴不安，不可名状。他们不约而同，全都谈到了工人纠察队"指挥太少，秩序很坏""缺乏得力的人""队员是否可靠"等问题。

罗亦农说："工人纠察队疲劳已极，周恩来困苦万分。"

陈独秀说："工人纠察队要组干部会，要调得力者百余人为干部，搞成一个核心，不然没有战斗力。"

罗亦农说："现在纠察队不纯，成分非常复杂，什么样的人都有，要严密改编。"

陈独秀说："你说得对。不能起义了，胜利了，一俊遮百丑。第一组干部，第二淘汰复杂分子，两手都得抓，切切实实抓起来，千万不可麻木不仁、掉以轻心。"

赵世炎说："淘汰不好弄，容易引起反感，很危险，最好送他们到北伐军里去。"

陈独秀说："这事要有人负责，并要赶快。一方面工会注意找人，一方面正式与薛岳接洽，说工会可以代办。"

赵世炎说："薛岳今天对我说，竭力帮忙，欢迎工人当兵。"

陈独秀说："那好，第一组干部，第二搞编制，第三训练，第四以薛岳的名义，实行淘汰。这事就这么定了。"

当时，工人纠察队总指挥是顾顺章。"纠察队分子非常复杂"的根子就在于顾顺章本人是一个典型的流氓无产者。他生性蛮横，争强好胜，既拉帮结派、搞团团伙伙，又在南洋兄弟烟草公司的制烟厂当工头，完全套得上毛泽东给他这一类人的绝妙画像："他们是人类生活中最不安定者。他们在各地都有秘密组织，如闽粤的'三合会'，湘鄂黔蜀的'哥老会'，皖豫鲁等省的'大刀会'，直隶及东三省的'在理会'，上海等地的'青帮'，都曾经是他们的政治和经济斗争的互助团体。处置这一批人，是中国的困难的问题之一。这一批人很能勇敢奋斗，但有破坏性，如引导得法，可以变成一种革命力量。"（毛泽东，1925）

周恩来用顾顺章，用的就是他的"勇敢奋斗"。

周恩来希望通过自己的"引导得法"，使顾顺章"变成一种革命力量"。

但顾顺章专横跋扈、居功自傲，辜负了周恩来的良苦用心。

由于顾顺章是"出生于上海贫民窟的孩子"，所以他"渴望在政治上和社会上得到重视"。（约翰·拜伦、罗伯特·帕克，1998）

魏斐德说，顾顺章"沾有上海白相人习气"，他"善于伪装和欺骗"。（魏斐德，2011）

张国焘说，顾顺章"外表和习性有点像上海的花花公子"。（张国焘，1991）

蔡孟坚说，顾顺章"富权谋，懂心理学，好享受，支配欲强"。（蔡孟坚，1980）

徐恩曾说，顾顺章是"杀人狂"，活像"饿了要吃人、饱了要打架的豺狼"。（徐恩曾，1992）

杨之华（瞿秋白夫人，又名杏花、文君、杜宁，1901年生，浙江萧山人，1924年加入中国共产党，历任中共中央妇女部委员、上海区委妇女部主任、中央妇委主任、中华全国总工会女工部部长）说："顾顺章的特点：一，人矮、精干、多计谋、滑头、勇敢、变戏法的技术很高明。二，不多说话，他不曾对同志说过自己的履历和社会关系。三，平日不看文件，开会不常说话。四，生活浪漫。……虽然他是一个老党员，虽然他过去执行党的决定很勇敢，但他所以勇敢的内容是什么？

他没有了解主义和政策,他的一切工作是没有革命意识的内容。上海一般的流氓无产阶级,好勇敢的,但是他们正因为没有革命意识的内容,不能保护自己,不能为整个无产阶级利益而斗争到底,甚至做了阶级的叛徒,顾顺章是上海流氓无产者的典型。"(杜宁,1981)

典型的流氓无产者顾顺章在成为周恩来的副手、实际主持中央特科的工作之后,日益腐化堕落,走向反面。

正因为中央特科的形成有一个过程,特别是三科(行动科,习称"红队")的大多成员,在"五卅"时期,尤其是上海工人三次武装起义时期,就是工人纠察队的骨干、顾顺章的部下,平时都听命于顾顺章。因此,顾顺章就把同志混同于马仔,把党内同志之间的革命情谊混同于两肋插刀的江湖义气,把党的武装力量混同于黑恶势力,并由此误以为党需要他,而不是他需要党。顾顺章越来越目空一切,凌驾于党之上,动辄就说:"中央的任何大事都不能没有我顾顺章。"

周恩来要顾顺章迷途知返、悬崖勒马,说政治上的狂妄完全违背党的组织准则。但顾顺章口是心非、阳奉阴违,背着周恩来,依然由着性子来。他来者不拒,招降纳叛,一如青帮开香堂,大肆收罗黑道上的亡命之徒。

其实,我们党从不反对"打狗"。中央特科专设"红队",也确实是为了镇压叛徒、铲除特务。但是,杀一儆百,擒贼擒王,绝不能随意扩大打击面。

然而,顾顺章是暗杀万能论者。他只知道偷偷摸摸,打打杀杀,完全不像共产党员。他没有理想,没有信仰,唯恐天下不乱。他热衷于约架和单挑,白刀子进,红刀子出。他热衷于大块吃肉,大碗喝酒,今朝有酒今朝醉,怎样痛快怎样来,怎样恐怖怎样来。他的铁血盲动,招来了反动当局的疯狂反扑,最终祸及革命。

第三章

谁是犹大

◎ 他们的手上有血
◎ 盛会难再
◎ 半分钟都差不得
◎ 装成出殡救人
◎ 她要两本出国护照和巨额美金
◎ 爆竹声中的锄奸真相
◎ 贺稚华到底想要什么

一、他们的手上有血

"二房东"一说,源出沪语,流行于民国时期的上海。上海当时是一个滑头世界。滑头世界中的典型滑头之一,就是房屋租赁中的二道贩子。他们的蝇营狗苟,无非是化整为零,把从房东手里租得的整套房子,分切了转租,从中赚差价获利。

夏禹奎就是此等角色。

夏禹奎,山东人氏,住在上海法租界蒲石路(今长乐路)178号底楼。他既供职于同顺利花边公司,专门向外国人兜售花边帷幕,又业余兼做"二房东",在沿街门外张贴招租告示。

夏禹奎运气不错,招租告示刚一贴出,就有人主动上门寻租。

来人自称姓何,三十出头,一身西装,风度翩翩,给夏妻留下良好印象,但夏妻还是没有贸然领首,一口应允。夏妻还是举棋不定,有所顾忌。兵荒马乱,她不想跟来历不明的外地人打交道。她作茧自缚,画地为牢,特别忌讳对方很浓重的四川口音。

何某看出她的忐忑,就再三说自己是汽车公司买办,一个正经商人,有正当职业,还有妻有女有奶妈,绝对不是地痞、流氓、无赖、拆白党,尽可一百二十四个放心。

何某的信誓旦旦打动了夏妻。加之他又出手大方,半年租金,一次付足。夏妻见钱眼开,也就再不推三阻四,患得患失。

第二天一早,何某偕夫人一起搬到了蒲石路178号。何夫人天生丽质,发型新潮,服饰入时,让夏妻艳羡不已。何夫人则啧啧赞美自己的老公有眼光。她特别欣赏二楼一大统间,前后厢房打开,南北通风,舒适宽敞,加上面东还有一大排长窗,对过(沪语,对面)正好放一张双人床、一对夜壶箱(沪语,床头柜)、一个梳妆台。至于那一个抱在怀里的小女孩和她的奶妈、安徽籍的吴刘氏,就住亭子间。亭子间里,同样有桌有椅有床有橱,一应俱全,小而温馨。

何、夏两家就此做起邻居,住在了同一栋楼里。

他们各得其所,相安无事。

夏禹奎夫妇做梦也没想到,他们贪小失大,惹火上身,注定倒霉。

原来善者不来,来者不善,何某及其美貌太太并非等闲之辈。

他们正是出卖中共中央政治局常委、组织局主任罗亦农的无耻叛徒。

二、盛会难再

罗亦农,又名善扬,字慎斋,号振纲,别号觉,1902年生,湖南湘潭人。1920年8月参加社会主义青年团,1921年5月赴苏进莫斯科东方劳动者共产主义大学学习,同年冬转为中共党员。

2002年5月17日,胡锦涛在纪念罗亦农诞辰100周年座谈会上的讲话中指出:"罗亦农同志是中国共产党早期的主要领导人之一,是杰出的无产阶级革命家,著名的工人运动领袖","为民族独立和人民解放事业作出杰出贡献的革命先驱"。

罗亦农是在大革命失败后逐步进入党的核心领导层的。

1927年8月7日,中共中央在汉口三教街41号(今鄱阳街139号,郑超麟说是123号)二楼前楼(郑超麟说是二楼后楼)召开紧急会议,审查、纠正党在大革命后期的严重错误,决定新的路线和政策。会议由瞿秋白、李维汉主持。8月9日,中共中央临时政治局第一次会议,推选瞿秋白、李维汉、苏兆征为常务委员会委员。11月9日、10日,中共临时中央政治局在上海举行扩大会议,中常委又增补了罗亦农。

11月14日,中共临时中央政治局举行常委会议,决定成立组织局,参照苏联模式,把中组部、中宣部、秘书处等中直机关统管起来,由罗亦农、周恩来、李维汉组成,罗亦农任主任。

■ 李哲时

■ 罗亦农

之后,罗亦农和李哲时走到一起,结为革命伴侣。

罗亦农跟李哲时的结合是在1928年元旦。

李哲时原本是"抱独身主义的女知识分子,年纪相对大了,几个月武汉大闹恋爱的时候,她都作壁上观"。(郑超麟,1996)因此,李哲时一旦发觉自己已然爱上身边那位"很豪爽有魄力、机警智慧、理论水平高、办事果断"的领导,而那位领导也要"买一把小提琴"抑或"从长沙带回几幅湘绣"送"爱好音乐"并学过画画的她,并在其中一幅上边有意题写"亦农和哲时"时,真的"心里很乱",满是"剪不断,理还乱"的感觉。李哲时"别有一番滋味在心头"。李哲时"敬重"罗亦农,"觉得他和老年的领导同志一样,成熟而稳重。但有时也很单纯,活泼,和青年学生一样"。他不是她"理想中能诗会画的文雅青年小伙子"。他不像瞿秋白,拿起她的笔就能随手写几行漂亮正楷或画一棵虬劲松树,拿起她的箫或笛就能当场吹得大珠小珠落玉盘。他的颚下"蓄有三寸长的稀疏胡须",让人更多觉得"是个'老头'",是"长辈",是"领导"。(李文宜,2004)

李哲时心想:"他真爱我吗?像我这样水平有限,不大善于言谈,又相貌平平,能力不是很强,只不过忠厚老实的人,有什么值得他来爱我?"因此,她对罗亦农说:"你还是找一个漂亮的女同志吧。"罗亦农说:"我心中只有你。我初次见到你时,就喜欢你。"

1927年11月4日,李哲时随罗亦农上了去上海的轮船。

1928年元旦,李哲时跟罗亦农结婚,在新闸路新闸邨(今新闸路876弄)28号。

罗亦农的本意是辞旧迎新,请大家聚餐。李哲时反对他的请柬落款,竟然两人名字联在一起。李哲时要罗亦农将她的名字拿下。罗亦农说:"反对无效。非上不可。"李哲时说,人家会误解的。罗亦农说:"那也好,就算是喝喜酒吧。"

新闸路新闸邨28号是一座两楼两底房子。郑超麟说,他"常去玩",是"弄堂内第一家,建筑得很好,家具也很阔绰,简直像一个阔人的大公馆"。关于"大公馆"的"阔绰"。彭述之说,那房子"相当宽大","特别引人注目的是,在下面客厅里以及楼上小客室、卧室内壁上都挂上许多湘绣，是最名贵的装饰品；普通中等阶层人家不可能拥有这样的奢侈品"。（彭述之，2016）李哲时说，那栋公馆式房子并不只是他们的新家，而且"也是党中央组织局的机关"。因此，罗亦农又让秘书处派了两人来看管。他们就是何家兴和贺稚华。他们还有一个抱在怀里的小女孩和一个奶妈。他们四人全都住在楼下。楼上两间正房，一间住罗亦农，一间供开会、办公。另外两个亭子间（即石库门房内设在楼梯平台一侧的面北小间），一个给李哲时做卧室，一个堆放各种杂物。

李哲时原籍湖北，不懂沪语，人生地不熟，上街找不着北，罗亦农戏称她"阿木林"（沪语，笨蛋、傻瓜）。"阿木林"闲得无聊，就在家里练字画画、阅读书报。罗亦农从中宣部借来了一大堆理论专著、翻译小说。只要他奋笔疾书，李哲时就紧挨他坐，坐在书桌边上，静静读着张西曼翻译的《俄国共产党党纲》或北新书局出版的鲁迅的《彷徨》。

1927年11月29日，中共中央决定杨之华、蔡畅、邓颖超、朱英茹、王根英、贺稚华、庄东晓、李哲时八人组成新的中央妇委，由杨之华、邓颖超、庄东晓、李哲时按月担任轮值主任。杨之华是瞿秋白夫人，中共五届中央委员、中央妇女部部长。杨之华说，白色恐怖严重，大家不要随便暴露真实姓名，妇委委员们就照年龄大小，以姊妹相称。李哲时比贺稚华大，李哲时是三姐，贺稚华是四妹。

杨之华分配李哲时去闸北联系女工。她连有轨电车都不会乘，又不好意思明说，每回都是罗亦农代她叫好黄包车，包个来回。到了女工中间，又有语言障碍，她听不懂上海话，她们也听不懂湖北话。彼此尴尬，白忙活了，杨之华也就不再让她去。

元旦这天，杨之华到得最早。她要给李哲时打扮打扮。她要给李哲时做头发。她要帮李哲时穿新衣服。罗亦农则要了一辆出租车，先到愚园路亨昌里34号接郑超麟，再到福煦路（今延安中路）、同孚路（今石门一路）口中共江苏省委机关接刘静贞，再一起回来，回到新闸路新闸邨。

这时，瞿秋白、苏兆征、周恩来、邓颖超、陈乔年、李富春、蔡畅、王若飞、夏之栩也都陆续到了。后来到的还有邓小平等中央秘书处成员，甚至还有八七会议之前就已卸任的中共中央原总书记陈独秀。大家都向新人道贺，现场气氛十分活跃。

当晚宴席一共四桌。大家吃得痛快，喝得痛快。特别是陈独秀一走，大家更加放松，齐声唱起歌来，还捉迷藏，孩子似的，钻入桌底，挤进墙角。为了不被抓住罚表演节目，李哲时总是想方设法，躲得远远，尽力缩成小小一团。她实在羡慕杨之华机警、灵活，眼看被擒又金蝉脱壳。她又很爱笑，笑话那些制定全党路线的中央委员们。他们先前上楼小憩，喝茶品茗，还都是正襟危坐，神情严肃；不是头头是道，细细分析英、美、德、意、日、法等殖民主义列强相互倾轧、矛盾重重，就是义愤填膺，痛骂蒋介石、汪精卫、吴稚晖、戴季陶之流心狠手辣、卑鄙无耻；怎么一下楼来，个个比最调皮的顽童闹得更欢？他们只要被抓就耍赖，就将拽住他们衣领死不松手的人一起拖带倒地，满地打滚，半天不起来。

这不像是罗亦农跟李哲时的大喜日子。

这根本就是整个中共中央的狂欢节。

屋外，夜深人静，万籁俱寂。屋内，热闹依旧，喧哗一片。

苏兆征醉了。醉了的苏兆征触景生情，乐极生悲，紧拉着郑超麟的手，说陈延年（陈独秀长子，中共五届中央委员、政治局候补委员、江苏省委书记,1927年6月6日被捕,7月4日牺牲)死得太惨,我们的眼泪只能往肚里咽。

王若飞醉了。醉了的王若飞手舞足蹈,还要煽动大伙开涮郑超麟及其未婚妻刘静贞。郑超麟乃一介书生,招架不住,从后门逃到了大街上。王若飞不依不饶,一路猛追,硬从街上把他揪了回来。有人说够了,算了,散了。李哲时宽容地说道:"让他再玩一下,盛会难再。"王若飞深受鼓舞,接过话茬,高兴大叫:"嫂子发话了,盛会难再,大家不要拘束!"

几十年过去,回顾以往,李哲时无限感慨:"事实证明,那次的盛会,以后再也不可能有了。"

几十年过去,回顾以往,郑超麟仍然记得那晚"最活跃"的是贺稚华,仍然记得那一个窈窕女子的左右逢源,神采飞扬。郑超麟说:"贺稚华最活跃,她招呼这个客人、那个客人,她和她的爱人何家兴就住在这所房子楼下。"

三、半分钟都差不得

没人还能确切说出1928年4月15日的天色。罗亦农像往常一样健步走出亨昌里的同时,可以不仰脸看看满天的铅灰抑或满天的湛蓝,却不会不利用低头看表抑或俯身挥掸鞋面浮尘的瞬间,更多关注周遭的动静。这样的动作是在萧楚女、陈延年、赵世炎、夏明瀚等人相继遇害之后自然形成的,是给反动当局"宁愿错杀三千,绝不轻放一个"的白色恐怖逼出来的。唯有这样的警觉,才能保证自己与他人、个体与组织的安全。

罗亦农从两湖（湖南、湖北）巡视回来，一直寄住在愚园路亨昌里34号，即《布尔塞维克》编辑部，也就是郑超麟家。

郑超麟，1901年生，福建漳平人。1919年赴法勤工俭学，1924年加入中国共产党，1927年出席党的五大及八七会议，之后追随中共中央返回上海，以"编辑委员会主编或宣传部秘书资格"，负责编辑中共中央机关刊物《布尔塞维克》。

瞿秋白最初让郑超麟租下亨昌里34号，按照郑超麟在回忆录里的说法，是要做一个"永久性的联络各埠机关"，因为"中央准备于叶挺军队攻下广东后再从上海迁往广州去"，而留他"在上海做中央驻沪办事处主任"。但是，迁广州的计划由于南昌起义的部队在潮汕严重受挫而变得渺茫，这屋子也就随之做了《布尔塞维克》编辑部兼中共中央宣传部，郑超麟住二楼面南的前房间，编辑部的秘书黄玠然住二楼面北的后房间。（郑超麟，1996）

后来，黄玠然走了，罗亦农来了。罗亦农从两湖巡视回来，就住黄玠然空出来的二楼面北的后房间，即晚上住亨昌里34号，白天去爱文义路（今北京西路）、戈登路（今江宁路）口的望德里办公。

1928年4月14日晚，李维汉来到了愚园路亨昌里34号。

罗亦农见李维汉行色匆匆，也不客套，张口就问来意。

李维汉也就当屋站着，径直说事："明天上午，有两个地方的人来中央汇报，一个在爱文义路望德里，一个在南成都路，哈同花园的东边，你看你去哪儿更方便？"

罗亦农不假思索地回答："我就去望德里。我常去那里看文件，跟住机关的何家兴、贺稚华也熟。"

李维汉说："好吧，你去望德里，我去南成都路。"

据郑超麟晚年回忆，罗亦农"常去"看文件的那机关，"似是进弄门后第三家。坐西朝东，一楼一底，上海普通弄堂房子"。（郑超麟，1995）

愚园路在静安寺的西边，爱文义路在静安寺的东边。即便步行，至多半个小时，罗亦农就能从亨昌里赶到望德里。换言之，那天上午，罗亦农到望德里的时间，至迟不会超过 10 点。

穆欣（《光明日报》原总编辑、《陈赓大将》作者）说，罗亦农 1928 年 4 月 15 日上午从愚园路上的亨昌里去爱文义路、戈登路口的望德里是要见山东来的吴姓代表。郑超麟则说，吴某即吴芳，"似是南京党委书记"，并非山东代表，更非山东省委书记。郑超麟说："那天，外国捕头带着巡捕冲进那幢房子去，罗亦农正在同吴芳谈话（吴芳似是南京党委书记），就被捕了。吴芳自称是卖水果的，外国捕头放他走。"（郑超麟，1995）

《海上静安》里则说，巡捕到的时候，山东来的同志还未到，罗亦农"明白敌人是冲着自己来的，早一点离开此地，山东来的同志就少一分危险，为掩护同志，罗亦农神态自若地引敌人离开了自己住的家"。（李关德，2003）

还有邓小平的女儿毛毛（邓榕）也说，她父亲生前曾以亲历者的身份说过这件事。父亲告诉她："那一天，我去和罗亦农接头，办完事，我刚从后门出去，前门巡捕就进来，罗亦农被捕，就差不到一分钟的时间。后来罗亦农被枪毙了。那个时候很危险呀！半分钟都差不得！"（毛毛，1997）

我认为，在多种可能之中，更为接近事件本来面目的，还是邓小平去和正在跟吴芳（与罗亦农是同乡，还是湖南长沙船山学校、上海外国语学社、莫斯科东方劳动者共产主义大学的同学）谈话的罗亦农接头,但他刚离开,一支打开保险的手枪便顶住了罗亦农的胸膛。

尽管这晚,罗亦农去向不明,一夜未归,郑超麟有点诧异,但并不着急。次日,交通员张宝泉来通知,说罗亦农昨日在望德里被捕,大家这才紧张起来。郑超麟夫妇马上带了随身衣服搬往"大世界"附近的一个旅馆,说是去杭州玩几天就回来,留下娘姨管家。

郑超麟转移后,去瞿秋白那里打听消息,杨之华告诉他,据戈登路巡捕房传出消息,罗亦农是被一对夫妇出卖的,但瞿秋白禁止杨之华往下说。

四、装成出殡救人

罗亦农的突然被捕是中共中央自武汉迁回上海后遭受到的第一次重大破坏,因而中共中央高度重视。时任中共中央政治局常委、组织局主任周恩来,随即与时任中共中央政治局候补委员、中央特科主要领导顾顺章等人一起,紧急启动预案,一方面实施营救,一方面撤离、转移相关人员。

张国焘在《我的回忆》(1991)中说:"有一天下午二时,项英匆匆跑来告诉我,两个钟头以前,上海区委书记罗觉(罗亦农)在他的秘密办公处被捕了。这个突然发生的意外,可能是我们内部有奸细告密,有波及整个中央机构的可能。我的住址虽只有一个交通知道,但他是新进同志,如果他被捕了,难保不泄露出来。项英恰在那时找好了一个没有任何人知道的新住址,他要我们夫妻暂时在他那里躲藏起来,等情况弄明白了再作计较。我们到达项英的新住址之后,他就出去打听消息。"

与此同时,周恩来也已派人与租界当局接洽,希望能够买通那些唯利是图、见钱眼开的家伙,用金钱换得罗亦农的自由。

就在周恩来派人与租界当局接洽时,顾顺章也带上李哲时四处奔走,每天去见一些青洪帮的人,想通过他们再去疏通反动当局的头面人物。

顾顺章带李哲时去找的那些人信口开河,漫天要价,非要四万元不可。考虑到那些人口蜜腹剑、贪得无厌、诚信度很差,只怕把钱给了他们,人还是救不出来,落个人财两空,中央又决定拿出二万元作为经费,等敌人把罗亦农从租界引渡到龙华时,拦路把他抢下来。

这是一个既别出心裁、又有很大成功把握的计划。这个计划的核心内容就是由中央特科的"红队"队员装成出殡样子,跟随披麻戴孝的李哲时,在棺材里面暗藏枪支,待囚车经过,便开枪上前,拼死救出罗亦农。

李哲时这就根据顾顺章的指示去何家兴夫妇那里探听消息。

李哲时等了好几个小时,方才等来贺稚华。贺稚华穿着一件天蓝色的长袖丝绒连衣裙,披着一条粉红色的纱披肩,既时尚又靓丽。

贺稚华一看到李哲时,就像外国人那样双肩一耸、两手一摊,显出万般无奈的样子。

贺稚华说,她当时也吓坏了,要不是仗着外语好,德语和英语都能说,把外国捕头唬得一愣一愣的,她和何家兴也难涉险过关。

看到李哲时的眼角有泪水渗出,贺稚华马上显得既体贴、又亲热地拉住她的手,把她拉近自己的身边,跟她并肩坐在床沿上,再三说自己非常同情她的处境,又在她的耳边小声说道:"千万不要哭出声来。我们是秘密搬的家,不能让邻居知道戈登路那边的事。"

李哲时希望贺稚华再去找外国捕头,了解一下罗亦农的引渡时间。贺稚华说,她为了掩护来接头的吴芳及党的文件,当时塞了一只钻戒给外国捕头,但外国捕头恐怕不会因此而提供更多便利。

李哲时知道一时得不到回音,只好离开。大约隔了一天,李哲时又去找贺稚华。到那里,已是早上9点多钟,贺稚华仍躺在床上,直到看见她来了,才懒洋洋地起来说:"搞不清,人家不告诉我们。"

五、她要两本出国护照和巨额美金

1928年4月22日一早,顾顺章又一次来到李哲时住处,叫醒疲惫不堪的她,说:"快到龙华去,在有条马路上面有'文治大学'四个大字的地方,你去看看电线杆上贴的什么字。"

李哲时立即叫了出租汽车,径直赶往龙华。她一看见"文治大学"四块方形铁牌,一字一块悬在一条马路口上方一根横的铁丝上,就下车找电线杆,看那电线杆上张贴的布告:"奉蒋××令……共党要犯罗亦农立即枪决。淞沪警备司令钱大钧。4月22日。"

李哲时的腿挪不动了。

那位好心的出租车司机扶起李哲时往前走。也不知走了多久,走了多远,李哲时依稀看见马路右边凹进去的一块草地上有一摊鲜血,旁边地上斜倒在那儿一个纸标,写的是"要犯共匪罗亦农"字样,还有一方折叠整齐的洁白手帕。

这手帕是李哲时送给罗亦农的。

李哲时不觉瘫下去了,右袖筒掉进血泊里。

李哲时的哭声引来了不少过路人。

其中一个身穿黑衣、身背蓝布包的男子长叹一声，请李哲时到不远的家里去休息一下。他告诉李哲时，枪决是头一天下午2时执行的。临刑前，他听到了有人大声地喊"共产党万岁"。

李哲时跟着他，仍顺着那条马路走。不多远处，看到在右边一块土地上，矗立一个黄土堆新坟，坟头上栽了一把青草，在阴雨绵绵之中，没有任何标志。

李哲时在龙华祭奠了罗亦农，又到亨昌里收拾罗亦农的遗物。她一进那个二楼面北的后房间，就伏在罗亦农睡过的床上号啕大哭。

第二天，周恩来即安排李哲时住到张太雷遗孀王一知家里。后来，他又专程前来看望李哲时，见她泪流满面，泣不成声，但又生怕惊动左邻右舍，不得不将脸庞埋入有水的脸盆，边洗边哭。

然而，为罗亦农悲痛的又何止一个李哲时。

1928年5月30日，《布尔塞维克》第20期卷首语沉痛地哀悼罗亦农的壮烈牺牲。卷首语认为，罗亦农的被害，使"中国无产阶级失去了一位最热烈的领袖，中国共产党失去了一位最英勇的战士"。因此，卷首语号召中国无产阶级牢牢记住他们的领袖，学习罗亦农同志的热烈的革命精神，并为他"报仇"。

决意为罗亦农报仇的中央特科，遵照周恩来的指示，首先罗列该次事件中的种种可疑迹象，然后顺藤摸瓜，彻查罗亦农蒙难之谜。

项英告诉张国焘，罗亦农的被捕果然是由于奸细告密，而且牵连极广。据捕房的消息，先是有一个能说德语、英语的漂亮女性，主动去找捕房政治部的负责人告密，说自己手中有350多个共产党员的名单和地址，其中多数是参加南昌起义的人物。只要捕房答应给她两本出国护照和五万元美金，让她到她所愿意去的国度，

■旅欧时期的贺稚华（前排右二）

并替她保守秘密，她就可交出来。她还说，她愿意先说出罗亦农的地址，要捕房立即去逮捕，以证明她所说的话是真实的。此后，双方再履行条件，完成这桩买卖。捕房依照她的话行动，果然抓住了罗亦农。

郑超麟所听到的情况是，有个女人先拿了一封信给在爱文义路、戈登路口站岗的华人巡捕，说是给巡捕房的。信内说，她住的地方楼上是共产党机关，每天有共产党的重要人物罗亦农来办公，她要巡捕房去捕，交换条件是送她和她的丈夫去外国。

既然如此，人们的视线自然而然地聚焦在贺稚华身上。她和她的丈夫何家兴住在望德里。只有她和她的丈夫才清楚知道，每天来望德里办公的人是罗亦农，是"共产党的重要人物"。

李哲时说，贺稚华"是朱德同志在四川当旧军官时讨的如夫人，聪明美丽，曾带到德国去过。她也学会了德语，学会了骑马和跳舞。

朱德同志入党后，到莫斯科红军大学学习，贺稚华也在东方大学，但她不安心学习，吵着要见朱德。红军大学纪律很严，不是假日不能接见任何人。她就同在法国留过学的东大同学何家兴同居了，回国后曾登报要求同朱德同志脱离关系。朱德同志也在报上答复'尊重贺女士的意见……'"。（李文宜，2004）贺稚华跟朱德有一个女儿，即朱敏。朱敏说，自己白皙的肤色遗传于母亲，"父母在德国共同学习，共同参加革命活动，但母亲的思想发生了很大变化，她和爹爹虽然生活在一起，可心却越离越远，直到最后完全离开了我的爹爹"。（朱敏，2001）

按照张国焘的说法，何家兴和贺稚华去罗亦农的身边工作之前，还曾在"一个秘密联络从潮汕来的同志的中心机关"工作过。周恩来让张国焘去那个机关"指导关于分配从潮汕逃来上海的一般同志的工作"。张国焘知道贺稚华"曾随朱德去过德国"，"当她从德国经莫斯科回到武汉的时候"，又有了"一些不可信任的故事"，被怀疑是张作霖的侦探，所以他"在那里只工作过两个上午，以后也就不愿去了"。（张国焘，1991）

按照李维汉的说法，何家兴、贺稚华夫妇原来在瞿秋白那儿坐机关，住在瞿秋白楼下，伪装成二房东。但何、贺两人时常拌嘴，吵得不可开交，只能把他们调到新闸路新闸邨看机关。

按照张国焘夫人杨子烈的说法，贺稚华旅居海外，"每到一处，必同外国年青人鬼混，老的少的来者不拒"。到了苏俄，"依然是乱来"。"当时东方大学旅莫支部书记是罗亦农，罗精明强干，久闻贺之为人，大不为然，立即把她同朱德分开，朱德到某地去受军事训练，贺稚华则留住东大，从此贺稚华恨极罗亦农。"但杨子烈又说："贺稚华生得确甚妖娆，柳眉杏眼，怒时带笑，愁

中含喜，见了周恩来、罗亦农等等高级负责者，热得似一团火，谁还会疑心她是蛇蝎心肠呢？"（杨子烈，1970）

难道真是那样一个平时"热得似一团火"的漂亮女子，以其不被他人丝毫起"疑心"的"蛇蝎心肠"出卖了自己的领导、党的领袖？我们党从不殃及无辜，无端冤枉一个好人，同样不会姑息养奸，随便放过一个坏人。

为了彻底查清贺稚华及其丈夫何家兴的庐山真面目，李维汉派人去找他俩，先让他们搬出望德里，去一个静安寺路（今南京西路）的小客栈住几天。当时，静安寺路有许多大铺子，有的底下两个大铺面中间还有个小号子，楼梯上去，上面是相通的，有几个后门。李维汉就给他们找了这么个地方，一个小楼梯上去，上面是个客栈。

安顿好后，李维汉又亲自去安抚惊魂未定的何家兴和贺稚华，并说："你们受惊了，原来的地方不能住了，还是另外找个房子住，躲避一下。"他边说边掏出一些钱，让何家兴和贺稚华去找新住处。临走前，李维汉再三叮嘱他俩，千万不要忘了将新的住址及时告诉联络人，以免失去联系。

看着李维汉远去的背影，攥着李维汉给的钱，何家兴和贺稚华的心中恐怕是落下了一块重重的石头。因此，他们刚一找到蒲石路上的新住处，就与李维汉指定的联络人取得联系，原原本本地说出了确切地址。

他们不曾想到，那天李维汉来客栈见他俩时，中央特科做了周密部署，楼上楼下都派了人，前后通道都有严密监视和火力掩护。他们更没有想到的是，李维汉指定的联络人本来就是肩负"打狗"使命的"红队"队员。

何家兴用李维汉给的钱，惬意地住进蒲石路178号二楼统间，当晚比贺稚华稍早一会睡觉。他上了床又没马上躺下,而是半倚半靠在床头问了贺稚华一个问题:"你说,你真的相信这事到此为止,再没麻烦?"

贺稚华一边坐在梳妆台前卸妆,轻轻抹去满脸脂粉,一边头也不回地回答:"我们将在这里静静地度过出国前的最后时光。"

何家兴又问:"你确信我们半年之内一定能够远走高飞?"

贺稚华再答:"我想我已闻到爱琴海的气息。"

何家兴笑了,贺稚华笑了。一个笑得放肆,一个笑得矜持。

要是他们知道,陈赓及战友已经在他们屋外,悄悄聚集、慢慢潜入,他们一定不会再笑,不会再有放肆和矜持。

一张大网就此撒开,悄然收拢,无声扎紧。

六、爆竹声中的锄奸真相

1928年4月25日早晨7时许,镇压叛徒的行动正式展开。

在那之前,中央特科已经大量掌握贺稚华叛变投敌的确凿证据。

李维汉晚年回忆道:"后来查清楚,贺稚华早就和巡捕房联系,预先作了布置。当时听说贺稚华出卖罗亦农的代价是三千元美金,和送他们出国。"(李维汉,2002)

4月15日上午,罗亦农一到望德里,贺稚华即以打开水为名,叫何家兴通知爱文义路、戈登路口的巡捕。巡捕用岗亭里的电话报告巡捕房,英租界探长洛克随即带了两人来抓罗亦农。贺稚华用德文跟他们打招呼说话,又送了洛克一只钻戒,洛克就放过了何家兴,留下了抽屉里的文件。

叛徒多逍遥自在一天，党就多一份潜在危险。李维汉与邓小平商量后作出决定，一定要把叛徒除掉。李维汉便在中央秘书处的楼上约见陈赓，命令特科"红队"对何家兴、贺稚华夫妇采取断然措施。

穆欣在《隐蔽战线统帅周恩来》中说："4月25日凌晨，陈赓按照中央的指示，亲自带领红队，闯进何家兴夫妇住的旅馆，由一人把守后门，三人登楼。同时以办喜事为借口，于旅馆外面燃起震耳的鞭炮声。"（穆欣，2013）

于是，有人说镇压何家兴、贺稚华夫妇的现场在"亚洲旅馆"，当时"一顶迎亲小轿沿南京路一条小弄堂缓缓走来，锣鼓、唢呐声热热闹闹"，"迎亲的伙计们有的燃起了鞭炮，顷刻间，鞭炮声和鼓乐声混响一团"。（王军，2009）也有人说何家兴和贺稚华住在"一座法式四层小楼"的"最高"层，门外还有"一个法国巡捕"站岗。康生等五人"特科行动小组"凭借"攀房登高、倒卷珠帘、百步穿杨的绝技"，"破门而入"，将"手里握着一把手枪"的何家兴打得"胸部连连中弹，密如蜂窝"。（许文龙，1996）后一种说法又跟电视剧《人间正道是沧桑》里的对应情节很像。电视剧里的"立青"也是"带着行动小组"，顺着房顶上放下的绳索，"穿窗而入，滚落在地板上。一个鲤鱼打挺，从碎玻璃上飞快跃起，手举双枪"，击倒了"出卖罗亦农同志的叛徒贺稚华、何家兴"。（江奇涛，2009）

其实，整个事件的真正经过是当天上午7时许，奶妈吴刘氏第一个起身，见何家兴、贺稚华并排坐在床上读报，就手提水壶，出后门去附近老虎灶（旧上海卖开水的小店，得名于煮水的灶头形似卧虎）买水。待她买了水回来，只见灶披间里已多了四个陌生男子，三个穿中装，鱼贯上楼，一个穿西装，用左轮手枪顶住她脑门，示意她安分听话，闭紧嘴巴。她立马老实站着，木雕泥塑一般。屋外爆竹大作，弄内鞭炮齐鸣，震耳欲聋，持续不断。穿西装的那个收起手枪，跟楼上下来的三人重新汇合，相互掩护，逐一撤出，从容离去。直至楼上的小女孩拼命哭叫，声嘶力竭。二房东夫妇披衣跣足，蓬头垢面，奔出房来，冲着吴刘氏乱嚷嚷。

不怪二房东夫妇光火。大清早，又是爆竹鞭炮，又是啼哭喧嚣，惊了美梦，搅了好觉，换了谁，谁也是吃人模样，全部愤怒都写在了脸上。

也亏得二房东夫妇一顿臭骂，骂醒了呆若木鸡的吴刘氏，吴刘氏方才发抖地说出刚刚经历的诡异一幕。

夏禹奎走在前，两个女人跟随其后，相互壮胆，上楼去看。

一看楼上一片狼藉，先前还在床上读报、说笑的东家，转眼一死一伤，血肉模糊，枪窟窿赫然。吴刘氏头上丢了三魂，脚下走了五魄，混浊浊稀泥一摊，晕倒在半开半阖的桃木房门前。

夏禹奎马上报警，给卢家湾巡捕房挂电话。巡捕闻警出动，蜂拥而至，封锁现场，调查取证。

经查，何家兴身上至少有两处致命伤，一在右胸乳旁，一在脑侧太阳穴。贺稚华则侥幸活着，头部中弹，瞎了一只眼睛，赶紧送金神父路（今瑞金二路）广慈医院（今瑞金医院）抢救。

过了一会，租界公廨的人也到了，依程序传唤目击证人，追问吴刘氏："枪手有否洗劫你东家？有否金银财宝丢失？"吴刘氏应答："没有。肯定没有。"巡捕也说室内物件并无挪动迹象。租界公廨的人便让他们带上夏禹奎和吴刘氏（吴刘氏又带上亭子间里的小女孩）回卢家湾做笔录，现场留巡捕蒋宴春看守。

这天下午，周恩来先到"大世界"游乐场附近的公寓式旅馆见郑超麟和刘静贞，告诉他们，罗亦农是被何家兴、贺稚华夫妇出卖

■ 在这幅上海老地图上，原蒲石路178号位于画面右上角的长乐路左侧

的。周恩来走后不久，邓小平又来了。那是黄昏时分，落霞纷飞，西天一片血色。邓小平向郑超麟讨晚报看，神气有点异乎寻常。郑超麟立即出去买了一份，当街就读，读到了当日一早法租界发生的一桩命案，一对新近搬入蒲石路178号的年轻夫妇在爆竹声中遇袭，男的死在床上，女的滚落地下受重伤。

2007年3月7日下午，陈赓的儿子陈知建在北京接受了上海电视台纪实频道《档案》栏目《谍战揭秘》摄制组的专访。陈知建说，他父亲"一直后悔的就是没把何家兴的老婆打掉，打了她一枪，打在头上了，她居然没死，后来被抢救过来了。抢救过来，二话不说，赶紧跑了。再找她，没找到，最后发现在美国，那就鞭长莫及了"。

陈知建的说法暗合了李维汉的回忆。在《李维汉同志谈罗亦农同志牺牲前后》（2002）中，李维汉说："'文化大革命'初，'造反派'怀疑罗亦农的牺牲是我设的圈套，是我的一个阴谋，要我交代，把过程都讲了，以后没有再追问过。但他们进行了调查，后来告诉我贺稚华还活着。"

而《超越血缘之爱》中则说，贺稚华因被追杀而"神经失常，不久死去了"。（顾保孜，1998）

而《杨之华评传》中则说，贺稚华"受伤未死，后到四川，再婚，解放前病死"。（陈福康、丁言模，2005）

而朱敏则说，她是14岁那年第一次知道母亲离开人世的消息。那天早晨，"外婆在被窝里"叫着她的小名，边哭边说："飞飞，外婆不能再留你了，你姓朱，是朱家的后代，是共产党的娃娃。万一被那些特务知道了你的身世，外婆我……担待不起啊……我怎么向你父亲交代？怎么向周恩来先生和邓女士交代？更对不起你死去……的妈……"（朱敏，2001）

经查，贺稚华伤愈后回四川开江，又嫁人生了两个女儿。1938年，反动派赶到开江，将贺稚华拖出里屋，当院枪杀，极其残暴，甚至让她的两个女儿睁眼看着。

七、贺稚华到底想要什么

长期以来，更多的人不是以贺稚华、而是以她的丈夫何家兴为第一被告。贺稚华比她的丈夫何家兴罪孽更深、更重，却活得更长。

《基度山伯爵》里的法利亚长老说过这样一句话："谁能在一个阴谋中获得最大利益，谁就是这一阴谋的主导者。"那么，贺稚华究竟主导了一个什么样的阴谋，扮演了什么角色，想要获得什么利益？

难道真的只是要两本出国护照，以及三千或五万元美金？

陈养山就是这样认为的，其观点被他的儿子陈建宇写入了《隐蔽战线福将陈养山传奇》（2006）。该书正是以我们党绝大多数地下工作者的清贫与贺稚华、何家兴的奢靡的落差，以及罗亦农对于这一落差的痛心疾首，作为贺稚华、何家兴与罗亦农交恶乃至翻脸、决裂的由来。陈建宇在他生命的最后时刻，向我再三重申的也正是这一点。

2007年3月8日上午，陈建宇抱病在北京接受上海电视台纪实频道《档案》栏目《谍战揭秘》摄制组的专访。陈建宇说："因为贺稚华和何家兴经常外出，不是在舞厅里泡到半夜，就是在酒吧里喝得烂醉，总是很晚很晚回机关，不遵守保密纪律，所以罗亦农批评过他们几次。他们对罗亦农怀有仇恨，他们想要报复罗亦农。

当时，咱们的工作人员生活比较苦，一个月就 20 元钱的生活费。贺稚华、何家兴他们在国外腐化惯了，20 元钱根本不够花，所以就想捞外快。怎么办？他们就和英租界的巡捕房建立了关系。他们以出卖咱们党的领导换外汇，出国做寓公。他们第一个就卖了罗亦农。"

可是，我们必须指出，这些话似是而非，很难求证。同样的说法也没法在李维汉、郑超麟、李哲时、张国焘等人的回忆录里找到，而跟后者相比，陈养山并不能算是事件的亲历者。因为陈养山是因发展杨登瀛（又名鲍君甫）成为我们党的第一个反间谍关系，才经周恩来同意加入中央特科，此时距罗亦农罹难已有月余。

1925 年 3 月 7 日，朱德在写给李季和陈启修的一封信中说："去冬欲偕莘农同志往莫，莫方以额满为拒，德组为申送事，逼得治华出党。……我现在决心两月以后即动身来莫，如东方大学准我入，我即加入听课；如不许我入，我亦当加入莫组受点训练，即在外住几月，亦所不辞。治华倘然与我同来，惟住房子的问题是不容易的。如不许我入校，那就要请你们帮我觅得住处，我一定要来。如以后不能住了，我即回中国去，专为党服务。"（朱德，1997）

朱德信中的"治华"，即贺稚华，相信那时朱德的决心，也就是贺稚华的决心。那时的贺稚华应该还跟朱德契合，更多表现为纯真专一地"专为党服务"，但后来的移情别恋，也并不表明她就不再意气风发。

朱敏在她母亲背离父亲的问题上，完全站在朱德的立场上，说"母亲对爹爹不好，让爹爹伤心"。"东大"以致"国共分裂后"一段时期的何家兴，少年气盛，血气方刚，应该也有可圈可点之处，否则贺稚华怎么从此"安静"了呢？党内同志怎么也"都认为何家兴有办法，能够领导贺稚华"了呢？（杨子烈，1970）

但何家兴也还是没有能比朱德更加长久和有效地满足贺稚华。李维汉说:"贺稚华夫妇原来在瞿秋白那儿住机关,瞿秋白住在楼上,他们住在楼下,伪装成是二房东,晚上两人总是吵得很厉害。"(李维汉,2002)这应该正是贺稚华再不满意何家兴的征兆。

相信那时贺稚华的目光已转向了罗亦农。

这时的贺稚华就想近水楼台先得月,利用工作之便,乘虚而入,走出何家兴的庸碌浑噩,走近兼有朱德的声望、权势和何家兴的年轻、多情的罗亦农。

毕竟,当时的罗亦农形单影只,并无家眷。

毕竟,贺稚华风流成性,只要"见了周恩来、罗亦农等等高级负责者,热得似一团火"。

毕竟,"贺稚华的确是一位漂亮女子,大概三十岁左右,人灵活会说话"。(彭述之,2016)

然而,当她确信罗亦农爱的是李哲时而不是她的时候,事情就起了质的变化。

> 贺稚华见到碧兰同我来看罗亦农,趁碧兰抱着小女和罗亦农的妻子一起聊天(罗妻是碧兰在湖北师范时代的老同学和闹风潮的同志,曾担任武汉妇女部的书记),就拉我到她屋子里去坐。她对我拉拉杂杂地说了很多闲话,主要是说罗亦农现在……,不像共产党的领袖。只要看看那些挂着的湘绣就可见他们的奢侈了。她为什么对我说这一套话?当然她认为我还是党里的老领袖,可以在我面前严厉批评罗亦农,但我则是听听而已。因我了解她从前同朱德在四川生活豪华,到德国也是经常跳交际舞那一套……,而现在在党里变成无足轻重的女人,

她的丈夫也毫无地位。而且罗亦农也不会重视她，非常嫉妒，这也就是引致后来最大的悲剧。（彭述之，2016）

正因为"罗亦农也不会重视她"，所以她在罗亦农与李哲时的婚礼上的热情奔放，才会给包括杨之华、郑超麟在内的所有人留下深刻印象。她无法平静面对一脸幸福、亲热依偎在罗亦农怀中的李哲时。她把她的活跃变成了一种感情的宣泄。

贺稚华和何家兴终究在出卖罗亦农的同时毁灭了自己。

当然，这只是许多种可能中的又一种可能。

大概也正因为如此，朱敏从不因为"从记事起，身边没有父亲也没有母亲"而黯然神伤，反而还对自己倔强地说道："母亲弃我而去，甚至叛离了我的爹爹，是为了追求与爹爹的信仰完全不同的生活方式，她彻底改变了自己的一生。在这一点上，我作为女儿，是不能原谅她的。"（朱敏，2001）

第四章
喋血霞飞路

◎ 捕人如像预知的一样
◎ 两面间谍
◎ 伏击枫林桥
◎ 白鑫叛变
◎ 惊弓之鸟
◎ 皮夹里有一张车票
◎「将他老婆接来」

一、捕人如像预知的一样

鲁迅读报最恨读出一大块一大块空白,如洁本《金瓶梅》抑或洁本《初刻拍案惊奇》《二刻拍案惊奇》里的小方框,总是要在"灯光影里,鲛绡帐内"抑或"两情火热,解衣就寝"的后面替代那许多用朱笔勾划掉的诲淫诲盗。鲁迅说:"'□□'是国货,《穆天子传》上就有这玩意儿,先生教我说:是阙文。不过先前是只见于古人的著作里的,无法可补,现在却见于今人的著作上了,欲补不能。到目前,则渐有代以'××'的趋势。胡乱×它几行,印了出来,固可使读者佩服作家之激烈,恨检查员之峻严,但送检之际,却又可使检查员爱他的顺从,许多话都不敢说,只×得这么起劲。一举两得,比点它几行更加巧妙了。……日报上被删之处,也好像可以留着空白(术语谓之'开天窗')了。"(鲁迅,1981)

不过,空白也有空白的好处。空白是最好的导读。只要中文报纸上有了空白,到西文报纸上去找,一找一个准,一找一个看点,一个爆炸性新闻,一个耸人听闻的重大事件。

于是,1929年11月12日,包括《申报》《时事新报》在内,所有的"中国报纸都开了天窗,保留的只有标题一条"(《字林西报》,1929年11月13日)。粗识英语的人们扭头就找西文的《字林西报》(*North*

China Daily News），并在《字林西报》上锁定了一起"政治谋杀案件"，并在这一起"政治谋杀案件"中锁定了"报复"，并在"报复"中锁定了一个"最重要"人物，因为此人"近几个月抓到了许多共党分子"。

所谓"许多共党分子"的被捕是在1929年8月24日下午4时许，在上海新闸路经远里12号。这地方距1928年4月罗亦农被捕的爱文义路、戈登路口的望德里不是太远，相互间隔五六个街区，直线距离超不过两千米。当然，更近的是新闸路新闸邨（今新闸路876弄），彼此在同一条路上。一个在卡德路（今石门二路）以东，一个在卡德路以西，一坐南面北，一坐北面南，其间只隔着卡德路、山海关路、慈谿路、大通路（今大田路）。1928年元旦，罗亦农和李哲时正是在新闸路新闸邨28号设宴结婚。

一般都说经远里12号是"彭湃秘书"或"中央军委秘书"白鑫的"家"，"中央军委、农委经常碰头的地方"（穆欣，2013），或"白鑫以租客身份住在经远里1015号，这里便成为中央军委、江苏省委军委的一个重要联络点"（中共上海市静安区委党史研究室，2016）。李关德在《海上静安》（2003）中则说："新闸路经远里（今新闸路613弄）12号是建于1917年的旧式二层楼石库门里弄房子……1929年2月中央决定调彭湃任江苏省委常委、省军委书记，办公地点就设在这里，这也是中央军委机关的所在地。"

至于彭湃到上海工作后的住址，一般都说是"大西路百禄里"（罗可群、熊泽初、邱锦荣、郭呈祥，1981）。只是大西路在法租界，东段即今金陵西路，中段即今延安中路，西段即今延安西路；百禄里在老城厢，即今紫霞路51弄，毗邻荳市街、花衣街、外郎家桥街和王家嘴角街，彼此风马牛不相及。

李关德说,彭湃在上海的"住所"即他的"办公地点",就是新闸路经远里12号。彭湃在那里"居住和工作了半年时间","把其中一间仅8平方米的亭子间作为工作室兼寓所,室内仅一张小铁床、一只煤油炉、一张简陋的桌子和两把椅子,前楼是开会和联络的地方"。

如果确认经远里12号是彭湃的上海寓所,那么再说"1929年8月24日下午,彭湃到上海新闸路经远里参加江苏省委军委的会议"(罗可群、熊泽初、邱锦荣、郭呈祥,1981)就不合适了。因此,李关德说,1929年8月24日下午,时任中共中央政治局委员、江苏省委常委、省军委书记彭湃,之所以要在经远里12号与时任中共中央政治局常委会委员、中央军事部长杨殷,时任中共中央军委委员兼江苏省委军委委员颜昌颐,以及负责兵运的江苏省委军委干部邢士贞等人会面,是因为中央决定将他"调回中央农委工作",他有必要办"移交"。

据李维汉回忆,彭湃出任江苏省委常委、省军委书记是在1929年1月下旬。当时中央指定罗登贤、李维汉、赵容(康生)、徐锡根和彭湃等人组成新的江苏省委常委会。分工兼管农运和兵运的彭湃坚决贯彻中央方针,注重建立包括富农在内的农村中极大

■彭湃

■杨殷

多数人的统一战线,加强土地革命和建立苏维埃的宣传。同时,积极发展反动军队中的士兵组织,加快他们的觉悟转化。

周恩来非常欣赏彭湃的才干。他是中共中央政治局常委、中央军委书记、中央组织部长,在起草中共中央关于党员军事化的通告时,就吸收了不少彭湃的建议。针对大多数党内同志不懂军事、不重视兵运的现状,周恩来再三强调军事工作对于整个革命斗争的重要意义,并提出"以实现党员军事化的口号,做整个军事工作的核心,整个军事工作能否做得有力,完全要视党员军事化的程度以为断"。

(中共中央文献研究室,2007)

■颜昌颐

■邢士贞

彭湃的办"移交"亦使那天周恩来本该也来经远里的说法更显合理。周恩来在中央常委会内管的是组织工作,彭湃"调回中央农委工作"是重大人事变动,他有亲临现场向杨殷、颜昌颐等人解释这一变动的必要。不过,他说是要来,并没真的就来。穆欣说,他"临时有事没有参加"。(穆欣,2013)王光远说,他"因病请假"。

(王光远,1999)

除了周恩来,那天该到"未到"的还有白鑫,那是柯麟说的。

穆欣说:"一代名医柯麟也是隐蔽战线一位带有浓厚神秘色彩

的传奇人物。"他化名"柯达文",与化名"贺雨生"的贺诚"在上海四川路延安里开办了一所'达生医院'",作为"中共中央的一个秘密机关"。但王光远说,"达生医院"在威海卫路。李一氓则说:"柯麟的门诊所开在北四川路老靶子路口,五洲药房的楼上。"（李一氓,2001）

我觉得李一氓的说法更加可信。因为当年上海,只有延吉里、延林里、延康里、延哲里、延陵里和延庆里,没有延安里。因为"五洲药房"的对面就是"三民照相馆"。"三民照相馆"的老板范梦菊,也跟中央特科有关。"三民照相馆"就是中央特科"储存武器的地方之一"。（上海市虹口区人民政府,1989）因为柯麟"开业当医生"期间,就住在李一氓家里,朝夕相处,知根知底。

柯麟说:"会议开始,白鑫未到,而国民党反动派的警察却来了"。（柯麟,1992）

罗可群等说,白鑫到是到的,只是"开会时间已到",他"还没有来"。"不一会,白鑫进来了,帝国主义工部局的巡捕也紧跟着进来,彭湃被捕了。"（罗可群、熊泽初、邱锦荣、郭呈祥,1981）

还有人说,会议一开始,列席的白鑫就像往常一样坐到"客堂的八仙桌畔",只顾埋头记录,落笔飞快。

周恩来则说:"彭湃、杨殷、颜昌颐、邢士贞四同志之被捕,日期在一九二九年八月二十四日下午四时许。那时,帝国主义的武装巡捕与公安局的中国包探,驾着几辆红色钢甲车",呼啸而来。"彼等于弄堂内外布置妥贴后,登楼捕人如像预知的一样,按名拘捕共五人（除彭、杨、颜、邢外,还有张际春同志）。""被捕五同志当即为警探拥上汽车,直驶向新闸捕房。"（周恩来,1930）

彭湃、杨殷等人的被捕使得我们党的军事指挥系统遭到了毁灭性打击。"当晚，周恩来主持紧急会议，研究营救彭湃等同志和惩办叛徒的措施。"（中共中央文献研究室，2007）周恩来将这两项任务交给了顾顺章和中央特科。

二、两面间谍

周恩来将营救彭湃、杨殷等人的任务交给了顾顺章，顾顺章随即指派中央特科情报科科长陈赓去找杨登瀛。

杨登瀛，又名鲍君甫、刘君珊，1901年生，广东中山人。他自幼留学日本，精通日语。1919年回国，在"五卅"运动中，结识了青帮中人、洋务工会负责人杨剑虹。两人因为是同乡，来往密切。

■杨登瀛

陈建宇在《隐蔽战线福将陈养山传奇》（2006）中说："1928年3月，陈立夫、张道藩让杨剑虹等人在上海筹建侦探机构。时任党务调查总干事的杨剑虹苦于人手不够，能够放心使用的人更是难得，正在他左右为难之际，一个人影闪进他的脑海。这人不是别人，正是他的同乡好友、几年前在上海经常与他来往的鲍君甫。"张国栋说，杨剑虹是"采访股总干事"，不是"党务调查总干事"。

张国栋是"'四·一二'政变四个月之后，进入由蒋介石任校长的南京国民党中央党务学校学习的。1928年6月毕业后，即被分配到调查科任助理干事，从此加入中统特务系统"，直至当上中统局本部秘书,位列"中统局的最高决策层","局长不在时,可代理局长主持局务。……调查科初分设采访、整理两个股,各设总干事一人,下设干事、助理干事若干人。采访股总干事始为杨剑虹。杨为上海青帮成员,1928年秋,由于青帮内部争权夺利,杨被迫自杀"。(张国栋,1992)

陈建宇说,杨剑虹苦于人手不够,主动上门找杨登瀛帮忙。他说国民党中央组织部搞了一个调查科,正缺少他这样的人才,一定要拉他加入,杨登瀛答应了。杨剑虹就把他介绍给了陈立夫和张道藩。陈立夫和张道藩就在上海法租界金神父路上的皇宫饭店定了一个包房,专门宴请杨登瀛,要他广泛联系各个社会团体、机关、学校,搜集情报,特别是共产党及其外围组织的活动情况。他们给了杨登瀛一张随便出入国民党上海市党部的通行证,还说他们的奋斗目标就是利用他们设立在上海的清共机构,彻底消灭租界内外的共产党。

陈养山与杨登瀛是在1926年春认识的。当时经人介绍,陈养山去杨登瀛那里学习日文。1928年春节后,陈养山在浙江搞农民暴动失败,到上海没有地方住,就住在杨登瀛家里。杨登瀛知道陈养山是中共党员。当时,杨剑虹经常上门来找杨登瀛,要他为国民党中央组织部党务调查科工作。杨登瀛要陈养山跟组织上说一下,听听上级的意见。当时,陈养山属江苏省委领导。省委要陈养山向中央写一个报告,说明有这个关系,可以利用。不久,陈赓找陈养山谈话,详细研究了杨登瀛的情况,认为这个人基本上是倾向我们的,是可以利用的,又向周恩来汇报。周恩来认为,杨登瀛在政治上虽不是很可靠,但在隐蔽战线斗争中确实有用。因此,他决定启用杨登瀛。同年5月,陈赓就同杨登瀛见了面,确定为情报关系,由陈养山单线联系,陈养山因而调入中央特科。

周恩来对于杨登瀛的启用完全符合共产国际的构想。共产国际执行委员会特工部在《关于远东和近东国家共产党秘密工作状况和特务工作情况的书面报告》（1932年6月3日）中，就特别说到中央特科"在工作中依靠相当可靠的关于敌人活动的情报，这些情报或者是通过派共产党员到国民党组织中担任负责工作取得，或者是利用国民党阵营中的一些负责同志的私人联系取得"。

这是潜伏中的潜伏，卧底中的卧底。杨登瀛就是中国版的达斯科·波波夫。达斯科·波波夫是南斯拉夫爱国者。第二次世界大战期间，他既是英国间谍，又是德国间谍。他既为军情五处服务，又为军情六处服务，还同时宣誓效忠阿道夫·希特勒。他的代号是"三轮车"。他的殚精竭虑都是为了使德国人对英国人抗击入侵的能力产生错觉。英国人为此给了他丰厚报酬。德国人也不亏待他。他则心安理得，照单全收。他没有一天不是在欢宴酒席间度过。他是摩洛哥酒家、斯托克夜总会的常客。他在长岛的金岸置了一所豪宅，跟他双宿双飞的都是好莱坞当红艳星。他从不认为他这么做有什么不对。他的口头禅是："既然钱来得这么容易，为什么我不及时行乐？我就是这样的人。如果我不这样生活，我就会自我'爆炸'，纳粹情报机关就会立刻发现我的不正常。"

同样，杨登瀛也是一仆二主，既给国民党打工，又给共产党做

■安娥

事。既拿徐恩曾的俸禄，又用中央特科给的房子、车子、秘书、保镖。

杨登瀛的秘书是安娥。

安娥，原名张式沅，化名张瑛，1905年生，河北获鹿县范谭村（今石家庄市长安区）人。1923年，她考上北京国立美专西画系。1925年入党，1926年赴苏联学习，入莫斯科中山大学。1929年回国，被党安排到杨登瀛身边，从此一反常态，穿得时髦、吃得派头、用得阔绰、住得舒适起来。新中国成立后，杨登瀛跟安娥还有联系。

1956年12月，杨登瀛向安娥求助冬衣。安娥陆续给杨登瀛寄送生活用品，还特意送了杨登瀛的小女儿一辆自行车。

杨登瀛的保镖是连德生。连德生跟安娥一样，也是中共党员，也曾由党保送苏联学习，进莫斯科东方大学（全称莫斯科东方劳动者共产主义大学）深造。连德生以保镖为名，跟着杨登瀛随意进出上海各大租界捕房或国民党军警特务机关。杨登瀛得到紧急情报，总是交给连德生，直送陈养山乃至陈赓。

有人说，杨登瀛是"在'中统'的心脏中潜伏多年的地下工作者"，是"中共情报四杰"之一。（桑晔，2009）这个说法不确切。杨登瀛从来就不是中央特科情报科正式成员，杨登瀛只是中央特科的工作对象，一个名副其实的两面间谍。他最想要的也是左右逢源、两全其美，既可以做国民党的官，又能帮共产党办事，两面讨好，两面得益，谁也不得罪。张国栋说："杨登瀛真是神通广大。他能够经常甚至逐期地将中共中央发给各省委的通告送到调查科，但实际内容大都是一般工作方针、政策或对形势的分析，而不是针对某一项工作的具体指示。但这足以引起徐恩曾的重视，并随即抄报二陈和蒋介石，以表现他的功劳和领导有方。不仅如此，杨登瀛还能弄到一些托派刊物送到调查科。杨每次怀揣情报'硕果'到南京来，徐恩曾都要派人殷勤招待，并请杨到安乐酒家、世界饭店等高档大饭馆吃饭。觥筹交错间，杨每每露出得意神色。我虽与杨不甚熟悉，但也曾多次应邀作陪。后我留学归国，听人说杨实际是个情报贩子。在调查科这边，又在共产党那边两头拿钱。"

但是，当时杨登瀛还不是陈建宇所说的"国民党中央组织部驻沪特派员"，更不可能是"蒋介石任命"的，也不可能"在北四川路大德里对面的过街楼上设立一个办事处，做情报集散的地方，正式挂上'国民党中央调查科驻沪办事处'的牌子"。（穆欣，2013）"国民党中央组织部"从来就没有"驻沪办事处"。张国栋也说："调查科成立之初，在全国各地还不曾设立直辖的下级机构。至1930年，为扩大其活动范围，并将搜集的情报及时地送到调查科处理，便派出三名特派员，并配备工作人员和电台，分别常驻上海、武汉和开封，上海的特派员是杨登瀛，后改名鲍君甫……"

三、伏击枫林桥

陈赓约杨登瀛在"文艺复兴"见面。

这是一家白俄人开的咖啡馆。这里的常客，不是帝俄分子，便是他们的同情者，即流落在上海的那些帝俄时代的王公贵族、富绅大贾。每天出现在这里的，都是一些熟面孔。陌生面孔也时有出现，他们不会一个人来。在他旁边，一定有一熟面孔，一个白俄女人。这些昔日贵族，把他们的心神沉浸在过去的回忆中，来消磨这可怕的现在。圣彼得堡的大邸高车，华服盛饰，迅如雷电的革命，血和铁的争斗，与死为邻的逃窜，一切都化为乌有的结局。流浪的生涯，时时重现他们眼前，引起他们的无限悲哀。他们的心底只有过去。他们回顾以往，留恋过去，同时也靠着过去享用他们的面包、青鱼和烧酒。

陈赓向杨登瀛打听彭湃等人的近况。

杨登瀛告诉陈赓，8月25日是星期天，临时法院不办公。8月26日开审，法官跟公安局代表故意做作一番，然后判交公安局带走，用铁甲汽车武装解入城内公安局，关押在小北门水仙庙侦缉队拘留所。

得知8月28日一早，彭湃等人将由小北门水仙庙侦缉队拘留所转送龙华淞沪警备司令部，周恩来马上命令顾顺章调集中央特科的全部力量，半道截车，武装营救。

周恩来说："第二审过后，公安局深惧有意外，至二十八日清晨即转解警备司令部。"（周恩来，1930）

■当年上海的淞沪警备司令部

有关1929年8月28日清晨，中央特科在龙华附近的枫林桥畔武装解救彭湃等人的行动有多个版本。其中之一是李强的追忆。李强说："中央特科的武装行动，通常是由三科下属的'红队'担负。这次营救彭湃的行动规模较大，'红队'人手不够，周恩来下令中央特科所有会打枪的人都出动。参加营救工作的约有20人。他们接到任务后，连夜进行营救前的准备工作。上街购买了一些急用器材，如敲开铁铐用的工具等。28日清早，中央特科的同志集合在同孚路的中央特科机关里，待范梦菊骑机器脚踏车把枪送到后，他们打开装枪的小皮箱一看，发现里面的驳壳枪全部涂着一层黄油，不能使用，便马上派人去买来煤油，把黄油擦洗掉，再涂上生发油，这样用去了一两个小时。一切准备妥当后，乘卡车出发了。为了掩护这次行动，中央特科的同志们在卡车上放了一个三脚架，架子上摆了一个拍电影用的机器，假装是拍电影外景的。卡车开到囚车必经之路的一个名叫枫林桥的三岔路口停下来，大家分散开，准备行动。可是他们在那里等了很久，也没有看到敌人的囚车开过来。原来，中央特科的同志错过了机会，敌人已经将彭湃等同志押去龙华了。武装劫车营救没有成功。"

不明白的是，《李强传》（2004）的作者紫丁为什么要将原本很合理的先擦枪、后出发说成先出发、后擦枪，也就是："男女特科人员严阵以待，只等来自水仙庙拘留所的囚车在公路上出现。可惜，劫法场的行动中有一个环节出了问题：拟用于这次劫救的枪械迟到，枪内防锈的黄油尚未清除不能使用，营救未能成功。"我们为《李强传》远离李强的追忆而遗憾。

我就这个问题跟李延明认真讨论过。李延明是李强的儿子，历任国务院政治研究室助理研究员、中共中央书记处研究室调研员、

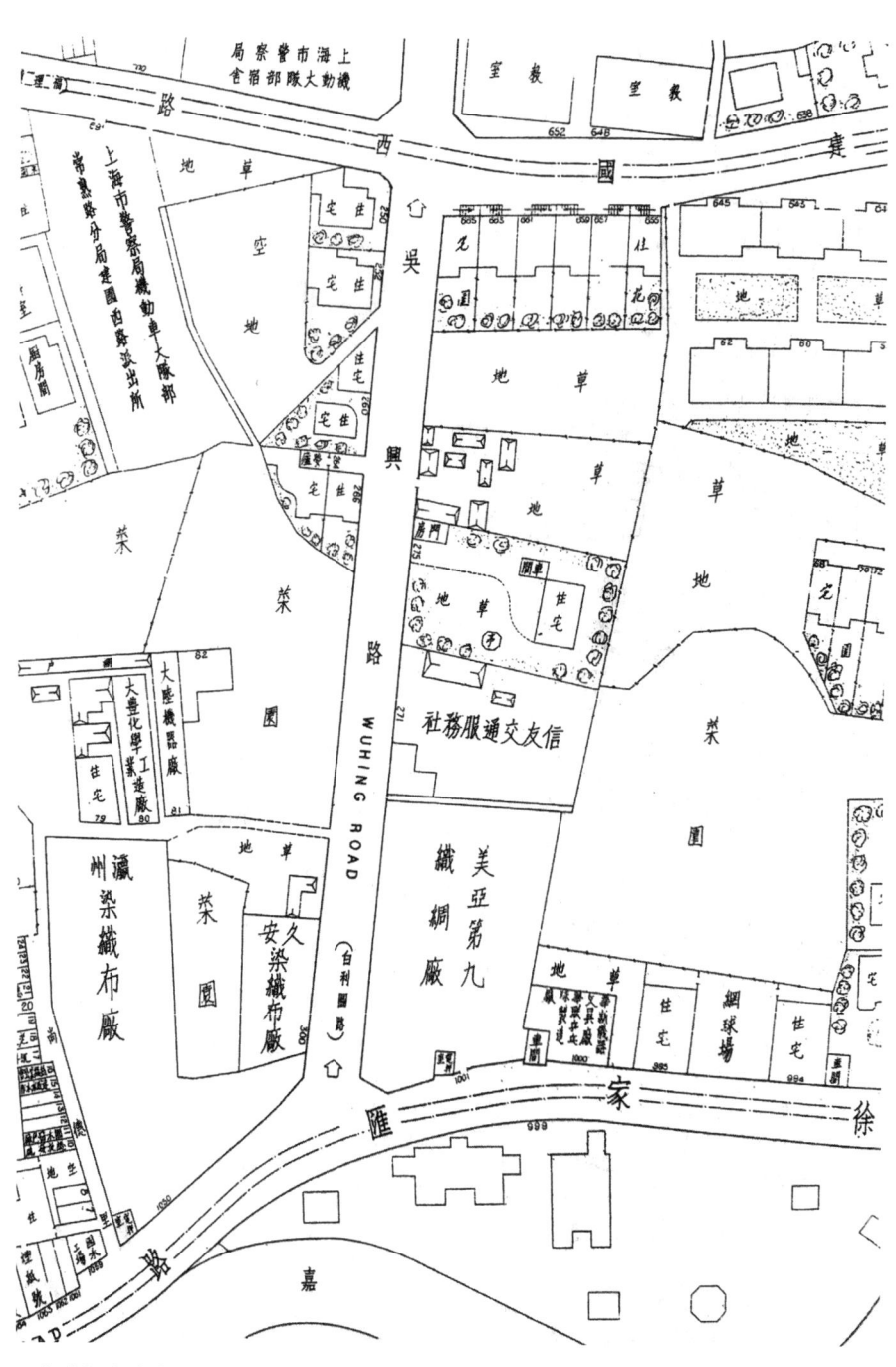

■在这幅上海老地图上，枫林桥位于画面下方的徐家汇路上

中国社会科学院政治制度研究室主任、马克思列宁主义研究室主任、中国历史唯物主义学会常务理事等。李延明说，《李强传》如有可能再版，相关章节应该按照他父亲的回忆予以订正。

2017年10月16日，我跟李强的另一儿子李小强在上海见面，说到《李强传》里的"劫法场"，他也说要修改。

除此之外，还有柯麟在《回忆彭湃》（1992）中写到的一个小插曲。"营救的那天"，他和陈赓"在法国公园等候消息，很久了都还没有听到枪声，才知道抢救计划没有能够实现"。

如果柯麟记忆无误，那么这个小插曲又将引申出两个小问题：

其一，陈赓并未亲临营救现场，否则他不可能跟柯麟一起"在法国公园等候消息"。

其二，法国公园（今复兴公园）毗邻辣斐德路（今复兴中路）、白尔部路（今重庆中路），枫林桥远在徐家汇路（今肇嘉浜路）、高恩路（今高安路），相互间的直线距离至少也有数千米。"抢救计划"即使"实现"，柯麟和陈赓恐怕也难"听到枪声"。

四、白鑫叛变

周恩来说，彭湃等人被押解到淞沪警备司令部后，"未经一审，只是手铐脚镣，铁链钉铐，被严重地看管在司令部看守所中"。周恩来还说："他们入警备司令部后，已知必死，故他们传出书信多是遗嘱之辞。他们嘱咐党中同志不要因他们被捕而伤痛，要继续努力谋得革命的发展。他们嘱咐党中重要负责同志要为党惜身。……他们对于自己爱人的遗嘱，都是勉其为党努力。"

■1930年8月30日,《红旗日报》刊登的周恩来悼念文章《彭杨颜邢四同志被敌人捕杀经过》

1929年8月30日下午,彭湃、杨殷、颜昌颐、邢士贞等人"慷慨地向士兵及在狱群众说了最后的赠言,唱着国际歌,呼着口号出了狱门,引得一般士兵及狱犯都痛哭失声,甚至看守所员都为之掩面"。

彭湃等人"死时的枪声,狱中群众隐约闻见"。他们"虽看不见他们领袖的英勇遗体,然他们领袖之英勇的战绩,却永远光明地纪念在每一个人的心中,永远不会湮灭"。周恩来不仅将这些挥泪写下的文字写入了中央文告,而且还对中央秘书处的同志说:"文告要马上发出去!一定要马上发出去!"他沉吟片刻,又说:"我

们一定要把敌人消灭！一定要把叛徒白鑫干掉！"（周恩来，1930）

周恩来认定白鑫为"叛徒"，是采信了彭湃、杨殷等人的狱中遗书，他们明确指出他们的出事是"被白害"。至于"帝国主义的武装巡捕与公安局的中国包探……登楼捕人如像预知的一样，按名拘捕共五人"，更是有力佐证。

周恩来认为"按名拘捕"正是找出党内犹大的关键所在。

"按名拘捕"排除了敌人突袭的盲目性。

敌人若不是有备而来，绝不可能"登楼捕人如像预知的一样"。

敌人之所以有备而来，那是因为得到了准确情报。

敌人的准确情报，只可能来自那一天会议的知情者。

龙华刑场上的枪声响过之后，那一天会议的知情者中，只有一人安然无恙，逍遥自在。

这个人就是白鑫。

柯麟说："关于白鑫叛变的问题，我认为它不是偶然的。白鑫原是叶挺部队政治教导队的指导员，当时我在国民革命军第四军军部当医务主任，他经常患病，常来找我治疗，因此对我颇有好感。他参加广州起义后随军到了海陆丰，后来又到了上海，也找我看病。开始时，他曾对我说他有一个亲戚原是国民党武汉部队中比较高级的政工干部，后来参加南昌起义随军南下到海陆丰，起义军在潮汕失败后，他想逃跑，被彭湃发现后枪毙了。白鑫跟我讲这件事时，就表现了对彭湃有着咬牙切齿的痛恨。白鑫对彭湃有私仇这件事，我曾对杨殷谈论过，但由于杨殷没有及时将这件事汇报给党中央，因而党中央派了白鑫到江苏军委，当了彭湃的秘书。事后，经党组织查明，白鑫到上海后，就与国民党上海市党部负责人范争波发生了密切的关系，暗中出卖组织和同志。白鑫当了彭湃的秘书后，一直在寻找机会破坏江苏省委机关，帮助反动派逮捕彭湃。8月24日，白鑫在通知江苏省委军委负责人到新闸路开会时，就已经事先将开会的地点、人员情况报告了范争波。会议开始，白鑫未到，而国民党反动派的警察却来了，荷枪实弹，如临大敌，将彭湃等五位负责人逮捕带走。"（柯麟，1992）

彭湃可能因为"私仇"被白鑫出卖，却不可能被"国民党反动派的警察""荷枪实弹""逮捕带走"。因为"国民党反动派的警察"在租界，绝不可能"荷枪实弹"，随便抓人。"驾着几辆红色钢甲车"，赶到新闸路经远里12号"按名拘捕"彭湃等人的，只能是周恩来所说的"帝国主义的武装巡捕与公安局的中国包探"。

中央特科很快查实，为了获取一大笔奖金，捞到卖身投靠反动派的资本，白鑫早在一个多月前就向国民党上海特别市党部秘密自首，勾搭上了国民党上海特别市党部执行委员、上海市公安局督察范争波。范争波是陈果夫、陈立夫兄弟的爪牙，将白鑫网罗在了自己门下。白鑫投桃报李，将彭湃、杨殷等人将在新闸路经远里12号开会的消息密告了范争波。

白鑫拿彭湃等人的性命换得了高官厚禄，当上了淞沪警备司令部侦缉局局长、"反共"办事处（华人区）主任。

白鑫的无耻背叛，必须遭到严惩。

孰料，大网刚刚撒开，1929年9月14日，上海《民国日报》就同时刊登了两则消息：一则说彭湃、杨殷等

■白鑫

人视死如归、舍生取义；一条则白鑫"曾在黄埔学校毕业，前受人之愚，误入共党，罪状较轻，已由蒋主席负责保出，业于前日带往南京，听其戴罪立功，以观后效"。

难道白鑫跑了？

这到底是铁板钉钉的真事，还是掩人耳目的烟幕弹？

陈赓这就又去找杨登瀛打听了。

五、惊弓之鸟

陈赓与杨登瀛仍在"文艺复兴"见面。

陈赓开口就问白鑫的下落。

杨登瀛说，白鑫确曾去过一次南京，但并未久留，现已潜回上海，匿居霞飞路（今淮海中路）和合坊四弄43号范争波家中。

和合坊建成于1928年，南临霞飞路，北通蒲石路（今长乐路），街的斜对面就是1928年4月25日早晨陈赓等人惩办何家兴、贺稚华夫妇的第一现场。

陈赓再问白鑫的活动规律。

杨登瀛说，白鑫是惊弓之鸟，画地为牢，深居简出，很难接近。

陈赓这就想到了柯麟。

陈赓告诉柯麟，你和白鑫关系很好，他经常到你那儿看病，他去看病的时候，你就马上通报，我们去抓他。

柯麟答应了。

陈赓猜得没错，果真"有一天，白鑫打电话给柯麟，说是他从南京回来了，要到家里去找他"。（李一氓，2001）

李一氓说:"老柯就着慌了,赶快由北四川路跑回西摩路和我商量怎么办。我说必须报告周恩来。就由他写了封信,我想办法很快就送到周那里去了,也很快得到回信,要柯麟约白鑫到他的家里来。到了约定的时候,我很紧张,从楼上一望,显然有几个人是来采取行动的。但是等了很久,已经过了约定时间,白鑫也没有来。当天晚上,我接到周恩来一封信,信封里装了五十块钱,要我立刻搬家。当然,柯麟还得继续坚持下去。"

白鑫风声鹤唳,草木皆兵,又改约柯麟去白宫饭店看病。

柯麟到了白宫饭店,跟往常一样给白鑫看病。白鑫问他:"最近有哪些认识的人来找你看病?"柯麟说:"很少了。"又反问他:"你想见他们吗?"白鑫说:"想见。"看完病后,白鑫给了柯麟不少钱,还有一封酬谢信,也一并装到柯麟的药箱里。

从白宫饭店出来,柯麟径直回家,在家里一直等到天黑。华灯初上,四周变得黑暗起来,他才乘车去找顾顺章和陈赓,汇报自己跟白鑫见面的情况。顾顺章和陈赓嘱咐柯麟沉住气,照样给白鑫看病,有情况随时汇报。

两个星期后,白鑫又请柯麟去范争波家中给他看病。柯麟乘机侦知,范争波、范争洛弟兄住在二楼,白鑫住在三楼。几乎同时,杨登瀛通过和白鑫谈话,亦得知他将在11月11日离开上海去外地。国民党已经给了他一大笔钱。

根据柯麟和杨登瀛的报告,周恩来决定在11月11日采取行动,一举锄奸。

于是,陈赓又去爱文义路上的圣彼得堂找主持牧师董健吾。周恩来说这样一个虎口拔牙的重大行动,不能或缺那样一个以布道为业的神职人员。

六、皮夹里有一张车票

王光远在《红色牧师董健吾》（2001）中说："圣彼得教堂是上海有名的大教堂，坐落在市中心的爱文义路，现仍存在，被称为'怀恩堂'。"其实，圣彼得堂是圣彼得堂，怀恩堂是怀恩堂。圣彼得堂坐落在爱文义路351号，怀恩堂坐落在西摩路（今陕西北路）375号。圣彼得堂所属宗派为中华圣公会，怀恩堂所属宗派为中华浸会。爱文义路上的圣彼得堂奠基于1898年11月，西摩路上的怀恩堂却迟至1942年方始落成启用。

圣彼得堂的主持牧师董健吾，是在大革命失败之后入的党。陈赓是他在中央特科的直接领导。

董健吾在惩办白鑫中所起的作用，按照《红色牧师董健吾》的说法，就是一算了、二画了。所谓"算了"，即"专门租了一辆汽车，由嵩山路巡捕房开到和合坊，算出了准确的时间"，"准确"算出了"敌人听到枪声，从嵩山路巡捕房开汽车到和合坊，需要多少时间"；所谓"画了"，即他"画了一张详细的地图，交给了陈赓"。

但这算、这画，在董健吾的晚年笔记中均无点滴记载。董健吾只是说，陈赓要他尽快入住他"在嵩山路以东（在法国坟山附近）新近租下的一处楼房"，以此"密切观察嵩山路法捕房的动静，看他们逮捕人的车辆什么时候开出就打电话给欧阳新，向他报告捕房行动的时间"。

■董健吾

1929年11月11日下午，蔡飞、

邵达夫、谭忠余等"红队"队员分批潜入霞飞路和合坊。董健吾则"时刻注意嵩山路捕房以及在前窗斜对过的武圣庙，华探目有事集中的所在"，一看到"武圣庙华探目有事集中起来了，中西探目都登上红车，往西开去"，他就"一方面打电话给欧阳新报告开车时间，同时去问了两个尚留在武圣庙里的探目"，从他们口中得知"西面和合坊内有暗杀人命案发生"。

所谓"西面和合坊内有暗杀人命案发生"，指的是白鑫恶贯满盈，"红队"报仇雪恨。在那之前，范争波的自备车带着一辆从"霞飞路苏州汽车公司"雇来的出租车，一起停在蒲石路和合坊后出口边上，由范争波的仆人和保镖将白鑫的行李逐一搬到出租车上。

说时迟，那时快，就在白鑫足蹬黑皮鞋、身穿哔叽衬绒袍子和藏青丝西裤，由范争波兄弟及其保镖簇拥，闪身走出43号后门，匆匆走向东五弄时，埋伏在隔壁的邵达夫、谭忠余、胡兰波等人蓦地扑出，纷纷出枪射击，大弄堂里顿时鬼哭狼嚎，弹道眩目。

最先中弹的是范争波的保镖。他试图拔枪还击，子弹尚未出膛，脑壳已被掀开，立时匍地毙命。接着是范争波和他的弟弟范争洛。两人应声而倒，前胸后背、小腹大腿，都是肌肉外翻的弹洞。白鑫见势不妙，一边向北突围，没命奔逃；一边拔出手枪，回头还击。但困兽犹斗，终被紧追不舍的"红队"队员逼入死角，击毙在71号门前。

等到嵩山路巡捕房的警车呼啸赶到，喋血锄奸的"红队"队员早就不翼而飞，消失得无影无踪，现场只有中外记者，以及里外三层、挤成一堆的围观市民，抢着看那蜷成一团的白鑫尸体。看着白鑫后脑依然汩汩淌着血浆和脑浆，人群中有一位老人的嘴角迅捷掠过一缕不无辛辣又不易为旁人觉察的冷笑。这位颤颤巍巍、挂着拐杖的老人就是乔装后的董健吾。

他是一个牧师，时常为死者祷告。

他却绝不赦免白鑫的罪过。因为白鑫丧尽天良，死有余辜。恶魔的灵魂不能被送进天堂。

看着蹲下检查的巡捕从白鑫上衣内袋里翻出一只带血皮夹，冷眼旁观的董健吾再难憋住心底的笑声。

因为此时此刻，所有人中，只有他清楚知道，那一只皮夹里有一张车票。一张还没有派上用场的新车票。但是，光有一张新的车票，血债累累的白鑫，还是上不了远走高飞的客车。

当晚，董健吾还主动去了法租界巡捕房翻译兼探长赵子柏的家。董健吾晚年回忆："和合坊出事的那天晚上，我就到了赵子柏重庆路太和坊9号的家里，借晚膳的机会，边谈边吃，借以了解和合坊事件的真相。因为我亲临出事现场还是得不到详细情况，写不好给陈赓同志的汇报，所以专程跑到赵子柏探长家里向他去了解一个明白。赵子柏说：'今天忙得我要死。听说被狙击的是五人，当时范争波被击中项间，血流如注，但未被打死。他躺于血泊中装死，及狙击停止，他爬起来冲进屋内，经过家中人将旧衣服裹住伤口，仍不能止住流血。正在这时，警备司令部开来大汽车一辆，将重伤的范争波和受轻伤的其他两人，一并送往医院急救。但范争波流血过多，送医院急救，是否能转危为安，当属问题。'"

董健吾追问："这批人被送往什么医院去治疗？"

赵子柏摇摇头回答："尚不知道。"

董健吾事后获悉，"范争波身受重伤之后，报上大肆宣扬由警备司令部送往医院去急救，这是一个烟幕弹。作用在于使人麻痹，不再注意他。我们也是都去查大医院，不去查小医院。其实，他当时被送至八仙桥黄金荣家里，秘密请医生来动手术"。

叛徒白鑫的死真是罪有应得。这大长了革命者的志气，大灭了反动派的威风。风花雪月、人面桃花的旧上海，从此迎来了一个山岳潜形、风云失色的大间谍时代。所有的光怪陆离、尔虞我诈，无不演绎出数不胜数的设局与反设局、暗算与反暗算。

七、"将他老婆接来"

新中国成立后，陈赓曾出具证明，说杨登瀛"确系1927年起即与我党发生关系，1931年以前在工作上曾和我联系，在此期间对党贡献颇大"。陈养山也说，杨登瀛"在大革命后对我党的保卫工作有很大的贡献，而且救出了许多我党负责同志"。

1956年3月，南京军区派人送杨登瀛去北京，陈赓、陈养山、安娥等人以礼相待，与他亲切会见。

说到杨登瀛的下场，周军、潘莹斌在《杨登瀛：周恩来始终牵挂的特殊人物》（2001）说："1970年冬天，杨登瀛因病去世。临死前，他再三对自己的子女说：'我不是特务，不是叛徒，也不是什么内奸，我到底算一个什么人，自己也说不清，但周恩来是知道我的……'""1976年1月，当纷纷扬扬的瑞雪迎来龙年之春的时候，周恩来已进入弥留之际。一日，他将罗青长叫到自己身边。罗青长伏在周恩来身边，将耳朵紧贴着周恩来的嘴巴，静静地听着，不时地点头，眼泪一串串地落了下来……""据说，周恩来提到了一些鲜为人知的名字，其中就有杨登瀛。然后，周恩来说：'对

■1956年4月10日，杨登瀛一家在自家门前合影

这些在我们党最危难时期帮助过我们的人，千万不要忘记了……'"

罗青长去见周恩来，是在1975年12月20日上午，而不是"1976年1月，当纷纷扬扬的瑞雪迎来龙年之春的时候"。这一史实，可见《周恩来年谱（1949—1976）》（1997）。

12月20日上午，体温三十八度七。约罗青长谈对台工作问题，询问台湾近况及在台老朋友的情况，嘱咐不要忘记对人民做过有益事情的人。其间，两次被病痛折磨得说不出话来，并进入昏迷状态。最终不得不中止谈话。这是周恩来最后一次约中央部门负责人谈话。

事实上,说到"周恩来最后一次约中央部门负责人谈话",力平在《周恩来一生》(2001)中写道:

> 1975年12月20日,上午十点来钟,周总理医疗小组办公室打电话给负责对台湾工作的罗青长,说周总理醒来以后,几次提到要见他。罗青长赶到了305医院,看到周恩来当时吊着输液瓶子,面色很憔悴。周恩来强忍着疼痛紧紧地握住罗青长的手,说:"青长,我平时不病,没想到这时病成这个样子,我还能看到你。"罗青长说:"党政军一些干部都很关心总理的健康,望总理早日康复。"周恩来说:"我找你来谈台湾问题。我平常给你们讲的台湾那些老朋友,他们这些人,过去对人民做了有益的事情,你们将来千万不要忘记他们,一切对人民做过有益事情的人,你们都不要忘记他们。"讲到这里,周恩来实在疼痛难忍,只好说:"青长,休息十分钟吧,休息十分钟后,我们再谈。"后来周恩来就闭上眼睛,昏迷过去了,直到中午以后,还没有醒来,罗青长只好离开了。罗青长说:"这是总理最后一次召见我,最后的诀别。总理的这些嘱托,我觉得不仅是对我讲的,也是对我们后一代,对我们中国人,对台湾人民讲的。"

"作为周恩来的专职保健医生在他身边工作了十年多一点时间"的张佐良,在《周恩来的最后十年:一位保健医生的回忆》(1997)中也写道:

12月20日早晨，值班人员按照周恩来的吩咐派汽车接来了调查部长罗青长。……周恩来同他谈对台工作问题，询问在台的一些老朋友情况。两个人似乎没有谈多少事情，周恩来再次昏睡了过去。谈话只得中止，医生马上进病房来检查和抢救，罗青长在病室外焦急不安地等候着，他知道周恩来的病情已是十分严重，他不能让总理因他来此谈工作而过于劳累再度发生昏厥。罗青长未向周总理告辞，便悄然离开了医院。后来，罗青长每当谈起这件事情，便心里感到难过而落泪。他觉得很遗憾，没有能聆听到周总理对台工作的重要指示，罗青长是周恩来生前与之谈论工作的最后一位部长。

以上说明，周恩来找罗青长谈的是"对台工作"。他放心不下的是"台湾近况及在台老朋友的情况"，或平常"讲的台湾那些老朋友"。他的"询问"不大可能涉及杨登瀛。但是，这并不表明，他就不关心杨登瀛、不惦记杨登瀛。恰恰相反，《李强日记》（未刊稿）给了我们极其珍贵的证据，完全可以用来佐证周恩来对于杨登瀛的关心和保护。

1968.12.10
二时与鞠书章、陈养山去秦城监狱，审鲍君甫。

1968.12.11
下午一时与养山、鞠书章等去秦城监狱审鲍君甫，回部时已下班。

1968.12.13

晚去华北饭店找陈养山谈总理的指示。

1968.12.17

下午去秦城监狱。

1968.12.20

上午八时去华北饭店与陈等商对策，十时回部办公。

1968.12.21

凌晨总理电话：……陈养山报告看到了，要优待鲍君甫，并同意将他老婆接来。

1968.12.22

晚八时在办公室与陈养山等研究鲍君甫问题。

1968.12.24

下午二时与陈养山去秦城监狱，五时回部处理文件。

1968.12.28

下午去秦城监狱。晚七时半与李班会谈。

1969.1.5

下午三时去部与陈养山、李辅仁研究鲍君甫问题。

1969.1.10

上午八时与陈养山去秦城。

1969.1.24

下午二时到华北饭店研究鲍君甫问题。

1969.3.13

下午去秦城审鲍君甫,回部已六时。

1969.3.23

上午十时在办公室与养山、徐元奎研究鲍君甫问题。

……

以上至少可以证明两点:

第一,1968年12月10日至1969年3月23日,杨登瀛一直都在北京,在秦城监狱。这是一种非常特殊的保护手段。非常时期,周恩来只能用这样的方式保护杨登瀛。

第二,周恩来让李强、陈养山等人一再去秦城监狱看望杨登瀛,并反复"研究"他的"问题",归根结底,都是为了"优待"他。这"优待"甚至表现为"同意将他老婆接来"。

不知杨登瀛生前是否知道周恩来有过那样的"电话"指示,让李强、陈养山等人"要优待鲍君甫,并同意将他老婆接来"。我想,只要杨登瀛在他肉体生命最终消逝之前,确实知道周恩来打了那样的电话,作了那样的指示,那他也就可以了无遗憾、死而瞑目了。

第五章

真金库，假夫妻

◎ 党中央最机密的机关
◎ 爱吃红烧狮子头
◎ 三个良师益友

一、党中央最机密的机关

2009年6月30日上午9时许,一辆大巴停在了福州路、云南中路口。车门打开,鱼贯走下周恩来的侄女周秉德和侄子周秉钧、刘少奇的女儿刘爱琴和女婿沃宝田、陈云的女儿陈伟华、博古(秦邦宪)的儿子秦铁、凯丰(何克全)的儿子何明、潘汉年的侄子潘冠儒、熊瑾玎和朱端绶的女儿熊畅苏等。熊畅苏下车就找墙上标牌。她说,她的记忆不会有错。六年前,她来上海,还曾在那一栋楼前、那一块大理石的标牌边上照相留念。熊畅苏清楚记得那一块牌上镌刻着"中共'六大'后的中央政治局机关旧址"。那一块牌上还镌刻着她父亲的名字,说"'六大'以后,在上海担任党中央会计工作的熊瑾玎以商人身份于1928年租得云南路447号生黎医院楼上的三间房间,设立党中央政治局机关"。

熊畅苏的话引起了一位老人的注意。老人刚从附近公园早锻炼回来。老人用上海普通话告诉熊畅苏:"你说的那个牌子在后面的小弄堂里。你们要看,我带你们去。"

熊畅苏说:"这么多年,我还是头一回走后门,头一回走进那栋房子背后的弄堂。那条弄堂弯弯曲曲,很窄很窄。"

熊畅苏跟着那位说上海普通话的老人,拐进了楼房背面的小弄

■ 上海原云南路 447 号 "福兴字号" 旧址

堂。他们的身后又一步不落地紧跟着周秉德、周秉钧、刘爱琴、沃宝田、陈伟华、秦铁、何明、潘冠儒等人。

老人问熊畅苏："你们都是些什么人？从哪里来？干什么的？"熊畅苏说："我们的父辈都跟这栋房子有关。我就是熊瑾玎和朱端绶的女儿。80年前，我的父母就住在这栋房子里面。"老人一脸惊诧，将信将疑地追问道："你不骗人？"熊畅苏说："老爷爷，您知道吗？这条弄堂，这条窄窄弄堂，曾经走过多少我们党的中央领导？我们的父辈就是从这里出发，筚路蓝缕，披荆斩棘，一直走向中国革命的最后胜利。"周秉德说："大姐，你说得真好。"熊畅苏说："没有你伯父的介绍，就没有我父母的结合。没有我父母的结合，也就没有我。这是我父母恋爱的地方、并肩战斗的地方。我永远也不会忘记这里。我真的很想写一写这条弄堂里的脚印，写一写这栋楼里的灯光。"

■龚饮冰

熊瑾玎，原名觐廷，别号楚雄，1886年生，湖南长沙人。1927年入党，1928年4月来上海，在中共中央政治局常委李维汉的直接领导下，担任中央主管会计，大家戏称他为"熊老板"。

熊瑾玎的前任是龚饮冰。1956年2月28日，龚饮冰给唐亮写过一篇证明材料。龚饮冰说："我那时在中央机关工作，不管交通，更不管发行。我那时只管财务。……我当时在中央机关只管财务，因人少，也可能管一些临时发生的事，如派人接负责同志的家眷，派人送钱等事。"2006年3月17日，北京电视台《科学人生》栏目专访龚饮冰之子、中共中央党校原副校长、中央宣传部原副部长、原中央文献研究室副主任龚育之。谈到父亲早年经历，龚育之说："我父亲1923年入党，大革命失败后开始做地下党工作。他是与中央联系、受地方支持，也与上层有点沟通，但不是在底下做群众工作的地下党员。……他不谈自己的过去，偶尔露一两句，但不多谈。这是他们做地下工作的习惯，都不谈这些问题。我当时也没有这个意识，没有找他谈，他也没有写什么回忆录。后来有人编《中共党史人物传》，让我写一个我父亲的传，我感觉很有困难。因为我没法讲得很具体,看他的档案,也非常简单。我通过我自己的记忆,通过别人文章中提到过我父亲的情况,尽量搜罗,这才写了一篇大概一万多字不到两万字的文章,收在《中共党史人物传》里。"（龚育之,2009）我在《中共党史人物传》第三十四卷（1987）中,找到了龚育之所写的《龚饮冰》。关于龚饮冰曾在中央"只管财务",龚育之写道:"八七会议后,中共中央机关撤到上海,龚饮冰也到上海任中央主管会计,在周恩来等同志领导下工作,从此开始了他长达二十余年的地下秘密工作生涯。主管会计这一职务负责筹措和管理党中央的经费,在当时环境下任务是很艰辛的。以后这项工作由熊瑾玎接替。"我认为,"以后这项工作由熊瑾玎接替"的最直接动因是,"1928年党的第六次全国代表大会在莫斯科召开,龚饮冰作为工作人员赴莫斯科参加会议"。

党的六大期间,李维汉和任弼时留守上海,主持中央工作。龚饮冰走了,李维汉就向中共湖南省委要人,把当时正在汉口的熊瑾玎调来上海,接任中央总会计师。

云南路（今云南中路）上的机关,几乎所有人都说是中央政治局机关,系熊瑾玎建立。先是谢筱迺在《拳拳赤子心》（1986）中说:"熊瑾玎转到上海,同李维汉等同志接上关系,之后便在党中央机关工作,担任党中央会计。中央又让他负责建立政治局的秘密办公机关。他便以'商人'的面貌为掩护,在四马路天蟾舞台的后面租到一所二层楼房。"

之后,刘梦华、莫秀华在《熊瑾玎》（1989）中,直接引用了《拳拳赤子心》,又说:"熊瑾玎转移到上海,找到李维汉接上组织关系。党中央根据他富有理财经验及善于交友的特点,分配他担任中央机关的会计。主要任务是筹集和管理经费,建立中央政治局开会办公的秘密机关和中央同各地联络通讯的地址。接受任务后，他以商人身份四处寻觅房屋，终于在四马路云南路口（今福州路人民广场口）找到了一所二层楼房。它的门牌是四马路447号（今四马路171至173号），位于天蟾舞台（今劳动剧场）后面，出进要经过一条不为人注目的小巷。"

再是《红色"老板"熊瑾玎》（周燕，2007），又沿用了《熊瑾玎》的说法，写道："党中央根据熊瑾玎富有理财经验又善于交友的特点，分配他担任中央机关会计，负责为党筹集和管理经费，还责成他建立中央政治局开会办公的秘密机关和联络点。接受任务以后，熊瑾玎就以商人身份四处寻找房屋，终于在四马路（云南路口）天蟾舞台后面看中一栋两层楼房。第二天，熊瑾玎就陪同负责中央日常工作的政治局常委周恩来看房子。周恩来感到很满意，让熊瑾玎以私人名义把房子租下来。"

最后是《出生入死的伉俪：记周恩来最可信赖的熊瑾玎夫妇》（董秉弟，2007）集大成，绘声绘色地写了一大段："熊瑾玎安顿了下来，以湖南纱厂老板的身份对外开展'业务'，外出寻找房子。他连跑了几天都没有结果。这天中午，天上扯起黑云，不一会下起雨来。他走街串巷，不知不觉地来到四马路跑马厅附近，走进天蟾舞台后面一侧小巷子里，见有一座砖木结构的两层楼房，楼下门前挂着'生黎医院'的招牌，他踏进院门，连连打起'呵欠'，他是学过中医的，知道自己着了凉，便挂个号看病。那医师一边搭脉，一边问情况，两人攀谈起医道之事，非常投机，那医师知道他要租房子，自我介绍道：'卑下姓周，名来生，是这幢房的二房东，楼下三间我用来开医院，楼上三间全空着，熊老板若不嫌小巷子里外肮脏，就搬到寒舍来住。'说毕带熊瑾玎上了二楼观看，楼上确有三间空房，还有厨房间，前后都有出入门，比较方便，租用来办公、开会，有楼下医院掩护，不会惹人注意的，是较理想的地点。熊瑾玎拿定了主意，见室外雨住了，便向周院长告辞，回到住处向组织作了汇报。次日陪同周恩来同志前往观看了房子，以私人名义租用了下来。"

在公开发表的文字中，熊瑾玎不曾有过如此表述。何况潜伏上海，设立机关，房子都归中央特科一科（总务科）统一找，周恩来都不插手，熊瑾玎更无权干预，中央怎么会让他这么一个新来乍到（1928年4月前，熊瑾玎只到过北京、武汉，从未到过上海）、满口乡音、连华界租界和城里城外都很难分清的人，东跑西颠，到处找房建机关？

谢筱迺、刘梦华、莫秀华、周燕、董秉弟是否知道何家兴、贺稚华夫妇出卖罗亦农后，从公共租界搬到法租界，想要租住蒲石路（今长乐路）上的一套二楼房间，二房东一听他们说的是四川话，忙把头摇得拨浪鼓一般？谢筱迺、刘梦华、莫秀华、周燕、董秉弟是否知道，在当年的上海，缺的不是合适空房，而是"殷实店铺具保"？中央特科一科科长洪扬生都为此头疼不已，熊瑾玎风尘仆仆，远道而来，人生地不熟，两眼一抹黑，你们又让他上哪里去找情愿"具保"的"殷实店铺"？再说"生黎医院"专治性病，熊瑾玎真的着凉了，感冒了，也不会找什么"周院长"。

熊瑾玎是中央主管会计。他的任务是管好中央钱袋子。建机关不仅不是他的本职工作，甚至都还不是朱端绶的分内事。中央也绝对不会将两件事搅在一起难为他。潜伏最忌眉毛胡子一把抓。具体分工也是越细越好，越单纯越好。周恩来特别提了一个名单，找了好几个女同志，让熊瑾玎挑选，熊瑾玎选定了朱端绶。周恩来就把朱端绶从汉口调来上海，让他们假扮夫妻，那也只是应付二房东，让他看上去更像是一个有头有脸、有家室拖累的生意人，而不是为了掩护他"建立中央政治局开会办公的秘密机关和中央同各地联络通讯的地址"。

但是，党在地下状态，党的经费有限。既然中共中央政治局常委罗亦农都要匀出自己寓所兼做中央组织局机关，并供瞿秋白常来寄宿

■熊瑾玎、朱端绶夫妇

写文章，那么云南路上的"福兴字号"，最后兼做了中央政治局机关，有向忠发、瞿秋白、李立三、周恩来、项英等人时而聚聚侃侃，也就没有什么大惊小怪的了。

首先是熊瑾玎和朱端绶的"家"，再是中央秘书处会计科，之后是中央政治局机关，这就是1928年秋至1931年4月的云南路447号（今云南中路171至173号）二楼。

1966年1月1日晚7时，周恩来亲自登门祝贺熊瑾玎八十大寿。礼品别具一格，是周恩来为他亲笔写下的说明材料（董秉弟，2007），直接写在了熊瑾玎、朱端绶夫妇的申诉信上。熊瑾玎、朱端绶夫妇的申诉信是写给南汉宸（时任中国对外贸易促进会主席）和王友兰（时任中国对外贸易促进会办公室副主任）的，为了替女儿熊畅苏说清她和她异母兄长熊笑三的关系。

周恩来写的说明材料如下:

熊瑾玎、朱端绶两同志的证明信完全是事实,并且我还要代为证明:熊瑾玎与熊笑三虽是父子关系,却从大革命(1927年)失败后起父子分为敌对关系。在内战时期,熊瑾玎、朱端绶两同志担任党中央最机密的机关工作,出生入死,贡献甚大,最可信赖。抗日时期,在重庆,熊、朱还向熊笑三进行统战工作,无大效果。解放战争起,中央还要熊瑾玎同志向熊笑三写信劝他起义,在淮海战役中熊笑三虽得到父信,仍然冥顽不化,乘兵攻之际逃走。因此,不仅熊畅苏与熊笑三毫无关系,即熊、朱两同志与熊笑三的关系也是一清二楚的。此事请列入熊畅苏档案,并将我们写的一段抄告中组部。

周恩来

一九六六年一月一日

周恩来的说明材料对于熊瑾玎、朱端绶、熊畅苏等人来说,确

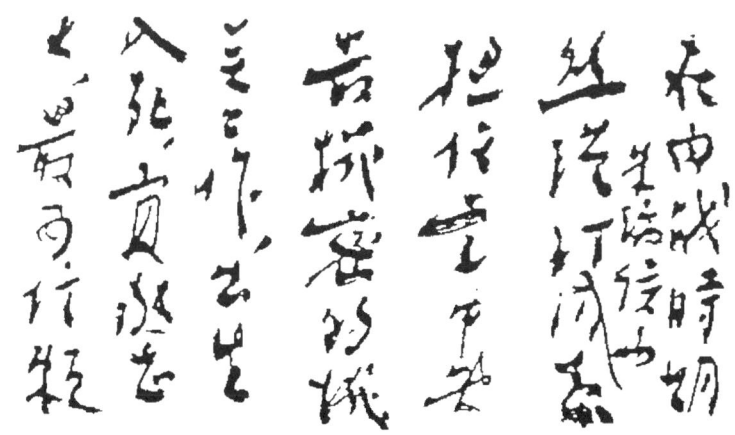

■1966年,周恩来写给熊瑾玎、朱端绶夫妇的说明材料(局部)

如朱端绶所说："每一个（字）都是一粒金子。"（朱端绶，2007）特别是"在内战时期，熊瑾玎、朱端绶两同志担任党中央最机密的机关工作，出生入死，贡献甚大，最可信赖"，对于"鱼水成欢四十年，征途跋涉共扬鞭"（熊瑾玎，1987）的熊瑾玎、朱端绶夫妇来说，那就更加弥足珍贵了。

二、爱吃红烧狮子头

1928年夏，朱端绶到了上海。

熊畅苏拿给我看她母亲的自传《八十六载风雨人生路》（2007）。这篇文章是朱端绶去世后，熊畅苏整理她遗物时发现的。朱端绶写道：

> 我到上海后，先暂时住在四马路一个旅馆里，两天后就搬住三马路一个木器店楼上亭子间里，据瑾玎说是军委开会的机关。后来我才知道是伍豪（周恩来）组织部长要考察我是否适应担任看守重要机关的工作。不久，我就搬迁到四马路云南路生黎医院楼上中央政治局常委办公和中央政治局开会的机关，一共三个房，对外是"福兴字号"。

周恩来对朱端绶的"考察"是全方位的。

一开始，熊瑾玎带了几个人来三马路（今汉口路）的木器店楼上开会，顺便看望朱端绶。朱端绶注意到其中一人头戴礼帽，身穿长衫，一脸英气，剑眉高挑。那人很和善地问朱端绶是哪里人，上过几年学，到过哪些地方。那人听说朱端绶1908年生，年方二十，就很爽朗地笑起来："哦，你这个小妹子比我整整年轻十岁哩。"他这一笑，大家也跟着笑了。朱端绶心想：他一点也不像领导，倒是更像平易近人的老大哥。吃午饭时，朱端绶方知，那人就是周恩来，那地方正是中央军委机关。

朱端绶的机敏、灵活，给周恩来留下了很深的印象。

有一次，军委开会，在三马路木器店楼上，朱端绶照例警戒楼梯，望风放哨。会议开到一半，周恩来伸手去拿桌上水瓶，正好被朱端绶瞥到。朱端绶发现周恩来拿起水瓶摇了摇，又拔下塞子，用手掌捂了一下瓶口，马上意识到水瓶空了，就走进里屋，从周恩来的手中接过空水瓶，下楼泡水，去了老虎灶。事后，周恩来拿此事打比方，特别表扬了朱端绶，说她工作主动、积极，观察事物很细致。

不久，朱端绶住进"福兴字号"，俨然主妇，学着当"老板娘"。

周恩来专门找朱端绶谈话，语重心长地叮嘱她："小妹子，你别小看了这个机关。这个机关很重要，你一定要胆大心细，好好配合熊老板。"

朱端绶的回答不是底气很足："我土生土长，没有见过大世面，就怕出差错……"

周恩来笑了，说："你也不用太急，小妹子。你很机灵，这我注意到了，同志们也很满意。你在大革命时期的表现，我们也是了解的，不然也不会调你来上海，让你跟熊老板一起住这个机关。至于怎样才能更好工作，真正保护好这个机关，我会让有关同志再给你上课，手把手教你。你又年轻又聪明，只要学得认真，做得踏实，就不会辜负党的期望。"

没过几天,中央特科的人就来云南路找朱端绶了。他们教朱端绶学会了放警号,反盯梢。他们教朱端绶学会了用明矾水还原密写文件。那些文件都是从中央苏区送过来供中央领导传阅的,一般由专职交通员传递,偶尔也需要熊瑾玎、朱端绶去取,取回来显影、誊抄。他们还教朱端绶学会了在传递情报时,应该如何应付租界巡捕的"抄靶子"(即公众场合的突击搜身)。

周恩来知道朱端绶不认路,瞧见那些蛛网也似、迷宫一样的小街小巷小弄堂就犯晕,就又找了一张市区详图给她,要她平时得空多琢磨琢磨。周恩来无微不至地关照她:"你进一条弄堂,一定要先了解它到底有几个进出口,各自通往什么地方。否则乱钻瞎撞,出了问题也难脱身。"

周恩来还给朱端绶看了邓颖超主编的《支部生活》杂志(中央机关直属支部内部刊物,每期只印75份)。中央机关直属支部又简称为"直支",代号"植枝"。邓颖超时任"直支"书记。

朱端绶对《支部生活》杂志发起讨论"倒马桶"很是感兴趣。最初提出"倒马桶"问题的是胡敏。胡敏是中央秘书处工作人员。胡敏说,上海的石库门房子都没有西式坐便器,因而每日一早,家家户户都要拎出马桶去倒,倒了还要洗刷。因此,马桶到底该由谁倒,到底该由谁来洗刷,也就有了理论的必要。为什么马桶一定要由住机关的女同志来倒?既然是男女平等,为什么一对假夫妻,一个小小马桶,就不能轮着倒?轮着洗刷?为什么要脏,不能大家一起脏?!要臭,不能大家一起臭?!周恩来问朱端绶怎么看,朱端绶觉得胡敏言之有理,说得很对。马桶一定要由女同志来倒,确实体现了男尊女卑的封建思想。周恩来憋住笑,故意追问道:"小妹子,你口无遮拦,就不怕熊老板收拾你?"朱端绶一拧脖子,两眼瞪得老大:"他敢封建,我就造他的反!"周恩来忍俊不禁,哑然失笑。朱端绶一头雾水,反问周恩来:"你不会是笑话我说错话了吧?"周恩来说:"从理论上说,你也好,胡敏也好,都是对的。问题是,偌大上海,少说也有几十万个家庭吧?要是人家都是女的倒,唯独你们家,却是老板倒,老板洗,老板刷,或者老板、老板娘轮流倒,轮流洗,轮流刷,你说,会不会让人疑心生暗鬼?国民党特务会不会因此而盯上你和熊老板?""这……"朱端绶怔住了。她没想到还有这一层。周恩来因势利导,语重心长开导她:"也许,马桶一定要由妇女来倒是对妇女的不尊重,有封建思想的残余作怪。但是,秘密工作,地下斗争,潜伏敌人统治区域,首先就要善于伪装,隐蔽自己,越不引人注意越好。既然上海滩上,大清早的马桶都是女的拎,女的倒,女的洗刷,我们也就不能出格,别出心裁,另搞一套。小妹子,你也就只能入乡随俗,屈尊了。"

朱端绶茅塞顿开,连连点头。

朱端绶从熊瑾玎那里也学到了许多东西。

熊畅苏说:"过去在湖南老家,母亲只管上山砍柴,或者上学念书,饭菜都是外婆做,厨房里的事,她一窍不通。因此,一到上海,跟父亲一起看守云南路上机关,什么都要父亲教她。父亲首先教她怎样买菜。父亲说,炖牛肉要买蹄筋,炒牛肉要买瘦的,炒猪肉要买里脊,母亲就一样一样记下。父亲又教她做一些家常菜。说蹄子清炖,不要放菜油,炖烂后加味精,她又默默记下。"

渐渐地,朱端绶摸出了规律。

她得知周恩来爱吃红烧狮子头,就学会用蛋清打滚,放佐料、酱油、味精后搅拌，做成大肉丸子蒸或用油炸，配大白菜去烩。她得知李立三爱吃火腿冬瓜汤，就学会了用鸡炖好汤，用汤去炖冬瓜，将熟未熟之际，加放熟火腿片。

朱端绶每月还去给贺龙留在上海的家属送生活费。朱端绶在自传中写道："他们家住在法租界霞飞路泰辰里17号，因房租太贵，1929年冬搬康悌路，后又迁西门路、巨籁达路慎成里。1932年9月，我们从洪湖回到上海时，他们迁到眉寿里162号。"

云南路447号楼上一共三间房。朱端绶在自传里说："外间办公，内间是卧房，后房是厨房。我和熊瑾玎对外是夫妻，对内是同志，晚上各自睡觉。我每天吃好晚饭，做好我应做的工作，就到内房把门闩好，自己看书学习。"

朱端绶爱读唐人诗歌，熊瑾玎就给她买了《唐诗三百首》，还给她讲解王勃的《滕王阁序》和白居易的《长恨歌》《琵琶行》，还给她逐字逐句地解读"落霞与孤鹜齐飞，秋水共长天一色"和"天长地久有时尽，此恨绵绵无绝期"。朱端绶想要学着写点什么，熊瑾玎又循序渐进，耐心教她旧体诗词的韵律和词牌，什么叫五言、七言、五律、七律，什么叫南歌子、渔歌子、鹧鸪天、忆秦娥。朱端绶由衷感谢熊瑾玎的悉心点拨。

朱端绶跟熊瑾玎早在四年前就已经认识。一个是长沙女师学生，一个是长沙女师校董，彼此有过照面，未说过话。四年后，朱端绶从长沙到了汉口，跟熊瑾玎的侄子、侄媳同住湖南会馆，熊瑾玎与她的晤面自然多了起来，彼此间的了解也就愈益加深。

刘梦华、莫秀华在《熊瑾玎》（1989）中说："1928年中秋之夜，周恩来、李维汉、邓小平等中央领导人在'福兴商号'开过会后，熊瑾玎与朱端绶在四马路川菜馆备办了一席酒菜，请他们一起饮酒赏月。周恩来有意促成他们的婚事，在席间提议说：'瑾玎同志，你是我们革命的老板，现在店里还要一位机灵的老板娘。我看端绶同志担任这个角色很适合。'李维汉、邓小平等都很赞成。朱端绶腼腆地说：'党需要我这样做，我就一定当好老板娘。'周恩来高兴地说：'那以后再不叫你小妹子，该称老板娘了。'从此，'老板'和'老板娘'的称号就在党内外叫开了。"朱端绶在自传中深情写道："周恩来极力促成我们，要瑾玎请客。就在1928年中秋节那天，我们在四马路'陶乐春'请了一桌客。中央政治局常委参加的还有李维汉同志。从此，我和瑾玎携手前进，并肩战斗了45年。"

朱端绶的说法显然要比《熊瑾玎》更加真实些。这倒不是因为本人的回忆要比后人的追记更可靠，而是因为在1928年的上海，一片白色恐怖，到处腥风血雨，我们的"中央领导人"怎么可能在鱼龙混杂的公众场合开口"革命"、闭口"同志"呢？

三、三个良师益友

1931年4月，"福兴字号"因党内出了叛徒而被迫撤销，周恩来去了中央苏区。熊瑾玎到湘鄂西任文教部长暨秘书长，在汉口寄了两句诗给朱端绶："骨肉离之远，情根割太深。"朱端绶也以清诗人袁枚的两句词回他："芭蕉叶上零星雨，滴碎离心苦。"

1932年4月，朱端绶离沪赴鄂，带上大女儿耕午，去跟熊瑾玎会合。同年秋，湘鄂西苏区完全失陷，他们全家又折返上海，继续潜伏，为党工作，传送文件，筹措经费，联络、接济同志。

1933年4月8日上午10时许，熊瑾玎扮作医生，去给贺龙家属送生活费，不幸掉进敌人陷阱，被捕入狱，惨遭刑讯逼供，同时家中也被租界巡捕抄了个底朝天。

熊畅苏指给我看她脸上的一个疤，说："我脸上的这个疤就是那次抄家时落下的。那时我刚出生不久，抱在妈妈怀里。巡捕来抄家，妈妈竭力反抗，据理力争，被他们推倒在地，倒在饭桌脚上。饭桌跟着翻倒，饭桌上的玻璃糖缸摔得粉碎，碎玻璃在我脸上扎了一个大口子。巡捕还揪住我姐姐的头发往水泥地上撞，撞得她头上

■ 延安时期的熊瑾玎（右二）、朱端绶（左二）夫妇和他们的女儿熊畅苏（左一）、熊耕午（右一）

隆起好几个大包,所以我姐姐的记忆力不好,脑神经不好,只活了30多岁。"

朱端绥先后生过五个孩子,最后只剩下熊畅苏一人。朱端绥在自传中痛心地写道:"五个孩子都是我们在从事地下斗争时生的。那时我们的生活条件、物质条件、工作条件极其困难,每天都在紧张的白色恐怖下工作,所以生下小孩,我就没有奶给她们吃。大女儿耕午出生刚满一岁,云南路上的机关撤销,瑾玎和我先后分配到湘鄂西苏维埃工作,可怜的孩子只能托同乡帮忙抚养。畅苏是我在湘鄂西怀上的。孩子先天不足,后天失调,不到一岁就断奶。我的三女儿取名桑渝,吃奶妈的奶,半岁时患肺炎,因无药治疗而亡。第四个孩子出生十一天才请到奶妈,因吃陈奶而亡。第五个孩子1945年生,取名驷午。1947年,我们由晋西北去晋察冀。1948年,由晋察冀去石家庄,不久驷午患白喉而亡。耕午则因心脏病1961年12月9日病故,在世上仅活了31个年头。"

1946年年中,熊瑾玎与朱端绥回到上海,住朱葆三路(今溪口路),去马斯南路(今思南路)上的周公馆看望周恩来。周恩来专门派车送他们旧地重游,再去看看"福兴字号"旧址,要他们多拍几张照片留作纪念。他们到福州路、云南中路口一看,只见生黎医院没了,夏德记成衣铺还在,姓夏的老裁缝还认得他们。夏老裁缝告诉他们:"你们刚搬走,巡捕房的红车子就来了。他们说你们是共产党,专门干犯法的事。我们都说你们是好人,有钱的好人。熊老板是正经生意人,做大买卖,对人和气,没有架子,天天打算盘算账,本本分分,规规矩矩。"夏老裁缝的妻子也对朱端绥说:"你熊太太也是对人特别好,说话经常拉着我的手,亲亲热热的,一点也不嫌弃我们。你还经常拿吃的东西给我孩子,拿旧衣服送给我的孩子穿。逢年过节,你还要买东西送我的孩子。天底下没有比你们更好的人了。"

1952年,毛泽东在杭州主持起草宪法,要邓小平和李维汉一起参加。两人途经上海,结伴去看了"福兴字号"旧址。他们发现里面设了一个卫生站,整体结构、房间布局依然如故,没有大变。

1980年4月,李维汉再到上海,又去那里看了看,只见"其结构完全变了,成了一排市民住宅中的一间,从云南路上楼的途径也没有了",于是叹息、感慨,在他的《回忆与研究》(1986)中写道:"从1928年4月开始到同年9月新中央负责人回来期间,开会的地方仍在上海四马路天蟾舞台后面楼上的两间房子里。这个秘密机关是1927年冬或1928年初建立作为中央常委开会的地方。房子是租赁来的,由熊瑾玎、朱端绶夫妇住守(熊瑾玎任中央会计)。那时,开会的同志从天蟾舞台西侧云南路的一个楼梯上去,就可以直到开会的房间。房间内朝西的窗下有一张小桌子,开会时,小平就在小桌子上记录。这个机关从建立起一直到1931年1月六届四中全会以后,都没有遭到破坏。……当时,每天上午9时,我、弼时和小平碰头处理日常事务,不是在这个地方,而是在离此不远,隔一条街的一个商店楼上,到场的还有熊瑾玎、内部交通主任和其他个别负责干部,例如江苏省委留守负责人李富春有时也来参加。"

1973年1月3日,熊瑾玎病重入院,周恩来派来自己的保健医生,还请吴阶平为他诊治。1月15日上午,熊瑾玎奄奄一息,昏迷不醒。周恩来赶到医院,见面就问朱端绶:"熊老有什么话吗?"朱端绶拿出一张纸递给周恩来,说:"这是瑾玎留给您的。"

周恩来打开纸一看，只见上面写了两句诗："叹我已辞欢乐地，祝君常保斗争身。"熊畅苏说："当时父亲并不知道周恩来已经查出癌症，病入膏肓。他只是知道周恩来被'四人帮'整得很苦。他真的是为周恩来担心。他就怕周恩来支撑不住。他就怕中国没有了周恩来。"

1973年1月24日，熊瑾玎撒手人寰，享年87岁。

1994年1月24日，朱端绶与世长辞，享年86岁。

熊畅苏说："两个1月24日，期间隔了整整21年，我只能说是天意。一对恩爱夫妻，就连'走'，也'选'在了同一天！……我母亲常说她一生只有三个良师益友。第一个是毛泽东。我母亲年轻时就认识毛泽东。毛泽东给她讲革命道理，指点她做革命工作。毛泽东是我母亲的引路人。第二个是周恩来。我母亲在周恩来的领导下工作了16年，言传身教，耳闻目染，获益殊深。十年动乱，我父母被扫地出门，流离失所，还要发配几千里外的广西。我母亲被迫写信求援，请周恩来伸手救助。周恩来旋即批了条，给了房，还要身边的工作人员再三关照那一管片的公安派出所严格保密，绝对不许泄露我父母的新居所在。第三个是我父亲。他们是夫妇，又是亲密战友。我母亲跟我父亲结婚时仅20岁，什么也不懂。我父亲在生活上关心我母亲，在工作上帮助我母亲，在学习上教导我母亲。他们共同战斗了45个春秋。我父亲在世时，写了许多诗词给我母亲。我父亲病重时，嘱咐我母亲将他俩1973年元旦的合影作为结婚45周年的纪念物送给周恩来和邓颖超。遵照他的意愿，我母亲给周恩来和邓颖超写了一封信，并在相片背后题了一首诗：'并坐读书犹恨远，相依散步并扶肩。逃亡马日结良缘，山海恩情老更坚。把臂读书扬意气，扶肩散步喜婵娟。奔驰革命浑忘苦，服务人民倍觉甜。百岁终虚偕老愿，长留遗憾在人间。'"

一收到相片和诗，周恩来立刻让邓颖超来看"老板"和"老板娘"。

紧握"老板娘"的手，邓颖超只说了轻轻一声："挺住，小妹子！"热泪顿时涌出朱端绶的眼眶。

朱端绶知道，十里洋场，"福兴字号"，是他们心中永不湮灭的情结。

朱端绶知道，从"假夫妻"到真夫妻，从师生情到夫妇爱，这用熊瑾玎的诗来说，他们真的是"怪哉白发伴青年，鱼水成欢出自然。世俗不知真心爱，背人嘲笑齿龄颠"。

第六章

不是我，是风

◎ 代号『木匠』
◎ 人间蒸发
◎ 快给巡捕房挂电话
◎ 孟尝君风度
◎ 昨天晚上谁值班
◎ 电灯闹鬼了
◎ 福利电器公司
◎ 顺手拉开身后窗帘
◎ 没有一人暴露是共产党员
◎ 告慰亲人，明天再见

一、代号"木匠"

上海法租界四成里，也就是巨籁达路（今巨鹿路）391弄，是一条一共只有12幢石库门房子的小弄堂，坐南面北，位于迈尔西爱路（今茂名南路）和亚尔培路（今陕西南路）之间，并不起眼。要说有什么特别，无非弄内的门牌排序很怪。它不是由外至里，也不是单双号分开，而是1至8号，从东向西，沿街"一"字排开，再绕回一个圈来，从西向东，先里后外，以致排在末尾的12号反倒被9号和10号顶出突前，正对弄口，也就被"福利电器公司"的老板看中租下，做起零敲碎打的买卖。

弄内住户从来不曾谋面、更无机会过话的"福利电器公司"老板，让他的伙计将整个12号底层，连客堂带厢房，一并改造成为前店后场，即前面店堂、后面工场间的基本格局，在店堂里配置大玻璃橱窗，分门别类，逐一放上各种型号的无线电零配件，以及大大小小的民用灯泡、开关、插座一类，又在半明半暗的工场间摆满了五花八门的维修工具和带小马达的车床。

这是一个再典型不过的手工作坊。

在当年的上海，这样的手工作坊多如牛毛。

然而，就是这样一个螺蛳壳里做道场的手工作坊，竟也遭到租界巡捕的袭击和查封。

事情发生在 1930 年 12 月 17 日午后。

当时，五六个巡捕突如其来，一拥而入，不由分说，先是用警棍和手枪将 12 号里的人全都逼到墙角，挨个反剪双手，戴上手铐，然后翻箱倒柜，上下搜查。

正当上楼搜查的巡捕将一个个电键、一副副耳机、一组组蜂鸣器传下楼时，灶披间里的后门外又传来了时断时续的拍打声。

霎时间，所有人的目光全都转向那一扇被人敲得山响的小木门。

那一扇小木门是给一拥而入的巡捕给关上的。

进门就关是为了掩人耳目。

掩人耳目是租界巡捕的一贯做派。

租界巡捕的一贯做派就是，偃旗息鼓，销声匿迹，不打草惊蛇，以便守株待兔，瓮中捉鳖，拿下更多自投罗网的同党。

守在楼梯口的那个法国巡捕转过身子，穿过灶披间，走向那一扇门板不是太厚的小木门。

他在这一过程中又将先前已经收入皮套的手枪重新拔出来。

他的脸上，就在重新拔出手枪的同时，浮起了狡黠的笑容。

关着的后门上的拍打声越是急促、不耐烦，他那得意脸上的狡黠笑容也就越灿烂，也就越多杂入紧张、糅入警觉。

那样诡异的神情无异于猎人发现并已锁定猎物。

他将他那愈益接近那一扇小木门的脚步放轻了又放轻，放稳了又放稳。

他在确信他那紧扣手枪扳机的右手肯定处于最灵活、最便于即刻击发的状态之后，方才将他的左手伸向小木门的门锁。他在拧开门锁的时候，甚至屏住了呼吸。

他猛地拉开那一扇门板不是太厚的小木门。他的迅捷使得门外那只肮脏的大手，那只执着而又重重拍着薄薄门板的脏手，差点扇到他的脸上。

门里门外的两个人，一起怔住了。

门外的那个人一定不曾想到，给他开门的会是一个金发碧眼、鼻子高高的法国巡捕。

门里的这个人更是不曾想到，他一心想要缉拿归案的竟是一个脸上比手上更脏、身上比脸上更多斑斓油污的油漆匠。

一种被人戏弄的感觉攫住了法国巡捕的心。法国巡捕不由自主地咆哮起来，扬起双臂，挥舞手枪，冲着油漆匠哇哇大叫。

法国巡捕一把揪住油漆匠的领口，追问他，到底是干什么的，为什么要拍打这一家的门。

油漆匠一脸茫然，一口令人费解的洋泾浜英文，结巴地说，自己来讨债，上门催讨拖欠的工钱。

什么债，还有工钱？法国巡捕似懂非懂，一头雾水。

油漆匠缠着让法国巡捕评理，说欠债还债，天经地义。福利电器公司的老板，让他包工包料搞装修，刷了墙，干了活，耍赖不结账，先后要过好几回了，今天非把工钱要到手不可。

他越说越上火，越嚷越来劲。法国巡捕越是拦他，他就越是振振有词，吵着闹着要往里闯，要找老板当面理论。他说，你们这些"三道头"，穿了一身老虎皮，就要主持公道，保护劳苦大众，替百姓出头，帮穷人说话。

法国巡捕看他呼天抢地，没完没了，就想关上后门，不再理他。孰料他死死把住门板，死活不让关，还骂法国巡捕是看门狗，跟福利电器公司老板穿连裆裤，是福利电器公司老板特地请来对付他的。

听到这里，法国巡捕真的发火了，怒不可遏地用力一推，又是当胸一脚，踢了油漆匠一个仰面朝天，然后把门板一关，再也不理。

他以为他撵走了一个难缠的主，但做梦也没想到，这个油漆匠正是他和他的同僚此行最想抓到手里的"要犯"之一。

他就是从苏联学习无线电技术回国的涂作潮，中央特科的一员，代号"木匠"。

二、人间蒸发

"木匠"涂作潮是在党的六大期间认识周恩来的。

涂作潮是党的六大指定代表，即旁听代表，也称候补代表，一如周恩来的夫人邓颖超和罗亦农的遗孀李哲时。涂作潮的代表证是80号。

党的六大是在莫斯科郊外召开的。莫斯科郊外有一个兹维尼果罗德镇，镇上有一座"银色别墅"，在十月革命前是地主庄园，周围全是松林。松林中有几条宽阔的道路，可以行驶汽车。庄屋前有很宽的几十层台阶。正屋是一个大厅，可容纳几百人开会。厅内四壁上挂满了祝贺党的六大开幕的红色锦旗。

在党的六大会场里面，涂作潮正好和邓颖超挨着坐，也就和周恩来认识了。涂作潮是湖南人，湖南口音很重，周恩来和邓颖超听起来都很费劲，但是他的身世，他们还是听明白了。听说他从小就学当木匠,先后跟姐夫和大哥干过木匠活,他们就说,我们就叫你"木匠"吧。

涂作潮是在中共六大闭幕之后正式改学无线电通信技术的。党的六大结束前夕,张国焘找到涂作潮,对他说:"现在国内红军急需的是无线电通讯技术人才。战斗中往往因为通讯跟不上,不能很好完成战斗任务,甚至遭到不应有的损失。组织上希望你改学无线电通讯。"不久,周恩来也找涂作潮谈了一次,让他去学无线电通讯,要他用心点学。周恩来还说:"部队等着用人,我们没有人,没有掌握技术,部队缺乏联络。"

1928年10月26日,共产国际远东局开会研究中共代表团提出的在苏联培训十名无线电通讯人员的方案,在决议案副本的提议名单和决定名单中,涂作潮均以首选列入。根据这一决议,同年11月6日,莫斯科东方大学将业已调往托尔马乔夫军政大学学习的涂作潮,从所有的花名册上一概删除,同时停止一切供给。

然而,涂作潮接到了托尔马乔夫军政大学的调令,却未前去报到。

涂作潮人间蒸发了。

人间蒸发的涂作潮和宋濂、谭献犹、刘希吾等四人被秘密送到列宁格勒,在伏龙芝军事通讯联络学校里接受严格训练。他们学习收发报,学习无线电通讯的基本原理和收发报机的养护与维修,再是去一些小型实验工场实习,一边学习木工和锻工,一边自己动手制作无线电元器件。同时,他们还系统学习放狗、放鸽、有线通讯、绘制军用地图和修理汽车等。

十人名单上的另外六人是方廷桢(方仲如)、毛齐华、沈侃夫（陈宝礼）、李元杰、程祖怡和陈昌浩。他们先前都是莫斯科东方大学的学生，在"国际无线电训练班"学习"无线电通讯技术"，以及英语、"骑马、驾驶汽车、使用武器和爆破技术"。

涂作潮过去患过脑膜炎，脑子不大好使，收发报有困难，速度太慢，跟不上教学要求，就接受教员劝告，主攻机务，学习电台修理。

1929年10月，涂作潮和宋濂奉命前往伯力，去刘伯承指挥的"共产国际远东支队"华工游击队当机务员。此后，他们又在符拉迪沃斯托克（海参崴）的"契卡"电台工作了一段时间。

与此同时，美国人设计的无线电台已在加利福尼亚斯坦福大学的草坪上，跟所有大陆电台进行通讯并大获成功。很快，国民政府的无线电波也开始在中国上空频频穿梭。

当时国民政府采用的大多是莫尔斯电码，这是一种最简单的电报通讯方式，就是将文字以数个长短不同的讯号代表，对照密码本，把讯号转译成文字。但是，即使这样几近原始的收发报技术，我们党也不具备。艰苦战斗在血火丛中的中国共产党及其武装力量，往往只能依靠人与人的夹带传送，走地下航线。这种人力传递，不但时间长，而且也不安全。因为是在反动当局的统治下，传递消息要通过好几道封锁线，只能将情报写在内衣上，用隐显药水写，用米汤水写，写得密密麻麻的，贴身穿在里面。要是给敌人查出来了，那就是抛头颅、洒热血，英勇捐躯，壮烈牺牲。

为了适应形势发展，彻底改变被动和落后状况，中共中央决定创立自己的电台，组建自己的专业队伍。千斤重担就此落到了李强的身上。

三、快给巡捕房挂电话

李强,本名曾培洪,字幼范,化名曾培鸿、曾宗达,1905年生,江苏常熟人。

李强参加革命是受到了《新青年》的影响。1922年,他在杭州看到了陈独秀主编的《新青年》,深受启迪和教益。他特别欣赏中国文化革命主将所谆谆教诲的:"青年诸君须以马克思的实际研究精神来研究学问,不要单单以马克思的学说研究而已。如其单单研究其学说,那么马克思实际研究的精神完全失却,不过一个马克思主义的学者了。"

1925年8月,李强由共青团员转为共产党员。1926年夏,他又奉命试制炸药和手榴弹,用于武装暴动。李强是工科生,读的是上海南洋路矿学堂土木工程专业,不是太懂化学。他就到书店里买了几本制造弹药的英文原版书,又在旧书摊上买了一些兵工方面的参考书,自己学习研究,弄懂以后,按照书上讲的方法去制作。

李强的才能给周恩来留下了深刻印象。因此,党的六大后,周恩来要搞无线电通讯,就又专门找李强谈了一次话,指出:"中央特科第四科从现在起专门负责建立电台,由你来当科长。主持研制或者组装无线电收发报机。我相信你有这个条件、这个能力。你是最佳人选,谁也比不上你。"

李强面露难色:"你知道我是学土木工程的,你要让我造铁路公路、建桥梁房屋,我都敢接受,可是我从来没和电讯打过交道,我连收发报机是什么模样也不知道呀!"

周恩来笑了笑,说:"我倒看你是个杂家。炸药、手榴弹也不是你的专业，你不是已经搞出来了？战争时期，哪有现成的专家？不会的都可以学会！你脑子好使，动手能力又强，你就干吧，有什么难处找我，我会帮助你的。"

李强一咬牙，点了点头，说道："那好，那就干起来再说。"

（杨西彩，2011）

李强说到做到，大海捞针，从一大堆国外出版的无线电杂志中拼凑出基本思路后，又连续好几天在外面跑，同无线电行家们交朋友，切磋技术。他把自己变成了一个业余无线电迷，谦逊好学，不耻下问，凡事打破砂锅问到底。

他还有意识地交了一些商界朋友，经常出入亚美无线电公司和大华无线电公司，从那里选购一些需要的工具和非当局限购范围内的无线电器材。

这一天，李强又来到了美国无线电公司上海销售部，拿出一份写有一些电子元器件名称的购货清单递给了笑脸相迎的外籍店员。不料，对方脸上的笑容顿时消失得一干二净，跟着就是一对满是狐疑乃至敌意的眼珠不停乱转，上下左右打量着李强。

李强的元器件采购清单是根据一本名为《电报机器装置图说》的内容开列出来的。这是国民政府交通部电政司编印的内部读本，限量发行，绝对保密，市面上并不流通。而李强想要的那些电子元器件又都是当局明令禁止出售物品，只要有人上门采购，无论中资商号还是外国洋行，店家都有义务检举上报。

外籍店员这就叫来了他的主管。他的主管就萌发了举报李强、向租界巡捕房邀功请赏的念头。那个主管一边请李强少安毋躁，一边挤眉弄眼，示意那个外籍店员快去挂电话。他说，他要向库房先咨询一下，要是库房里的存货已经告罄，就还得去向厂方订购。

四、孟尝君风度

他的心怀鬼胎被李强一眼看穿。

但是,他又不能转身就走,跟那些洋人闹僵。因为那些当局限购范围内的关键元器件,只有从洋人手里才能弄到。缺了这些必不可少的元器件,他纵有三头六臂、天大本领,也搞不出一台无线电收发报机来。因此,直面这样一个主管、这样一个店员,李强以攻为守,先发制人,先用流利英语,将他们的托词顶了回去:"既然如此,那就算了,不麻烦你们了,我可以去别处看看。上海那么大,外国人开的公司那么多,只要有钱,还怕买不到现货?"

经他这么一说,果真灵验。不知是他的从容,还是生意人的本能起了作用,反正那个主管立马改变了主意,将那个已经被他打发去挂电话的店员叫了回来。

随着殷勤中略带些许谄媚的微笑重新回到那个外籍店员的瘦削脸上,李强不仅如愿以偿,满载而归,而且还欣然接受他和他主管的提议,多要了一些低值易耗的备件。

李强的研制还曾得到蔡叔厚的大力协助。

蔡叔厚,原名蔡肃候,又名蔡绍敦,1898年生,浙江诸暨人。

蔡叔厚是1921年的留日官费生,先后在东京电机专科学校和东京工业大学电机科攻读电机专业,并潜心研究高压电器的设计与制造。

1924年,蔡叔厚学成回国,在上海有恒路(今余杭路,一说东有恒路,即今东余杭路)1号开了一家绍敦电机公司。夏衍是蔡叔厚的中学同学。夏衍说,绍敦电机公司"是一家双开间门面、规模不大的电料店,经营家用电器,蔡叔厚既是老板,又是技师。叫作'公司',实际上只有一位姓张的会计、一个技工和一个学徒,公司的大小业务都由他一个承当"。夏衍还说,蔡叔厚在电机专业上"可以算是一个真正的专家。他不仅能修理各种电机,而且还有发明创造,上海最早设置在大世界屋顶的'电光新闻'就是他设计制造的"。(夏衍,2006)

夏衍极为欣赏蔡叔厚的为人,在《懒寻旧梦录》(2006)中写道:"人世间的确也会有一些奇事和奇人,指的就是在'世风日下'的当时,竟会有蔡叔厚这样的颇有孟尝君风度的人物,甘冒政治风险,为我们这些流亡者出钱出力。从'四一二'之后直到1929年底,绍敦公司成为流亡人士的集散地,后来又成为中共闸北区委的联络点。"

1929年,蔡叔厚将绍敦电机公司从虹口迁到公共租界与法租界接壤的福煦路403号(今延安中路369号),专门制作霓虹灯变压器,同时也为李强研制收发报机提供庇护所。

李强当时弄了一些车床、铣床、刨床之类,就在绍敦电机公司的二楼过街楼里,自己动手试制加工零件。

经历了无数次试验,李强终于在1929年春末组装好了第一部收发两用的无线电台。虽然它的功率只有50瓦,灵敏度不是很高,但是深谙报务工作的张沈川还是利用这部电台,先是抄收国民党电台的国际新闻与气象预报,再与世界各国的业余无线电台联系通报。实践证明,中国共产党人完全可以用它追风、听风、捕风,从而变成名副其实的风语者。

五、昨天晚上谁值班

张沈川也是周恩来亲自选定的才俊。

张沈川原是青岛大学学生，1926年11月入党，不久出任上海法租界地方党支部书记。1928年10月，张沈川奉召赶往三马路（今汉口路）上的惠中旅馆，见到了代号"伍豪"的周恩来和化名"黎明"的顾顺章。

张僧宝是张沈川的女儿，很乐意跟我谈论她父亲的早年经历。2007年3月，我在北京请她详细说说周恩来、顾顺章两人跟她父亲初次相见的情况。她说，周恩来见她父亲是在惠中旅馆一楼的一个房间里："周恩来先是问我父亲的过去，问他在什么地方念书，参加过哪些政治活动，什么时候入党，由谁介绍等。然后就对他说，我们有一个计划，要搞一个电台，以此发展我们自己的无线电通讯事业。我们不能光靠人力传递，那样太慢，也太危险。因此，我们决定派你打入国民党内部，去学无线电收发报技术，回来再培养我们自己的报务员。"

张沈川二话没说，当即表示服从组织安排。周恩来就指着一旁的顾顺章，对他说："那好，从明天起，你就归他领导。"

1928年冬，张沈川化名"张燕铭"，考入设在国民革命军总司令部第六军用电台内的"上海无线电学校"。组织上又为他买了电键、蜂鸣器、干电池等自学的应用工具，还用12块银元买了一个矿石收音机和耳机，李强则帮他在住处装了天线、地线，用于收抄徐家汇天文台长波发射的法文气象预报。

1929年5月，张沈川从上海无线电学校毕业，成绩优异，甚得第六军用电台台长的器重，便将他留下，进台里实习，还经常安排他独立上机，顶岗值夜班。他就利用这一大好时机，偷偷抄录了两本军用电台的密电码，并及时上交组织。同时，他还向同寝室的技工学会了装换发射天线和冲水电池的专业技术，私下组装了一个真空管的无线电收音机。

就在张沈川的活动进展顺利、成果颇丰的时候，第六军用电台里来了三个黄埔军校电训班毕业的国民党特工。他们全都负有特殊使命，受过专业训练。他们一到，便上蹿下跳，一手造成第六军用电台内部大有共党间谍活动的紧张空气，搞得全台上下风声鹤唳。

尽管敌变我变，张沈川倍加谨慎，提高警惕，但鹰犬一般的特务还是死死盯上了他这个人缘很好、专业水准名列前茅的"实习生"。他们有他们的嗅觉，有他们的敏感。他们在张沈川的周遭布下圈套，开始给他制造种种麻烦，先是找他"聊家常"，旁敲侧击，摸他的"底"，然后是虚张声势，敲山震虎，火力侦察，在他的收发报机上贴了一张纸，醒目写着："谁昨天晚上值的夜班？收报有误！一定要查！非查不可！"

这分明是在挑衅，是在滋事，是在有意找张沈川的碴。

因为前一天的晚上正是张沈川代班，值班簿上清楚地写着他的名字。

因为前一天晚上的张沈川，收报准确无误，点滴差错没有，无须追查。

六、电灯闹鬼了

张沈川这就向第六军用电台台长辞职，委婉地说："现在台里的实习生越来越多，实习机会越来越少，我想我该另找出路去了，还请台长多多包涵。"

台长是个明白人。他十分理解张沈川的苦衷，也不希望一个有为青年的大好前途就此毁在那样一些居心叵测的蟊贼手里。因此，台长没有为难他，也没有挽留他，只是稍稍宽慰、勉励了张沈川几句，将他送出了大门。

张沈川离开第六军用电台后，就与法国勤工俭学归来的贺果住在一起，由李强带着，试着用组装的真空管收音机听抄美国旧金山、苏联伯力等外文台的政治经济新闻，提供给中央领导做参考。

1929年秋冬之际，我们党第一座秘密电台终于在上海西区诞生了。

李强、毛齐华、张沈川在《1929—1949年我党地下无线电通讯发展概况》（1988）中说："1929年秋，组织上在沪西极司非而路福康里9号，租了一幢三层楼石库门房子作台址。"此说出自张沈川的《难忘的记忆》（1982）。沿用张沈川的说法，《隐蔽战线统帅周恩来》（2013）、《李强传》（2004）、《浦江魂：白色恐怖下的周恩来》（1999）、《中共中央特科》（1996）和《红色恐怖的铁拳：中共中央特科纪实》（1993）中，都将我们党第一座秘密电台的台址说成是极司非而路（今万航渡路）福康里9号。

其实，我们党第一座秘密电台的确切地址应该是在大西路（后来的中正西路，今延安西路）福康里（后来的中正西路433弄，今延安西路420弄）9号（原建筑已拆，现为美丽园大厦）。所谓"极司非而路福康里9号"就不存在。因为上海一共只有五条福康里，分别位于新闸路、康脑脱路（今康定路）、大西路（今延安西路）、海宁路和北浙江路（今浙江北路）。

大西路福康里又小又安静，弄内只有十幢石库门房子。

周围邻居只知道弄底9号住了一对年轻夫妇，家里挺富裕，男主人气宇轩昂，女主人端庄大方，却不知道他们来自何处，从事何种职业，因为他们很少与人交往。其实，即使他们跟人有很多交往，他们的邻居也不可能知道他们是一对假夫妻。他们的出双入对完全是周恩来的安排。

张僧宝说："一天，周恩来约我父亲谈话，把刚从苏联学习回国的蒲秋潮介绍过来'住机关'，给他做掩护工作，也学习收发报。为了应付环境，他们的衣着都比较讲究，房子也布置得有模有样。机关安排就绪后，顾顺章还去察看过。收发报机是李强搞的。李强绘制的线路图样，又陆续买来零件试制。制成后，夜间就由我父亲用业余无线电台的呼号呼叫，其他业余电台回答，试验几晚，能够通报。就这样，党的第一座地下无线电台建立起来了。"

最早利用短波无线电台作为通讯工具进行情报传递并由此制作、破译密码的是国民党中央组织部党务调查科，这也就是陈立夫津津乐道的"两件最得意的事"。

■ 张沈川晚年在郝德路福德坊1弄32号

陈立夫在说调查科"首先创制了一对沟通上海和南京间的短波无线电台"时提到了一个人。这个人就是李范一。李范一是留学美国归来的电机工程师。他在大洋彼岸学得了短波电学。他风尘仆仆回来后，发现南京方面只有长波电台，没有短波电台，就力主制造两座短波无线电机，一座放在上海，一座放在南京，方便两地之间的通讯联络。然而，"没有人对此发生兴趣，也没有人懂得这些新东西，所以也不相信可以用无线电送情报"，陈立夫如是说。陈立夫这就又要来了徐恩曾。陈立夫以国民党调查统计组织的鼻祖自诩。他从不讳言，"国民党的'特务组织'是他一手创立的"（赵家铭，1992）。他网罗了一批"受过高等教育而有科学训练"的人。徐恩曾有留洋背景，又在上海相继创建国民党的第一座广播电台、中国第一座商用无线电台和国际无线电商用电台，对无线电通讯技术颇有心得。因此，陈立夫特别器重他，点名要他接替叶秀峰出任国民党中央组织部党务调查科主任。他也确实争气，很快就以短波电台作为发展特务电台的平台，并先后在北平、天津、西安、汉口、济南、香港等地设立了特务电台，但这已是1931至1932年的事了。而此时，我们党不仅早已有了第一座电台，而且这一座电台早已从大西路福康里9号转移到了赫德路福德坊1弄32号，而且也已与李强创立的香港台通报成功，并已通过香港台与南方局以及江西、广西等苏区建立了无线电通信联系。

更有意思的是，国民党电台所用密码的创编者是陈立夫，我们党电台所用密码的创编者是周恩来。陈立夫的创编是以商务印书馆的明码本为基础，先是改编密码数字，后又打乱顺序，大量删除生疏字、冷僻字，使之跟商务版拉开更大距离。周恩来的创编却是将汉字明码颠倒更换系统和英文字母换阿拉伯字母再变成汉字

■周恩来、邓颖超夫妇

密码系统有机结合,自成一体,从不重复,保密性极高,享有"豪密"美誉。这一称呼既是源自周恩来的党内代号"伍豪",同时也确切反映了这一密码的博大精深。正如原周恩来办公室副主任罗青长所言:"我党的第一个密码是'豪密',第一个译电员是邓颖超。也可以说周恩来是密码专家,这是打败国民党的重要因素之一。"
(罗青长,1998)

如此说来,真要比,国民党也就只是在电台的发射功率上比我们略高而已。我们电台的致命弱点就是发射功率太低。

李延明说,他父亲等人"最先研发成功的那一台收发报机,多少有点笨重,灵敏度也不太高,功率只有50瓦,大家就又试着搞了一台100瓦的民用收发报机。但是一按电键,它所产生的感应电流,足以把隔壁邻居家的电灯点亮,隔壁邻居就叫起来:'今晚怪了,电灯怎么关了还是老在闪呀?'他们一听不好,只好放弃,停止试验"。

七、福利电器公司

随着上海、香港的相继建台和各地红军在反"围剿"中缴获了一些电台,却又无人会使、没人会用,党中央决定在上海开班培训报务员,吸纳各大苏区选派的骨干,由李强和张沈川负责。他们俩一个教机务、一个教报务。为了不引人注意,学员采取两三人一班、单线联系、上门教授、分头教学的方式。

最初参加收发报业务培训的是中共各地组织选调的十个年轻人,其中包括后来与张沈川假扮夫妻、在大西路福康里9号住机关、负责照看我们党第一座秘密电台的蒲秋潮。他们虽然所用的教学设备非常简陋,只是一只电键、一个蜂鸣器、两支铅笔和几个白纸本,但是都很用功,不久就学会了操作。

1930年,涂作潮、毛齐华、宋濂、方廷桢(方仲如)、沈侃夫(陈宝礼)和李元杰等人从苏联回国,加入我们党的无线电通讯事业中,同时也充实了培训班的教员力量。于是,同年10月,第二期中共秘密无线电训练班便以福利电器公司为名,在上海巨籁达路四成里12号开始集中学习。

涂作潮说,这么多人集中起来,办学校不像办学校,做生意不像做生意,不伦不类,目标太大,太危险。张沈川也说,集中不如分散。实在要集中,也是公共租界的商业区要比法租界的住宅区更好。公共租界的商业区来往人多，情况复杂，比较隐蔽。可开设两个电料行，向主管部门登记，领取营业执照，老板、店员、学徒都以合法身份经销电灯泡等电器用品，代装代修电灯、自来水管和收音机等。学员分住两店，白天照常营业，深夜学习无线电通信技术。如一店遭到敌人破坏，还有另一店。但是，顾顺章不同意。他说，他在法租界巡捕房里有可靠眼线，要是党的机关在法租界内出问题，他一定会在第一时间知道，完全可以作出应急反应。

由于顾顺章的坚持，"福利电器公司"最终还是开在了巨籁达路四成里12号。

据说"福利"两字还是因涂作潮而起。因为涂作潮的英语发音不准，总是要把frequency（频率）念成flequency，听上去像是在说"福利"，李强就开玩笑，将那个电器公司叫成了"福利电器公司"。

福利电器公司里一共集中了十六名学员，他们是来自广东的麦建屏、陈坦、温明、吴适芬、何世夫、李景美、杨枝水、冯一平，来自江苏的李国玺、苏刚达、石光、张庆福、朱晨光，来自湖南的高枕松、谢小康，来自福建的王西雄。他们中的大多数人分别参加过省港大罢工、上海三次工人武装起义、秋收起义、广州起义，是各地党组织选派来的党员和团员。

集训班负责人是顾顺章。分管组织和经费的是顾顺章的助手、中央特科秘书吴克坚。具体业务还是由李强和张沈川负责，仍然是一个管机务、一个管报务。

福利电器公司很快就被反动当局的线人盯上。因为训练班的学员都是年轻人，有些还是大学生，虽然发了工装，打扮成工人，但是外出办事，或上街买粮、买菜，还是头发梳得油光光的，皮鞋擦得亮晃晃的，身上的毛衣花花绿绿，款式时新，色彩鲜亮，一眼看去就很扎眼。加上公司对外没有业务联系，和社会上又没有往来，也很容易让人怀疑。

最初骚扰福利电器公司的是一个身穿自来水厂工作服的检修工。他说，他是来检修自来水的，却又不看自来水管，光看黑板上写的字和桌子上凌乱堆放着的各种电子器械。越是看不明白，他越是要问。越是跟他无关，他越是盘根究底，问得仔细。

后来又有四个地痞模样的不速之客，冒着淅淅沥沥的冬雨，一头闯进福利电器公司的大门。李强询问他们的来意。他们说是"贺喜""讨酒钱"，还拿出了一张观音像。李强"哈哈"一笑，说了几句道上的黑话，又塞了四块银元，方才将他们打发走了。

张僧宝说："种种迹象表明，这个培训基地很不安全，所以我父亲一再提醒顾顺章，说我们还是防患于未然，趁早转移的好。但是顾顺章刚愎自用，一意孤行，坚持说我父亲庸人自扰，大惊小怪。我父亲让他听大家的意见。他是一个一点不同意见也听不进去的人。大家越是有意见，说这个地方靠不住，他就越是说，我看问题不大，你们就安心学习吧。他还拍着胸脯说：'如果这里出问题，肯定我第一个知道，我会马上通知你们转移，你们还有什么好怕的？'他是领导，他把话说到这个份上，李强也要听他的。我父亲他们更不好再说什么，只能硬着头皮撑下去，一直撑到了出事。"

八、顺手拉开身后窗帘

出事那天，天冷，刮着风，下着细雨，这是张沈川记得最清楚的。

张沈川清楚记得那是1930年12月17日。

那天上午，张沈川像往常一样，来到福利电器公司，上楼给学员上报务课，李强与另外几个学员则在楼下讨论变压器的制作。

中午时分，李强和曾三、宋濂去毛齐华家吃饭，张沈川和多数学员留在培训班里用餐。

午后，张沈川继续给学员讲课，辅导他们做收报练习。

下午，李强、吴克坚、涂作潮、宋濂、毛齐华、伍云甫等人没到厂内来。只有曾华伦、张沈川和十八名学员在厂内，在二楼前屋学习收发报。二楼前屋靠墙边有个讲台，墙上有块黑板。前一天，方廷桢教电学时，在黑板上画的线路图样尚未拭掉。张沈川坐在讲台上，按电键发报，面前摆着为了教课临时随意编造的两张电码。房中摆着桌椅，桌上有电池和蜂鸣器，学员各戴一个耳机，练习收报。他们正在学习时，房门忽然被推开，闯进了六个巡捕，其中有一个外国人，走在前面。两个巡捕冲到张沈川面前，隔着讲台，掏出手枪，顶住张沈川的胸膛，大声叫嚷："不许动！你叫什么名字？什么地方人？自己写在纸上！"

张沈川见势不妙，趁巡捕们忙着捉拿一屋子的学员，顺手把身后的窗帘给拉开了。这是他们有约在先的警号。正是这一警号的及时发出，使得李强、曾三、宋濂、毛齐华等人幸免于难、逃过一劫。

李强、曾三、毛齐华等人见午饭后先回福利电器公司拿信纸的宋濂匆忙折返，慌张报警，赶紧去四成里看个究竟。他们心急如焚，心思都在张沈川、曾华伦和学员们身上，一点也没顾及宋濂六神无主，磨磨蹭蹭，落在最后，似跟非跟。

李强、曾三、毛齐华等人刚走到巨籁达路、迈尔西爱路（今茂名南路）口，只见四成里的门卫已在路南等着了。那是一个好心人，六十岁开外，孑然一身，长年累月都在弄口小岗亭里过日子，李强、张沈川等人也不嫌弃，时常笑脸相迎，多少给点接济。因此，福利电器公司一出事，他不仅不幸灾乐祸、落井下石，反倒给李强等人通风报信，说："不要再进去了！你们的人都被抓走了！被一辆警车抓走了！"

就在李强、曾三、毛齐华等人向那个好心门卫打听事发经过时，远远跟在后边的宋濂悄悄溜了，独自跑到岳父家中躲避起来，再没通知涂作潮。

涂作潮一无所知，照旧手提油漆，头戴童子帽，身穿很脏的棉袍，按照李强吩咐，去福利电器公司油漆矽钢片。

原来老式变压器都是用矽钢片夹成的，如果夹得不紧，工作时就会"嗡嗡"作响，产生交流声。这就需要先在外面箍上铁箍，再在清漆里浸泡。

也怪涂作潮一时大意，敲响后门之前，竟就没有抬头先看楼上的暗号。

涂作潮脱险后，先是慢慢走出弄堂，还装着若无其事的样子，在弄堂外面看人耍把戏、卖膏药。确信后面没有盯梢的，他才接连换乘了两辆电车，来到了西摩路上的国际电台。他在那里见到了李强。涂作潮把福利电器公司被破坏的消息告诉他，他说知道了。

九、没有一人暴露是共产党员

1930年12月18日，《申报》第四张第十五版上登出了张沈川、方廷桢、沈侃夫、陈坦、石光、苏刚达、冯敬三、何世夫、曾华伦、李国玺、温明、朱晨光、麦建屏、谢小康、张庆福等"男女廿余人"已被"中西包探"一并"带入捕房"的消息,说:"昨午十二时许,市公安局局长袁良忽据密报,谓现有大批反动分子,匿迹法租界巨籁达路四成里十二号屋内,私设无线电机,图谋不轨,请速饬员往捕等情。袁局长据报,立饬干探多人,持文先至法捕房特别机关,请求协拿。捕头复派中西包探偕同前往,果在十二号屋内三层楼搜获无线电听筒及电线多种,当场拘获男女二十余人,一并带入捕房,经捕头略诘一过,即交来探带去归案迅办。"

第二天,顾顺章驾驶摩托,将李强带到古拔路(今富民路),抢在敌人下手之前进入张沈川家,把他代学员保管的二十一份党内文件全部找出取走。但往回赶时,因车速过快,乱闯红灯,在十字路口被安南警察当街拦下,惊出李强一身冷汗。幸好顾顺章反应够快,马上摸出几个银元塞进对方手中,对方见钱眼开,也就没有更多为难他俩。

第三天,中央特科在福建路(今福建中路)一家旅馆里租了一套房间开会,检讨福利电器公司事件,点名批评了顾顺章和宋濂。大家说宋濂明哲保身,为什么第一个得知集训班被破坏,又清楚知道涂作潮住址,却不及时通知他?大家说顾顺章有轻敌思想,过高估计自己"情报万能",严重违背秘密工作原则,在敌人的统治中心,集中这么多人搞培训。顾顺章则一味狡辩,甚至嫁祸于人,说是学员杨枝水告密。顾顺章故弄玄虚地说道:"我仔细想过了,杨枝水的疑点最大。12月17日一早,吃过饭,杨枝水自称病了,向方廷桢请假,外出看病,就此一去不返,来的反倒是抓人的巡捕,你们看,这不是秃子头上的虱子,明摆的事么!"

狱中同志的证词却完全否定了顾顺章的血口喷人。因为敌人在几次严刑逼供中，都未提到杨枝水的名字。后来开庭审讯，也都没有要杨枝水出庭作证。因此，二十人中没有一人暴露是共产党员。

就在四科认真反思福利电器公司事件的同时，中央特科三科的"红队"队员也全体出动，麇集巨籁达路、迈尔西爱路、亚尔培路（今陕西南路）一带，一边防止不明真相的党内同志误入陷阱，一边暗中监视留守巡捕的一举一动。一待留守巡捕鸣金收兵、悉数撤走，他们就租了一辆汽车，连夜驶入四成里，揭开封条，运出已被巡捕房查封的小型发电机等重要设备，再将封条照原样贴好。他们的行动得到了那个好心门卫的全力配合。他们也给了他五块银元以示感谢。

十、告慰亲人，明天再见

张沈川等二十人被捕后，当即被关进法租界巡捕房审讯一次，再"引渡"到上海市公安局。审讯后，分押四间拘留室，他们乘机串联了假口供。（李强、毛齐华、张沈川，1988）

其实，假口供是原本就有的。刚进集训班报到，就有以防不测的假口供，包括假的名字、假的籍贯、假的年龄、假的动机，反正进福利电器公司只是为了学手艺，学电器维修手艺。当时，还规定了几条铁的纪律，要求每一学员不对任何外人讲集训班的情况，不把福利电器公司作为个人的通讯处，个人不能保存党的文件、进步书籍，一旦被捕一定坚不吐实，只做假口供。

■当年南京的中央军人监狱（与位于老虎桥的首都监狱、位于晓庄的首都反省院和位于宁海路的宁海路看守所齐名）

铁的纪律在"引渡"到市公安局后派上了用场。

在上海市公安局的拘留所里，张沈川、方廷桢、苏刚达等二十人分别受到坐老虎凳、鸭儿浮水等酷刑，但无一人承认自己是共产党，谁也不说福利电器公司的真实情况。

同年底，张沈川、方廷桢、苏刚达等二十人被押解南京，关入南京第一陆军监狱，即小营子陆军监狱，全称为"国民政府行政院军政部陆军署军法司第一陆军监狱"。

住了一段时间后，敌人又对我们进行审讯。一天下午，天空飘着零星小雪，看守把我带到刑讯室。还是原来的两个审讯人员，照例问过一般情况后，那个方圆脸的军法官指着电刑具问："你知道这东西吗？"我说："没有见过。"他说："看来你还不知道它的厉害！"又问："你是不是共产党？要讲老实话！"我答："我不知道什么叫共产党，我不是的。"他叫看守在我的两个大拇指上绑好电线，马上追问："你到底是不是共产党？"我答："不是！"他向另一个人做手势，那人便开始摇电刑，我周身顿时像千刀万剐似地疼，两条腿不由自主地往下蹲，串串汗珠从头上滚下。（陈坦，1992）

1931年4月29日，国民政府军政部陆军署军法司军事法庭以《危害民国紧急治罪法》第六条"宣传与三民主义不相容之主义"论罪，在中央军人监狱判处张沈川、方廷桢、苏刚达、陈坦等十七人各有期徒刑九年又十个月，判处沈侃夫、何世夫、谢小康三人各有期徒刑六年又六个月；不发判决书，不准上诉。

宣判后，苏刚达被关进了中央军人监狱，一关就是五年。

中央军人监狱始建于1930年，位于南京市江东门外，是民国时期南京"四大监狱"之一，又名"军政部军人监狱""中央海陆空军人监狱"，由国民政府军政部陆军署军法司设立和管理。

陈同生在《在最黑暗年月里的战斗》（1959）中说："中央军人监狱是中国最大的监狱，按八卦图形修建。当中是一个八卦形的高亭，四周用高墙堡垒包围着。墙外有很深的水沟，还密布了一道道铁丝网。里面一切门窗全用铁栏杆隔离开。北面有天、地、人、日、月、星、智、仁、勇九个监房。每排监房一端建有一个或两个工厂，共有十个工厂。在北监，犯人除年老病重的，大部分参加做工。"

陈同生，即陈农菲，本名张翰君，化名江中一，1906年生，湖南零陵人。1926年加入中国共产党，1934年10月被捕，1935年11月被判有期徒刑八年，囚禁在中央军人监狱南监新字监14号。

陈同生说："南监有改、过、自、新四个监房，生活比北监更苦，管理也更残酷，难友们都称它为'监狱的监狱'。新来的犯人和做工犯错误的犯人关在这里，多半是挨打、钉镣、戴铐的。"

苏刚达刚到中央军人监狱时，自然也关南监，也被毒打、钉镣、戴铐，几天下来便皮开肉绽。

苏刚达，本名任玑，又名苏广泰，1909年生，江苏宜兴人，1930年加入中国共产党。苏刚达出身贫寒，全靠家族祠堂出资，先读苏州高中师范科，后考上国立劳动大学，到上海江湾求学。

国立劳动大学，简称"劳大"，成立于1927年5月，是南京国民政府出资创办的第一所国立大学，下设工学院、农学院、社会科学院，拥有附设工厂和农场，是"五四"以来工读思想的一次集中实践，这种实践本身也夹杂着浓郁的无政府主义色彩。既获蔡元培、吴稚晖、李石曾、张静江等人的鼎力支持，又深陷国民党高层及高级知识分子群体内部的派系斗争而不能自拔。

1929年11月，苏刚达、周立波（原名周绍仪，字凤翔，又名奉悟，1908年生，湖南益阳人，1935年加入中国共产党，《暴风骤雨》《山乡巨变》的作者）等进步学生因在校内散发传单，伸张自己的独立人格，反对统治阶级的精神奴役，而被校方除名驱逐。

失学后的苏刚达被中共江苏省委派回宜兴，以小学教员身份做掩护，在亳阳等地组织农民暴动，均出师未捷。

那是江阴农暴最低潮时期，几乎所有的知名烈士，如中共江阴县委书记钱振标、中共淞浦特委委员陈叔璇、中共江阴城区书记陈维吾、中共长泾区委书记王增涛、中共淞浦特委军委书记茅学勤等人，都是牺牲在1929至1930年。

1930年9月，苏刚达又到上海，经中共江苏省委选送，进了法租界巨籁达路四成里，成为收发报业务培训班的一名学员。

进中央军人监狱后不久，苏刚达便知道这个当年中国的最大监狱中，除了囚禁被处徒刑或拘役的国民党海、陆、空军人员外，还大量关押政治犯，政治犯占上千被囚人犯的三分之一。他更知道1931年4月29日，即在他和张沈川、方廷桢、陈坦等人被反动当局重判九年又十个月徒刑的同一天，中共中央委员、上海沪中区、沪东区行委书记恽代英，因顾顺章的出卖而在中央军人监狱内英勇就义，年仅36岁。他更知道烈士走了，烈士的狱中诗则在难友们中间广为流传。因此，他默默地念着恽代英的"浪迹江湖忆旧游，故人生死各千秋。已摈忧患寻常事，留得豪情作楚囚"，咬牙忍受难以忍受的巨大苦痛，在"铁窗大学"里浩然自守，确乎不拔。

他还代表全体"同案犯"，送了沈侃夫最后一程。

沈侃夫即陈宝礼，"原在上海搞地下工作，在中央特科'打狗队'。有一次，处决一个叛徒，从先施公司二楼跳下来，摔伤了脚，被组织上送去苏联就医，伤好后留下学习无线电。再后来回国，就在四成里的训练班里担任教员"。他患有严重肺病，狱中的生活"十分恶劣"，他"吐血"不已，"病情越来越重"，狱方就"把他送到病号室隔离起来"，不准任何人"探视"。

有一天，看守人员来说他快死了，让我们到停尸房去看他。
我们同案的一些人匆匆赶到停尸房，只见宝礼同志奄奄一息。他睁开眼睛看着我们，显然是顽强地坚持着能看到我们。直到此时，监狱当局才允许我们同案的苏刚达同志去照料他。后来，陈宝礼同志终于牺牲了，他是我们同案中第一个牺牲的同志。（陈坦，1992）

沈侃夫罹难后不久，又有麦建屏、谢小康、张庆福的相继病亡。麦建屏死于"严重的肺病和胃病"，谢小康死于"长期患痢疾"，张庆福死于"严重痢疾，加上咳血、颈部瘘疬流脓不止"。

1935年12月，苏刚达被转押苏州反省院服刑，从政治犯变成了"反省人"。

反省院是国民党搞的"感化"机关，苏州反省院的食宿要比中央军人监狱好一些，也不刑讯体罚，但鱼龙混杂，什么样的人都有。这里有吴觉（字延恪，1912年生，江苏淮阴人，1932年加入中国共产党）、彭康（字子劼，1901年生，江西上栗人，1928年加入中国共产党）、刘仁静（字养初，又名亦宇、敬云，1902年生，湖北应城人，中共一大代表，团中央首任书记）、曹荻秋（名聪，字仲榜，号健民，化名张云卿，1909年生，四川资阳人，1929年加入中国共产党）、李初梨（原名李祚利，1900年生，四川江津人，1928年加入中国共产党）、柯仲平（1902年生，云南宝宁人，1930年加入中国共产党）、章汉夫（原名谢启泰，1905年生，江苏武进人，1927年加入美共，后转中共）、管文蔚（1904年生，江苏丹阳人，1926年加入中国共产党）、于寿康（原名刘松山，1909年生，山东海阳人，1932年加入中国共产党）、李少石（原名国俊，又名振，字默农，1906年生，1926年加入中国共产党，廖仲恺的女婿）、周惠年（1911年生，河南信阳人，1927年加入中国共产党，1930年加入中央特科）和"革命母亲"夏娘娘（本名黄友梅，1870年生，江苏武进人，赵世炎的岳母、夏之栩的母亲），也有张仃与凌子风（当时两人都是青年画家），还有顾顺章和他的续弦张文琴。顾顺章就是从这儿一步步走向了他生命的终点。

"反省人"的态度，基本上可以分为三种类型：第一种是愿意悔过的，准备出去后在国民党反动政权下面找点事情做，这是极少数，实际上等于投降。第二种是消极颓废的，悲观失望的情绪很浓重，整天唉声叹气，准备出去后不再搞政治活动，在社会上找点其他事情做做，混混日子，这种人不少。第三种人是坚持革命信念的，意志坚定，准备一出去就再干革命，这也是少数。这三种人对反省院里的现实，表现也不一样。第一种人对国民党反动派阿谀奉承；第二种人对什么也不感兴趣；第三种人思想上与敌人对抗，表面上不露声色，以比较巧妙的方式和敌人斗争。（管文蔚，1985）

苏刚达自然是第三种。面对各色人等，面对"天天读"（天天读周佛海的《三民主义的理论体系》和陈立夫的《唯生论》）和"共产主义不适合中国国情"一类的攻心劝诱，苏刚达处晦观明，处静观动，作床头耳语四字句一首："祝君早安，健饭加餐；学习文艺，坚持锻炼；牢记格言，埋头苦干；告慰亲人，明天再见。"

格言者，偏重个人修养。用特殊材料做成的共产党人，隐蔽战线的忠诚勇士，唯一要牢记的格言只能是：守口如瓶，防意如城。

当时，反省院里以《转变》为"教材"，组织"反省人"逐字逐句"学习"中共叛徒的"自首书""悔过书"和"脱离共党声明"，其中包括"前伪共党中央总书记向忠发"的《履历自述》《自供》。《转变》由国民党中央党部组织部调查科编印。编者在绪言中扬言道："我们编辑这本小书，是为着给信仰共产主义者的人们作参考的材料，使他们了解中国固有的国情，回答共产主义是否适合于中国的问题。但是希望信仰共产主义者的人们，看这本小书的时候，须要抛弃过去的成见，站在第三者的立场上，细心的研究。"

训育员逼迫苏刚达"细心的研究"《转变》，然后写一篇"学习心得"发表在《反省半月刊》上。苏刚达答应得爽快，但稿子迟迟交不出来。

训育员黔驴技穷，上报教育长。教育长上报思想考核主任，思想考核主任把苏刚达叫进办公室训话。

思想考核主任吹胡子瞪眼，把桌子拍得山响："我说，你给我老实点，到底想不想出去？想出去就写好你的'学习心得'！否则，我们怎么考核你的转变好还是不好？！"

苏刚达一脸无辜，无奈地回答："我就是想好好写点东西，写点好东西出来，给你们留一个好的印象，这才字斟句酌，写得慢了。难道你们是要我马马虎虎、草草了事，随便敷衍不成？"

思想考核主任被苏刚达反问得语塞，半天回不上话来。而苏刚达这一"好好写点东西"，一直"字斟句酌"到恢复自由，也还没拿出半张纸来。

1936年10月，经周恩来多方斡旋、积极营救，张沈川、方廷桢、苏刚达等人获释出狱，再见亲人，再见明天。而此时，中国共产党的无线电通信事业也已在烽火万里的江南塞北遍地开花，呈现出一派波澜壮阔的恢宏气象。

第七章

大隐隐于市

◎ 全国苏维埃区域代表大会
◎ 神秘医院
◎ 以子之矛，攻子之盾
◎ 多重保险
◎ 分批进场，一律不准外出
◎ 唱起《国际歌》
◎ 真相只有一个

一、全国苏维埃区域代表大会

我们说上海是人民代表大会制度的诞生地,那是因为人民代表大会制度的前身是苏维埃工农兵代表会议,苏维埃工农兵代表会议的提出源自全国苏维埃区域代表大会。

中共中央选择于1930年5月在上海召开全国苏维埃区域代表大会不是没有理由的。

当年的上海,如丁玲在《一九三〇年春上海》(1930)中所写:"几十种报纸满市喧腾的叫卖,大号字登载着各方战事的消息,都是些不可靠的矛盾的消息。一些漂亮的王孙小姐,都换了春季的美服,脸上放着红光,眼睛分外亮堂,满马路的游逛,到游戏场拥挤,还分散到四郊,到近的一些名胜区,为他们那享福的身体和不必忧愁的心情更找些愉快。这些娱乐更会使他们年轻美貌,更会使他们得到生活的满足。而工人们呢,虽说逃过了严冷的寒冬,可是生活的压迫却同长日的春天一起来了,米粮涨价,房租加租,工作的时间也延长了,他们更辛苦,更努力,然而更消瘦了;衰老的不是减工资,便是被开除;那些小孩们,从来就难于吃饱的小孩们,去补了那些缺,他们的年龄和体质都是不够法定的。他们太苦了,他们需要反抗,于是斗争开始了,罢工的消息,打杀工人的消息,每天新的消息不断地传着,于是许多革命的青年,学生,××党,都异常忙碌起来,他们同情他们,援助他们,在某种指挥之下,奔走,流汗,兴奋……春是深了,软的风,醉人的天气!然而一切的罪恶,苦痛,挣扎和斗争都在这和煦的晴天之下活动。"

同样,茅盾在《子夜》(1933)中也写道:"机械的骚音,汽车的臭屁,和时装少妇,高坐在黄包车上,翘起赤裸裸的一只白腿,简直好像没有穿裤子。……交易所里的几层人,涨红了脸,瞪出红丝满布的眼睛,爆出蚯蚓那么粗的青筋,就像冲锋似的挤上前去,造成雷一样的数目字的嚣声,毫不顾及身旁女人的月白纱衣已经汗透,胸前现出乳头的两点红晕。……三三五五的农民,颈间都围一条红布,手里拿着各式各样的武器,在大街上乱跑。……尖厉的警笛破空而起,接着就是装甲汽车,加上一队骑巡,冲散了一堆群众,然而继续不断的示威群众,学生和工人的混合队,一路散着传单,雷震似的喊着口号。……厂外发一声喊,无数女工拥上前来,把厂门前的马路挤断了交通,警察也都飞跑着赶来,冒着阵头雨似的碎石子和泥块,见一个,捉一个。"

共产国际于是建议中共集中各大苏区代表、红军代表和各革命团体代表,跟中央领导一起共商大计,讨论加强党对苏区工作的领导,努力将武装割据、农村包围城市的全国苏维埃运动推向一个新的高潮。

1930年1月20日,根据共产国际的提议,中共中央决定召开全国苏维埃区域代表大会,先在上海开筹备会,再到苏区开正式会。

2月4日,中共中央为"召集全国苏维埃区域代表大会",向全党发出第68号通告,号召"全国各级党部尤其是农村地方党部在群众中公开宣传今年五一节将开一全国苏维埃区域代表大会,以联系全国苏维埃区域与红军，以统一中国革命的指导与行动"。通告指出："这一大会的召集将以全国总工会，中国共产党为主要的发起者，各地苏维埃区域及红军亦将被邀请列名。他的任务毫无疑问的在目前革命斗争紧张的情势下，将有他更伟大的历史使命要担负着。这一大会首先要解决的是全国苏维埃区域与红军之更一致的联合行动。……大会的布置将由发起者通知各地，中央拟定各苏维埃区域及红军中的重要代表，将先集一地开一预备会议，讨论并起草一切议案，然后再开大会于某一被指定的苏维埃区域，同时举行全国拥护中国苏维埃与红军的示威运动，会议的代表除工会代表外各苏维埃区域应有二人以上之主要代表，红军各军应有一人以上之主要代表，其他游击区域及农民斗争区域亦应有一人以上之主要代表，至其他群众代表农民赤卫队代表则由各地酌选，但每区至多不得超过五人。"

拿着费尽心机方才弄到手里的中共中央第68号通告，反复读着那上面明白写着的"中央拟定各苏维埃区域及红军中的重要代表，将先集一地开一预备会议"，熊式辉实在是心花怒放，乐不可支。

因为他已确知这里所说的"先集一地开一预备会议"中的"一地"就是指上海，并认定这是一个彻底摧毁中共中央领导核心及其工农红军指挥中枢的大好时机，也是他借此平步青云、飞黄腾达的难得机遇。

于是，他将他手下的密探、特务悉数招来，当场甩出50万元巨额赏金，命令他们一定要将全苏维埃区域代表大会的确切会期、会址侦察清楚。

与此同时，全权负责此次会议安全保卫工作的中央特科，也已经得到准确情报，知道熊式辉的耳目为了50万元巨额赏金，已经在全市张网，鹰犬一样到处乱转了。

如期开会，还是马上取消，严峻的选择摆在了中央高层面前。

中央很想收回成命，只是谁也无权取消会议，或者变更主办地。中央之上还有共产国际。中共中央已向共产国际正式报告，并已得到莫斯科的批准和同意。更何况各大苏区代表、红军代表都已出发，已在来上海路上。

箭在弦上，不得不发。

于是，会议筹备小组和中央特科相关成员就在爱文义路（今北京西路）、卡德路（今石门二路）拐角上的那一栋小洋楼里秘密聚会，为确定一个既有足够容量、又不格外引人注意的会场出谋划策、绞尽脑汁。

二、神秘医院

李薇薇说，她父亲和战友们为全国苏维埃区域代表大会的召开，"做了很多很周密的部署，找了许多地方，都被中央否定，认为不合适。中央认为，上海的白色恐怖很厉害，反动当局严密监视共产党的一举一动，外加实际参与会议的代表人数庞大，可能会有上百人，不能选在太偏僻的地方。越是市中心，越是比较繁华的地方，越是容易隐蔽，不会引起敌人的注意。而且周围的人比较多的话，保卫起来

■李一氓

也比较方便"。

李薇薇是李一氓的女儿。2007年3月，我去北京南沙沟见她，那是她父亲生前住过的老房子。李薇薇说，南沙沟里住过许多党和国家的高层领导，还住过许多德高望重的社会名流。如今，老人大多已经离世，他们的子女也不再年轻，诸如钱壮飞之孙钱泓、高崇民的儿子高大会、艾思奇的儿子李昕东等。

李一氓是1925年入党，1932年参加红军，走过长征，当过毛泽东秘书，生前历任中华人民共和国驻缅甸大使、国务院外事办公室副主任、中联部常务副部长、中顾委常委等。

李薇薇太像她的父亲，谦和、低调，不张扬。李薇薇说："父亲出生入死，奋斗一生，可80岁时写给自己的对联却是：'僻在城边书声琴韵，悠然林下鸟语花香。'正因为他宠辱不惊，淡泊功名，只想当无名英雄；所以他常说，我只是一个普普通通的共产党员，在中国革命的全过程中，上依党的路线，下靠群众，自己原无功劳，实在说不上有什么成就和贡献。即使有几件可以说说的，也都是过眼烟云，至多在个人的记忆深处，悠悠而轻轻地漂浮着……"

李一氓的"记忆深处"，"悠悠而轻轻地漂浮着"全国苏维埃区域代表大会。说到全国苏维埃区域代表大会，李一氓晚年回忆道："1930年5月，在上海开了一个全国苏维埃区域代表大会。这个会议是用中共中央委员会和中华全国总工会的名义召集的。因此筹备工作，都是全总林育南负责。筹备工作地址在爱文义路卡德路转角（今北京西路、石门路口690至696号）。至于真正开会的会场在卡尔登戏院后面一排楼房里，在白克路上（现凤阳路）。"（李一氓，2001）但张文秋的晚年回忆，却一再肯定"爱文义路卡德路转角"上的那一栋小洋楼，不只是全国苏维埃区域代表大会的"筹备工作

■ 原上海爱文义路（今北京西路）690 至 696 号二楼的全国苏维埃区域代表大会筹备处

地址"，还是"真正开会的会场"。（张文秋，2002）

张文秋的生平极其复杂，不仅亲身经历了许多中国近现代史和中共党史上的重大事件，包括被周恩来指派给著名苏联间谍左尔格当助手，而且还是刘思齐（松林）和邵华的母亲、毛泽东的亲家。更何况，"爱文义路卡德路转角"上的那一栋小洋楼，原本就是她和林育南的"家"。

林育南，1898年生，祖籍湖北黄州回龙林家大湾，1921年入党，历任中国共产主义青年团中央委员、书记，湖北省总工会宣传主任，中华全国总工会执行委员、常委、秘书长。

张文秋，祖籍湖北京山孙家桥青树岭张家湾，1903年生，1926年入党，1927年与刘谦初（时任国民革命军第十一军政治部宣传科社会股长）结婚，1928年任中共江苏省委沪西区委宣传部长，1929

年易名陈孟君,改任中共山东省委执行委员暨妇女部长,与刘谦初(时任中共山东省委书记)共同工作,直至因叛徒出卖而被捕。

1930年1月,张文秋获释出狱后,从济南返回上海,又用新的化名张一萍,与化名李敬塘、乔装归国华侨的林育南假扮夫妻,一起住进了"爱文义路卡德路转角"上的那一栋小洋楼。张文秋说:"我们简单地交谈了一下后,林育南对我说:'我今天是来和你谈工作问题的。现在,全国各地区的武装斗争发展很快,各地区的苏维埃政权也纷纷建立。为了巩固和发展革命成果,中央拟成立中华苏维埃共和国,来加强对各地苏维埃政权的领导。为此,中央决定成立苏维埃准备委员会,草拟各种必要的法律、法令和政策,提交全国苏维埃区域代表大会审议通过。这个会本来准备在中央苏区召开,但因为反动派封锁和围剿,各地的代表到那里去开会很困难,也不安全,所以改在上海召开。组织上决定,你和我一起参加"苏准会"工作。我化装成南洋华侨大资本家,和你以假夫妻的名义作掩护,首先建立机关,然后,再开展工作。'……中央负责人方林也对我说:'我代表中央来向你讲几句话。苏准会的工作人员都已选派好了,他们以后会陆续到来。中央决定,你和育南同志以假夫妻关系来建立机关。你们要抓紧时间,在沪中租界一带选好房子,并且尽快定下来,以便开展工作。今后,你要尽到家庭主妇的责任,对房东和左邻右舍好好应酬,要提高警惕,做好机关保密工作。'"(张文秋,2002)

方林是邓发在1937年9月接替陈云出任中共中央驻新疆代表暨八路军驻新疆办事处主任时用过的化名。如果张文秋所说的"方林"就是邓发,那么1930年初邓发似还不能"代表中央"在上海向张文秋传达"中央决定"。因为当时的邓发只是中共广东省委常委、组织部长暨香港市委书记,远非"中央负责人",且当时还在香港狱中苦苦忍受港英当局的刑讯逼供。

那么，每月花60两白银租下"爱文义路卡德路转角"上的那一栋小洋楼的到底是谁？租下那一栋小洋楼到底做什么用？究竟是给全国苏维埃区域代表大会做"真正开会的会场"，还是仅仅为"苏准会"设一个"筹备工作地址"，并为林育南和张文秋这一对假夫妻安排一个过于豪华的家？

洪扬生在《中央特科一科的工作情况》（2018）中说："设立机关、布置会场是一件具体而细致的工作。凡是中央召开重要会议，从确定地点、租赁房子、布置会场，到备办庶务，全是特一科负责办理。1930年5月，全国苏维埃区域代表大会预备会议的会场就是由特一科布置的。这次会议参加人数多，开会时间长，工作量较大。当时，会场准备了二处，以防一处发生问题时可以转移到另一处。一处在卡尔登戏院（现长江剧场）后面的一排洋式楼房，另一处即在爱文义路卡德路口（现北京西路石门二路口）的一幢洋房里。实际上两处会场先后都用上了。"

正因为"两处会场先后都用上了"，所以张文秋说，"经过近一个月的准备，1930年5月20日，全国苏维埃区域代表大会，在上海爱文义路和卡德路口的两楼相连的三层楼房里，庄严、隆重地秘密召开了。林育南带着我们'苏准会'全体工作人员，将来自全国各地的代表和各方面的领导，热情地迎进了西楼二层的会议厅，大会的会场就设在这个会议厅里。为应付可能发生的意外，我们在东楼一层的会客厅里，还另外布置了一个寿堂。寿堂中间挂着一个金色大'寿'字，两边挂着对联：'福如东海长流水，寿比南山不老松'。'寿'字下面还摆设了一张铺着大红绒毯的供桌，陈列了红色的寿桃、白色的寿面和金黄色的佛手。祝寿宾客的座椅摆放得整齐有序。为了使阔气的寿礼具有最大的真实性，我们还请来一位同志的父亲，让他装扮为赵玉卿（即林育南）的父亲'赵老太爷'，等候在隔壁的房间里，随时可以进寿堂，接受人们的祝贺或叩拜。开会以前，所有代表和工作人员早就统一了'口径'，不论发生什么情况，都要一口咬定是来祝贺'赵老太爷八秩寿辰'的。"

李一氓回忆："真正开会的会场在卡尔登戏院后面一排楼房里，在白克路上（现凤阳路）。开会以前，中央决定由我去作这个开会的房子的主人。那时赵毅敏和李一超（女，又叫李坤泰）才从苏联回国不久，他们都是1928年冬天回国的，就让他们一个人当我的弟弟、一个人当我的妹妹。当然那时我还有妻子和两个小男孩，结合在一起，自然很像是一家人了。"据李一氓的回忆，中央特科最终选定派克路（今黄河路）与白克路（今凤阳路）交界的一栋楼房作为全国苏维埃区域代表大会的会址。

我确信洪扬生及其助手同时做了两件事：一是将那栋紧挨卡尔登大戏院的楼房很有创意地伪装成一家医院。二是将"爱文义路和卡德路口的两楼相连的三层楼房里"的"会客厅"布置成一个"寿堂"。由于后一个"寿堂"就直接布置在张文秋和林育南的"家"里，这一个"赵老太爷八秩寿辰"又是那样的"阔气"，久而久之，张文秋为什么就不能因印象过深而信以为真呢？

三、以子之矛，攻子之盾

全国苏维埃区域代表大会的会址选定在了公共租界最繁华地段，紧挨着昼夜声色犬马的卡尔登大戏院，显然非常符合中央要求，也就是"大隐隐于市","越是市中心,越是比较繁华的地方,越是容易隐蔽,不会引起敌人的注意"。在反动派的眼皮底下,玩一场"以毒攻毒"和"以子之矛,攻子之盾"的游戏。然而,林成西、许蓉生却说:"特科全力以赴,进行了周密的布置:先在公共租界赫德路租了一幢四层的红砖楼房,在这里临时开设了一家'医院'。"(林成西、许蓉生,1996)李滔也说:"经过特科领导多次反复研究,决定租用英租界赫德路一栋四层的红楼,伪装成医院,作为全国苏维埃区域代表大会会场。"李滔是《刘鼎》(2002)的作者之一,曾任原中央重工业部兵工总局局长,二机部、一机部、三机部副部长刘鼎秘书,兵器工业部经济研究所副所长。林成西、许蓉生、李滔的说法是沿袭吴殿尧的。吴殿尧在《刘鼎》(1990)中说,全国苏维埃区域代表大会的"会场设在英租界赫德路一幢四层的红楼,红楼伪装成医院"。说全国苏维埃区域代表大会会场就"选在英租界赫德路卡尔登戏院后面派克路上的一幢四层楼的楼房里"的,还有岳先、秦少智的《虎穴龙潭》(2003)。凡此种种,都是从穆欣的《陈赓大将》(1985)而来。穆欣说:"1930年初,党中央在上海英租界赫德路召开全国苏维埃区域代表大会。为了保障这次会议的安全,中央特科进行了如下的周密布置:在赫德路卡尔登影院后面租了一座四层的红楼,临时开设一座'医院'。"

当年的赫德路,即今常德路。虽说赫德路也在公共租界的地盘上,也跟静安寺路沾一点边,只是卡尔登大戏院在这一条路的最东面,赫德路在这一条路的最西面。一个靠着跑马厅,一个挨着静安寺。

卡尔登大戏院,也叫卡尔登戏院、卡尔登电影院,1923年2月开业,1951年12月更名长江剧场,是20世纪英国人开设的上海影院之冠,终日喧嚣,人流如织,一派热闹景象。附近的白克

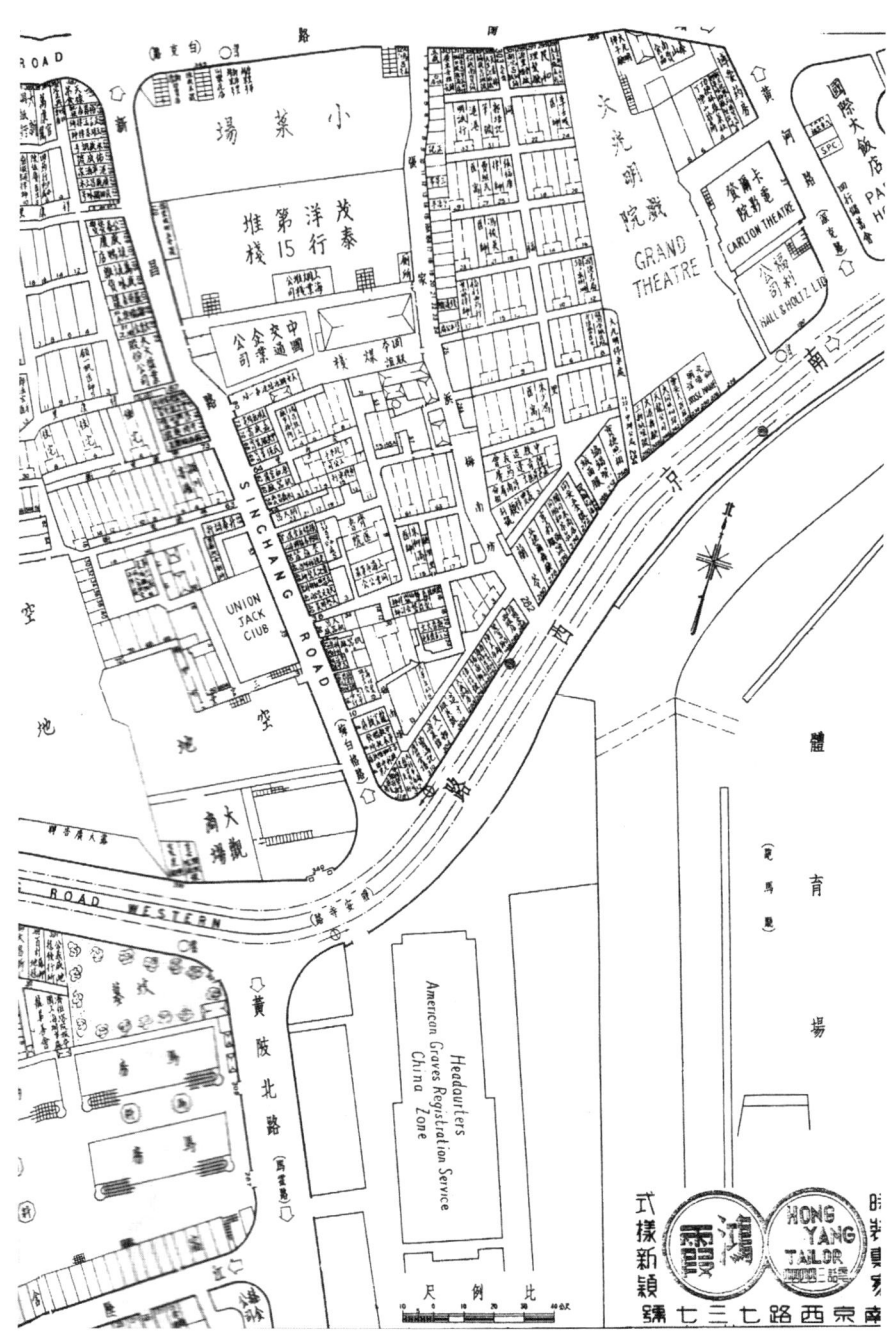

■在这幅上海老地图上，卡尔登大戏院位于画面右上角的南京西路上方

路又是一条弯弯曲曲的幽静小路，两旁是普通民居，华洋杂处，七十二家房客，什么样的人都有。

再说说李一氓跟他的"弟弟"赵毅敏（中联部原副部长）、"妹妹"李一超，在全国苏维埃区域代表大会闭幕后，还曾有过几次私人来往，后来就失散了。直到新中国成立后，李一氓看到电影《赵一曼》，方才得知李一超就是抗日英烈赵一曼。赵一曼，原名李坤泰，字淑宁，1905年生，四川宜宾人。1926年入党，1927年赴莫斯科中山大学学习。1928年回国，1932年走上东北抗日最前线，历任满洲总工会秘书、组织部长、代理书记、中共珠河中心县委委员、铁北区委书记、东北人民革命军第三军一师二团政委。1935年11月，赵一曼因伤被俘。1936年8月，赵一曼壮烈牺牲于珠河小北门刑场。牺牲前，日本鬼子将她押上马车游街，她则要过纸笔，给远未成年的儿子写下遗书："母亲和你在生前是永久没有再见的机会了。希望你，宁儿啊！赶快成人，来安慰你地下的母亲！我最亲爱的孩子啊！母亲不用千言万语来教育你，就用实际行动来教育你。在你长大成人之后，希望不要忘记你的母亲是为国而牺牲的！"李一氓在回忆录中感慨道："现在有些关于赵一曼生平事迹的叙述，无论在她牺牲的尚志县，还是她出生的宜宾县，都没有她参加苏维埃区域代表大会，作为我李家的家庭成员这一段。大概现在知道她这段短期生活的，已没有什么人了。"（李一氓，2001）

四、多重保险

1930年5月中旬，卡尔登大戏院后面的医院开张营业了。在

■ 卡尔登大戏院

外人看来，这只是又一家新开业的私立医院而已，既没有大肆张扬，更没有门庭若市，一点也不特别。谁也不曾料到，这一切都是中央特科精心安排的。李一氓说："厨房是他们组织的，汽车是他们的，房子里面的家具陈设也是他们搞的，房内房外的警戒也是由他们布置的。我们无非是大人小孩在楼下打麻将，开留声机，掩护这个会议。……当然除我们这个临时家庭以外，还有参加会议的工作人员，他们不住在那里，是来来往往的。"

事实上，这里的医生、护士、职员、勤杂工，包括备办伙食的邹志淑在内，都是中央特科成员。他们中的很多人，白大褂外，挂着听诊器；白大褂内，揣着驳壳枪。

邹志淑，又名邹志英，1897年生，浙江嘉兴人。1912年毕业于庄史高级中学，1924年参加新塍读书会，1926年入党。1927年参加北伐，随军来到上海。

跟二科的黄慕兰和吴先清、三科的周惠年、四科的蒲秋潮相比，同样是特科一员，同样是知识女性，邹志淑几乎随风而逝，湮没在了衰草纷纷、沧波茫茫的历史烟尘之中。哪怕是中央特科晚期的沈琬（沈安娜）和李云，也都比她彰显许多、有名许多。但她资格很老。至少1927年底、1928年初，就已被顾顺章乃至更高层级的周恩来调到了特科一科。《梅陇志》（1986）说："'四·一二'后，邹志淑到上海爱文义路卡德路（今北京西路石门二路）张家宅36号党中央机关，在周恩来领导下的中央特科一科做交通掩护工作。"但是，在《上海市行号路图录》（1947）中，卡德路以西、麦特赫斯脱路（今泰兴路）以东、新闸路以南、爱文义路以北的张家宅路上并无36号，只有36弄。

由于邹志淑一直跟着洪扬生，所以今人给她立传，说到业绩，也就只能参照洪扬生的回忆简单地写道："1930年5月，卡尔登大戏院（今长江剧场）后面一排洋式楼房内召开苏代会期间，邹志淑参加了大会的工作。"（上海市上海县梅陇乡人民政府，1986）

邹志淑，一个谜一样的女子，更加增添了神秘医院的神秘色彩。

除了李一氓、洪扬生、邹志淑，神秘医院的边上还有刘鼎活跃着。刘鼎在医院边上，同一排紧挨卡尔登大戏院的大洋房里，另租一套房间住下，布设机关，作为代表们遇到紧急情况时，迅速撤退的通道。

刘鼎，原名阚思俊，字尊民，1902年生，四川南溪人。1924年在旅德期间经孙炳文、朱德介绍加入中国共产党。1926年去莫斯科东方大学学习，进修俄文，研读马克思主义，接受军事训练。1929年底回国抵沪，任中央特科二科副科长，协助科长陈赓做情报工作。

■刘鼎

易辉说："1929年底，刘鼎秘密回国，化了装回来，回到上海，向周恩来报到，周恩来派他去中央特科，做二科科长陈赓的副手，专门搞情报，搞过一套很完整的材料，全面反映上海方方面面的情况。为了确切知道租界兵营里面有多少人，刘鼎就爬到兵营附近的高楼上去察看。兵营戒备森严，门口有人站岗，围墙很高，又有铁丝网，怎么办？只有爬到边上大楼的楼顶上去，居高临下，看营房的倒影，通过倒影来估算营房面积，到底能住多少士兵。听说他上楼时还带了一个小瘪三。他要小瘪三跟着，给他望风，想得很周全。"（易辉，2002）

易辉是刘鼎夫人，八路军老战士，离休前为兵器工业部210所（情报所）顾问。易辉告诉我，刘鼎和他的助手还在外国兵营的门外摆地摊，装成卖糖果、烟卷、零食什么的，以此窥视进出人员、车辆，进而推算兵力、装备。易辉还说："除了兵营，他们还分头侦察了租界工部局、公董局的行政楼，侦察了银行、粮库、港口、监狱等要害部门。他们还搞到了一套很详细很详细的上海地图。为了搞到这套地图，刘鼎跑遍了全上海的书店。大书店没有，就找小书店。中国人的书店没有，就找外国人的书店。最后在一家外国人开的旧书店里看到一套,非常完整的一套,外文原版,好大一摞,比想象的还好,他真是高兴极了,也不还价,全部买下,统统抱回来了。"

所有这些都是为了实行"上海暴动"。所谓"上海暴动"是李立三"左"倾盲动的产物。当时周恩来去了莫斯科,中共中央政治局常委会主席向忠发听任中央政治局常委、中央宣传部长李立三的摆布。李立三便在"一省或几省首先胜利"的错误思想指导下,重点部署南京、上海、武汉等地做暴动准备,并将从苏联回国的刘伯承留在上海,委任为中央军委参谋部部长,具体规划全国范围内的起义,美其名曰"准备着全中国之伟大的武装暴动,以与帝国主义国民党作最后的决战"。后来,中共中央在上海召开扩大的六届三中全会,及时制止了一些作为"立三路线"主要特征的错误。刘鼎整理上报的材料随之封存,被人束之高阁,但刘伯承慧眼独具,还是非常看重那些东西的潜在价值。因此,新中国成立后,刘伯承在北京一见到刘鼎,开口就说:"你在上海搞的那一套材料真是不错,不简单哩。"刘鼎说:"那是李立三让我们搞的。"刘伯承说:"那是两回事,不能混为一谈。材料本身还是很珍贵,我们一直就当词典用,有了疑问就查,什么都能查到,太难得了。"

我让易辉具体描述一下,刘鼎为全国苏维埃区域代表大会预设的撤退通道。易辉说:"刘鼎晚年,常说这事。他说,他在那一家医院的旁边,另租一套房子住下。万一那边的前门被堵上了,中央领导、与会代表,就可以通过楼上的窗户跳到他租的那套房间里面去,通过另外一个门,安全脱身。"

然而,那两套房,一个楼顶低、一个窗户高,中间差了好几米,要想平稳过去,还得有个梯子。刘鼎就又想到了一个"顺理成章"

的主意。他让医院那边假装窗户坏了，修理窗户；这边假装楼顶坏了，修理楼顶。两边的窗户一直是开开关关、关关开开，一架梯子在那儿放了好几天，也就没有引起人家的更多注意。

除此之外，中央特科还做了双保险。那些在医院一楼穿梭着的医护人员还只是整个会场的第二道防线，第一道防线则由顾顺章和陈赓亲自带队，分布在医院外围。陈赓出身黄埔，多的是实战经验。他让"红队"队员装扮成摊贩、路人，轮班执勤，分散在街头巷尾望风，一有意外，就拔枪阻击，殊死对抗。同时，点燃大批堆放在医院楼下的汽油、酒精，掩护与会人员分流撤出，乘上楼后那些预先租来的汽车，快速离开现场。

五、分批进场，一律不准外出

随着中央特科与会议筹备小组的工作不断深入，随着红5月的日益临近，熊式辉再也坐不住了。

种种迹象表明，全国苏维埃区域代表大会肯定在上海开、在租界里开，而且肯定是在公共租界里开。问题是偌大的公共租界，东起黄浦江，西迄静安寺，南邻洋泾浜，北倚苏州河，方圆几十平方公里，多的是高楼大厦、街坊弄堂，到底哪一个屋顶底下又会聚集起那么多让人梦中想到都会彻夜难眠的人呢？何况租界当局再心照不宣，也还不能完全撕破脸皮，什么公允、开放、中立、人权，统统丢开不管，直接允许熊式辉的军警宪特在租界地盘上大搞挨家挨户地缉捕、挖地三尺地搜查。

焦头烂额时分，熊式辉还是催迫四号密查员宋再生分担重任，缓解他的燃眉之急。

熊式辉责令宋再生悄悄深入租界腹地重点查勘。

宋再生，原名宋启荣，浙江诸暨人。为人本分、机警，办事干练、周全，又在租界巡捕房干过，跟租界警方有交情，说得上话，可以相互交换情报，真是再合适不过的第一人选。宋再生还是熊式辉的同门师兄弟，两人都是民国元老蒋伯器的入室弟子。

蒋伯器也是浙江诸暨人，1904年毕业于日本陆军士官学校，1905年加入同盟会，1911年参加辛亥革命，之后历任广东都督府军事部长、浙江都督和保定军官学校学生主考等，可谓功成名就、德高望重。

熊式辉就是在保定军官学校求学期间拜蒋伯器为师的。蒋伯器向他力荐自己的得意门生宋再生，他岂有嫌弃之理？

宋再生也格外卖力，凡事从不贪生怕死、装聋作哑。他见熊式辉为全国苏维埃区域代表大会的召开急成了热锅上的蚂蚁，也就布置便衣，伪装成沿街叫卖的小贩，穿街越尾，深入租界腹地进行私访暗查。

宋再生的走卒深入租界腹地进行私访暗查之际，也正是各大苏区代表、红军代表络绎来沪、相继抵达上海之时。

李薇薇说："中央特科遵照中共中央指示，先是安排代表们住进会场附近的小旅馆，逐一核实身份，然后帮他们化妆、打扮。男的穿上长衫、马褂，女的换上旗袍、丝袜，还配金银首饰，装扮成少奶奶、阔太太。再分期分批，悄然带入会场，逐一进入卡尔登戏院后面的医院。"

《何长工传》（2000）里说，何长工到了上海，"开始住在指定的启昌旅馆里等来人接头，大约住了二三天时间，才接上头。开会时，根据与会者的特征，又重新化了装，并编了代号，这时的何长工变成了大老爷"。

易辉也说："代表一进医院，住入病房，就与外界完全隔绝，绝对不许随意外出。那些特科战士装扮的医生、护士、厨师以及服务人员，也都一样，一律不许上街，不许擅离岗位。"

洪扬生在《中央特科一科的工作情况》（2018）中说："这次会议规定，代表进入会场后不可以出来，就地寝食，以资安全。伙食问题由特一科专派邹志淑带两个同志负责备办。"

六、唱起《国际歌》

1930年5月5日上午9时许，全国苏维埃区域代表大会在卡尔登大戏院后面的"医院"里准时召开，全体与会代表唱起了雄壮的《国际歌》。

李薇薇说："此次大会，据我父亲回忆，实到四十七八个人。红军代表每个军两个人，一个军官，一个士兵，因为他们都是从部队来的，他全不认识。但他却记得两位同志，一是江西来的滕代远，二是湖北来的何长工。"

时任中国工农红军第五军第五纵队委员会书记何长工，以鄂东南区军事代表和红五军代表的双重身份，参加全国苏维埃区域代表大会。跟何长工同行与会的，还有鄂东南几位县委书记和苏维埃代表，其中有中共湖北省委常驻鄂东南代表吴梓民、该区苏维埃代表曹大全、中共通山县委书记易金波、阳新县委书记方步舟、大冶铁矿产业工人代表余海侠（徐泽）等。吴梓民是这一地区的代表团团长。

吴梓民、何长工等人还给中央带来了一批黄金。这批黄金在根据地是用土戥子称过的，到了上海改用洋戥子一称，竟然多出了几十两。中央就叫何长工用这些多出来的黄金把还在华容的妻儿接出来，并计划将其妻子孟淑雅安排在上海工作，把孩子送去苏联培养。何长工当即摇手，再三谢绝。何长工说，这些黄金来之不易。我们将根据地人民辛苦筹集的这些黄金送到中央，中央还是用来为党的事业服务吧，还是用来营救那些随时都有可能惨遭敌人杀害的同志吧。何长工的真诚打动了中央。中央用这批黄金从反动当局的狱中救出了不少人。

全国苏维埃区域代表大会召开期间，给中央送交经费的还有红四军。时任红四军一纵参谋长兼教导队队长萧克记得，1930年"5月初，军部派一纵队党代表熊寿祺去上海，把我们打南雄、大余时筹的一些金子给中央送去，正好赶上开全国苏维埃区域代表大会，他就作为红四军的代表参加了。但会议结束后，熊寿祺一直没有回来。1950年春，我在汉口碰见他，才听他说，从上海中央返回闽西时，在厦门被敌人扣住了，他家把他保释出来，送到上海复旦大学读了两年书，后又到日本读书，以后到四川作社会活动"。（萧克，1997）

关于全国苏维埃区域代表大会的召开，我们还可以读一读作家丁玲为缅怀她的丈夫胡也频而写的文章《一个真实人的一生：记胡也频》（1950）。

胡也频，1903年生，福建闽侯人。1930年入党，历任中国左翼作家联盟执行委员、工农兵文学委员会主席、工农兵通讯委员会主席，和柔石、冯铿等人参加全国苏维埃区域代表大会，都是作为"左联"代表。

胡也频和丁玲的儿子蒋祖林，是留苏归来的船舶专家。他和他夫人李灵源以及女儿小延（胡延妮）移居北京前住上海华亭路，离我北京西路老宅不远，常有往来。蒋祖林说，他父亲"开完全国苏维埃区域代表大会后回家，也没多说什么，没有说会议内容，因为是党的高级秘密，他不能随便说。他只是形容了会场气氛。说会场里挂了镰刀斧头旗，开会时小声唱了《国际歌》，很严肃，很隆重。他还说他在这个会上见到了一些红军，来自苏区。他和他们做了交谈。他对苏区和红军的生活，有了一些了解，很有兴趣，很想根据这些材料，写一些作品"。

■丁玲、胡也频夫妇

丁玲则在《一个真实人的一生：记胡也频》（1950）中详尽地写道："也频忽然连我也瞒着参加了一个会议。他只告诉我晚上不回来，我没有问他。过了两天他才回来，他交给我一封瞿秋白的信。我猜出了他的行动，知道他们会见了，他才告诉我果然开了一个会。各地的共产党负责人都参加了，他形容那个会场给我听。他们这会开得非常机密。他说，地点在一家很阔气的洋房子里，楼下完全是公馆样子。经常有太太们进进出出，打牌开留声机。外埠来的代表，陆续进去，进去后就关在三楼。三楼上经常是不开窗子的。上海市的同志最后进去。进去后就开会。会场挂满镰刀斧头红旗，严肃极了。会后是外埠的先走。至于会议内容，也频一句也没有告诉我，所以到现在我也不很清楚是一种什么性质的会。但我看得出这次会议更加引起了也频的浓厚的政治兴趣。"

丁玲所说的"上海市的同志",既包括柔石、冯铿、胡也频,也包括中共中央政治局常委会主席向忠发,中央政治局常委、中央宣传部长李立三,中央政治局常委、中华全国总工会委员长项英等人。

关于胡也频的与会,夏衍在《懒寻旧梦录》(2006)中写道:"1930年5月下旬,胡也频、冯铿参加了在上海举行的苏维埃区域代表大会以后,'左联'决定向全体盟员作一次传达报告,但在当时,要找一个能容纳四五十人的会场是十分困难的。我把这件事情告诉了尾崎,请他帮忙。当时,在虹口,日本人势力很大,他们的机关连工部局也不敢碰。他很爽快地说:机会很好,这个月驻沪日本记者俱乐部轮着我主管,这个俱乐部除在星期六、日外,一般是空着的,只有一个中国侍者管理,你们决定了日期以后,我可以把这个侍者遣开,但时间不能超过下午六点,过时就可能有人到俱乐部来。就是这样,我们在虹口乍浦路附近的驻沪日本记者俱乐部召开了一次超过五十人的全体盟员大会。尾崎秀实是一个非常精细、考虑问题十分周到的人,当他把俱乐部钥匙交给我时,一再嘱咐,不要大声说话,散会后收拾干净,不要留下痕迹。但是,开会后,胡也频作报告时这个约束就打破了。有的人高呼:'苏维埃万岁!''保卫苏联!'等口号,使我跑上跑下,搞得十分紧张。幸亏这次会议没有出事。"

七、真相只有一个

1930年5月6日,全国苏维埃区域代表大会进入第二天,与会代表认真听取中共中央政治局常委会主席向忠发及中央政治局常委、中央宣传部长李立三的报告。

李薇薇说："由于大会是在'立三路线'的背景下召开的，所有大会文件，都带有'立三路线'的色彩，这是不可避免的，也是无可奈何的。李立三在会上作报告的时候，脱离稿子说了一句：'等我们打下武汉的时候，再告诉第三国际。'这一句豪言壮语，立刻传遍了整幢房子，甚至于我父亲他们在楼下也听说了，知道了，真可谓语惊四座。"

楼上的报告"语惊四座"，激起阵阵掌声。

楼下的中央特科工作人员高度警惕，外松内紧。

李薇薇说："整个楼下变成了赌博场所。桌子上放了牌九、骰子和麻将，我父亲他们装成打牌、聊天、喝茶的样子。即使外边有人来看，也看不出什么破绽。"

5月7日，全国苏维埃区域代表大会进入第三天，滕代远代表红五军军委在会上做了近15000字的长篇发言，何长工则从七个方面重点阐述红五纵队开辟鄂东南根据地的情况。这七个方面是地方群众工作与地方党、军队党与地方党、扩大红军、经济生活与伤病员、军事干部与政治干部的补充、土地革命与农村中阶级分化、中央与省委的交通网。何长工认为："红五纵队虽有缺点，但其坚韧耐劳的精神，英勇卓绝的革命意志，尤其是发挥党支部在士兵群众中的核心领导作用，都堪为模范，值得各兄弟部队借鉴。"

何长工的发言引起与会代表的共鸣。大家竞相分析、总结苏区建设的经验教训，强烈呼吁中央纠正政策上的不统一，为加强党的组织建设、扩大苏区作出切实可行的全面部署。但主席团没有能让大家畅所欲言，把心里话全都说出来。那是因为顾顺章带来了一个坏消息，他说会场周围已出现形迹可疑的人。

顾顺章所说的形迹可疑人物，就是指熊式辉的爪牙和租界巡捕房的包打听。

原来熊式辉下了最后决心，急事急办，一路绿灯，破例批准定点清除方案，同意他的爪牙和租界巡捕房携手合作，兵分两路，在派克路、白克路一带，有门必入，有人必问，宁愿错查，绝不疏漏。

于是，反动当局的鹰犬们终于将目标锁定在卡尔登大戏院后面的"医院"。

"医院"的大门被捕房干探和熊式辉的爪牙重重撞开。

他们只见整个诊疗大厅空空荡荡，人迹杳然。

他们跟着冲进两边房间，又见两边房里既有一应俱全的桌椅板凳，又有茶水果盘和各式赌具，就是没有一个人的影子。

听闻竹篮打水一场空，熊式辉简直就是顿足捶胸，暴跳如雷。不过，回头看到铩羽而归的部下比他更加懊丧，更加痛不欲生，他就又努力显出大将风度，当场拿出 10 万大洋，分别犒赏捕房干探和他的爪牙。

他说，关公也有走麦城，孔明也有失街亭。

他说，他们"没有功劳也有苦劳，没有苦劳也有疲劳"。

那些见钱眼开的小喽啰就都给熊式辉献殷勤、表忠心，都说司令是他们的再生父母。他们为司令效忠，一定鞍前马后，肝脑涂地。

熊式辉始终想不明白，全国苏维埃区域代表大会的代表们是如何得到抓捕讯息，并及时撤退、得以逃脱的。

他也许设想过很多种可能，唯独没有怀疑宋再生。

因为没有理由。

宋再生自始至终殚精竭虑、废寝忘食、忠心耿耿，怎么可能是"反将一军"的"卧底"？

但这就是谍战,就是设局与反设局、暗算与反暗算。

陈赓介绍邹志淑跟宋再生结婚,邹志淑介绍宋再生入党。宋再生从此成为陈赓的重要情报来源。因此,熊式辉要宋再生带人去查全国苏维埃区域代表大会,宋再生转身就报告了陈赓。陈赓马上运筹帷幄,化险为夷,有力保卫了全国苏维埃区域代表大会的顺利召开。

1930年6月10日,中共中央为"扩大全国苏维埃区域代表大会的宣传运动"发出第八十一号通告。通告的第一句就是:"第一次全国苏维埃区域代表大会已经闭幕,这一大会是完全成功。"而这"完全成功"的最显明标志就是"苏维埃工农兵代表会议"的应运而生。

中央特科为"全国革命走向苏维埃中国的正确道路"作出了不可磨灭的贡献,可是当年晚些时候,邹志淑却无辜遇害,惨死于顾顺章的暴戾。

上海解放后,邹志淑罹难时年仅3岁的女儿,也就是寓意保卫全国苏维埃区域代表大会的宋保苏,原本已被送人,但在周恩来的亲切关怀下被找了回来。宋保苏的儿子吴国麟现在上海,说他别无他求,只是希望长眠在上海闵行区烈士陵园里的外婆安息,不要再被人时而作为英雄祭奠,时而作为败类唾弃。

第八章 金陵夜，十万火急

- ◎ 徐恩曾栽在了钱壮飞手里
- ◎ 铁三角
- ◎ 只要不死，就会看到他叛变
- ◎ 化广奇
- ◎ 刺杀蒋介石
- ◎ 对付共产党的大计划
- ◎ 地图被小刀划出大叉
- ◎ 破例要了一支烟
- ◎ 大魔术家并不等于魔术大师
- ◎ 英雄死了，英雄长在

一、徐恩曾栽在了钱壮飞手里

1945年8月,中国人民迎来抗日战争的最终胜利。钱江一行从延安来到重庆,与母亲张振华团聚。当时周恩来也在重庆,特意设宴款待张振华、钱江等,席间说到了钱壮飞的牺牲,牺牲在长征途中,惊涛拍岸的乌江畔。

多年后,钱壮飞的身影也出现在了徐恩曾的文章《我和共产党战斗的回忆》(1992)里:

> 顾顺章表示愿意转变之后,立刻告诉我一个惊人的消息,他说出追随我左右,掌管机要文书的一个得力助手,原来是共产党派来的奸细,这使我大为惊讶。此人系我在民国十七年负责筹备中国无线电商报时招考进来的职员,以我三年来的观察,相信他是一个不怕辛劳、忠于职守的干练青年,平日埋头作事,不问外务,沉默寡言,事情做得又快又好,这样一个循规蹈矩的模范职员,竟是共产党派来的间谍,我简直不相信自己的耳朵。报告顾顺章被捕的电报,就是他亲手译出,当面交给我的。当时我尚存万一之想,希望这个消息不是事实。但等到我派人去找,果然,就在前一天的早晨,他已悄悄溜走了。

徐恩曾，字可均，1896年生，浙江湖州人。

徐恩曾从中学到大学，一直是邹韬奋的同班同学。

邹韬奋说，徐恩曾"表面上看来是一位温文尔雅的白面书生，他无论穿西装或中装，都漂亮整洁，在学校时，他的房间布置得最整洁讲究……"然而，就是这样一个外貌斯文的南洋公学高才生，为了弄清"老同学、老朋友"到底是不是共产党人，竟然指派他的部下在邹韬奋的身后"跟了七年之久"。

■徐恩曾

徐恩曾在南洋公学读的是电机专业，邹韬奋记得他"毕业后到美国留学，读的也是电机，照理说，他应是电机工程师，但是回国后却钻进了特务部门。他是CC的亲戚，表兄弟关系，这也许是改业的契机"。徐恩曾在回忆文章里也说，他在美国康奈杰工业大学读的是企业管理，以"发展生产，建设交通事业"为"终身服务目标"，但在回国前"发生变化"，因"受一个已参加国民党的同学的劝说"，决定参加国民党，致力于"改革政治"。1925年，徐恩曾回国，1928年奉命建设国民党的第一座广播电台，又在国民政府建设委员会的主持下，负责在上海筹备建立中国第一座商用无线电台，继又筹备成立国际无线电商用电台。1930年初回南京，被湖州同乡陈立夫（时任国民党中央秘书长）相中，要他出面主持国民党中央组织部党务调查科。当他"明了这一任务的真正内容，就在对付共产党的地下活动，这又是一种前人未尝做过的新兴事业"时，马上有了"尝试兴趣"，一口"答应下来"。这一"答允"使他有了"消耗了十四年的生命时间"的"中统"生涯。

陈立夫晚年回忆道:"十六年清党之后,蒋公就要我在他所任部长的组织部之下,组织成立调查科,其主要任务为对付共产党的活动而制裁之。"(陈立夫,1994)他在另一场合还说:"在江西剿匪期间,吾方最重要之工作,为安定后方,使共党在各省之秘密活动,随起随灭,余为主持我方此项工作者,助余之高级干部大半为美国留学生,且多半为习自然科学及应用科学者。"(陈立夫,1977)

有人说,国民党的特务活动从其应运而生的第一天起,就是为了"对付日益猖獗的共党地下活动","铲除共产邪恶势力"。(许文龙,1996)而我则执着确信,"调查科初成立时并未把共产党作为主要斗争对象,但1930年以后,随着共产党在各地的活动日益频繁,二陈即感到有必要加强对付共产党的力量,决定在调查科内增设两个组,一是'特务组',除一般特务活动仍由采访股负责外,所有对共产党的调查研究、密谋策划,以及被认为属于最机密的情报搜集、破坏指导统统由该组负责。另一组是'言文组',主要任务是负责收集各省市的报纸、各种进步刊物以及国外的华文刊物。从政治、经济、军事、文教等方面分门别类加以剪贴,每日送到科主任那里并转部长参阅"。(杨颖奇、张万栋,1999)张国栋的说法得到了孟真的证实。孟真也是中统老人,曾经担任中统第四科科长、秘书、内调局主任秘书等。孟真在《中统与我》(1987)中说:"1928年2月,中国国

■陈立夫

民党中央执行委员会组织部增设了一个'调查科',这就是'中统'的前身。那时,国民党内派系林立,最大的一派,是改组派,首领是汪精卫,主要成员有陈公博、顾孟余、甘乃光等。活动范围遍及全国。由于汪在国民党内的声望和资历高于蒋介石,所以这一派的活动对蒋的威胁甚大。地方性派别也有许多,如山东有丁惟汾组织的'大同盟',河北有张清源、焦实斋领导的'实践社',这些小组织都不奉蒋介石为正朔,所以蒋要设立一个机构,经常注意它们的行动。"

事实上,1928年初,陈立夫走马上任,在调查科第一次全科会议上,就明确提出,调查科的首要任务就是调查党员的思想及派系隶属,收集国民党内异己派系的情报。而在接受专访、说到"中国调统机构之创始及其经过"时,他也将"国民党内部派系林立,诸多歧异","冯玉祥、阎锡山、李宗仁等,自恃功高势雄,拥兵自重,各立门户,表面上服从中央,实际则各自为政","各地小军阀,分立山头,仍行割据","国民党一党专政,以党治国,宣称党外无党,原来早已有之公开活动的各党、派,遭受取缔,纷纷改为秘密活动。而在北伐期间被打倒的军阀余孽,不甘雌伏,仍图死灰复燃",全都排在"南京清党、武汉分共,国民党和中共公开决裂,正面对敌。中共得到苏俄的卵翼支持,乘隙蹈瑕,到处活动,大事扩张,将成巨患"之前。

1928至1930年,为了各个击破各自为政的李宗仁、冯玉祥、陈铭枢、阎锡山、韩复榘和刘湘,陈立夫、张道藩、吴大钧、叶秀峰等人,不惜血本,大肆拉拢、收买利欲熏心的政客和幕僚,利用他们私下出卖的情报,给蒋介石的纵横捭阖、挑拨离间提供内幕信息。

1928至1930年，为了逐一战胜桀骜不驯的党内政敌，给"一个主义（披着三民主义外衣的法西斯主义），一个领袖（蒋介石），一个组织（蒋记国民党）"的实现铺平道路，陈立夫、张道藩、吴大钧、叶秀峰等人不是信口雌黄、罗织罪名、散布谣言；就是派卧底、养奸细、雇枪手、拼命诋毁、抹黑乃至肉体消灭邓演达、汪精卫、胡汉民和丁惟汾等。

　　当然，随着国内新军阀势力的分崩离析和国民党内异己派系的溃不成军，随着徐恩曾时代的加快到来，作为现代中国最早最完备最凶残的特务机关，调查科也就越来越以"对付共产党的地下活动"作为"调统"任务的"真正内容"。

　　徐恩曾以"反共斗士"自居，自称"消耗了十四年的生命时间"跟共产党"战斗"，不无"成功"，不无"辉煌"，不无"精奇巧妙的战斗经验"，却也不能不沮丧而又"惨痛"地承认，他也曾有"失败"的纪录。这纪录之一就是因为"徒看表面""变起肘腋"而栽在了钱壮飞手里。

二、铁三角

　　《事略稿本》第一卷中记载，1927年4月18日，"今日国民政府奠都南京，公出席国民政府成立典礼及市民庆祝大会"。

　　所谓"公"就是蒋介石。蒋介石出席南京政府成立典礼是在江苏省临时议会旧址，也就是丁家桥16号。1911年12月，中华民国临时大总统孙中山便由齐集那里的十七省代表选举产生。

　　南京政府甫一成立，丁家桥16号就又成了国民党中央党部的办公地。初创期的国民党中央组织部党务调查科只有十七八人,他们仅占用了国民党中央党部大楼二层西南角的几个房间。而徐恩曾入主后,则另住一栋中西合璧的小楼。这栋小楼位于中山东路中段北侧,紧挨着富丽堂皇的中央饭店。这栋小楼明明是一个特务机关,却偏要掩人耳目,在大门外挂上"正元实业社"的牌子。

"正元实业社"归徐恩曾亲自掌控,张国栋只去过很少几次。当时的张国栋初出茅庐,只是微不足道的助理干事。他从中央党务学校刚毕业,因为侥幸挤进"最忠诚可靠者"的行列,才被分到调查科见习。他跟王思诚、李熙元、钱壮飞等徐恩曾的亲信虽有照面,却一点不熟。

王思诚成为徐恩曾的亲信,是因为足智多谋、老成持重,被全科上下公认为"党派专家",各种"反共"文件大多是由他做最后修改或出自他的手笔。

李熙元成为徐恩曾的亲信,是因为他的履历与王思诚相仿,也曾经过政治警察训练,机敏过人。

钱壮飞成为徐恩曾的亲信是因为他既是徐的同乡,又是同庚。早在徐恩曾"在国民政府建设委员会的主持之下,负责在上海筹备建立中国第一座商用无线电台,继又筹备成立国际无线电商用电台"时就是徐的部属。

钱壮飞,乳名彬生,原名望达,又名壮秋、南飞、西溪、钱潮,1895年生,浙江湖州人。1908年进湖州府中学堂(一说浙江省立第三中学)求学。1914年与本地徐姓女子(名双英,乃父在马金巷开勇丰布店)结为夫妇,相继生下两个女儿,即钱叶丽和钱椒。1915年,钱壮飞中学毕业,经族亲钱玄同("国语运动"的倡导者和力行者,他热情支持胡适等人作新诗尝试,鲁迅的小说处女作《狂人日记》就是在他的劝说、鼓励下写成,并发表在《新青年》上)的帮助,考入北京医科专门学校,与大他两岁的张振华产生恋情。他们俩是医专同学,一个学外科,一个学妇产科。一个是吴越王钱镠、钱俶之后,一个出身安徽桐城名门望族。尽管钱壮飞的母亲不太喜欢张振华,不太喜欢她的天足,但志同道合的两人还是义无反顾地走到了一起。

1919年,钱壮飞和张振华医专毕业,双双悬壶济世,治病救人。张振华在天坛传染病医院和克美医院当医生,钱壮飞则在长兴街(《湖州市志》说是长安街)上挂牌行医,又去京绥铁路附属医院兼职,并在美术学校任教,讲解人体解剖学。

同一期间,钱壮飞还和胡底一起给光华影片公司当演员。

胡底,原名百昌,又名北风,化名胡马、裳天、伊於等,1905年生,安徽舒城人。1921年跳级考入合肥省立第二中学,1923年再次跳级考入北京中国大学(本名民国大学,孙中山创办,1913年建校,1917年易名,1925年从前门内迁西单牌楼大木仓郑王府)。1924年,经同学吴鹿鸣介绍,在安徽会馆内结识张振华及其弟弟张暹中(中共早期党员)。通过张氏姊弟,胡底又跟钱壮飞成为莫逆知己,一起在摄影机前又说又笑,又打又闹,充分显现伪装天赋。

众所周知,人类历史上的谍战可以一直上溯到盲乐师荷马笔下。

相传东方各部族的霸主特洛伊人与总称为阿凯亚人的希腊各强大部族,曾在爱琴海西岸进行了一场长达十年的恶战。阿凯亚人先是强攻,后是智取,在主动放弃的滩头阵地上留下一匹大木马,让特洛伊人作为战利品拖进城中炫耀。结果,那些躲藏在木马腹中的阿凯亚人配合卷土重来的海上舰队，终于一举攻破特洛伊人的王都伊利昂。

伊利昂之战使得"特洛伊木马"成了一个耳熟能详的专用名词，专门用来指代里应外合、出奇制胜的间谍行为。而里应外合、出奇制胜的间谍行为，在《孙子兵法》中又被解读成为"因间""内间""反间""死间"和"生间"，即充分利用敌人的远亲近邻、充分利用敌方的公务人员、灵活逆用敌方的特工、故意炮制散布虚假情报、并通过潜入敌营的我方间谍传给敌人、诱使敌人上当受骗以及力争生还报告敌情。也就是潜伏、卧底、无间道，在特定压力下，隐瞒自己的真实欲望，以伪装获利，包括刺探机密，窃得情报。

事实上，钱壮飞也好，胡底也好，早就都有伪装天赋。他们早在开始特工生涯之前，就已有了改头换面、以假乱真的体验。据钱壮飞的女儿、已故电影明星黎莉莉回忆，她跟她父亲当时住在平安里13号，一栋三层小洋楼里。平安里附近有个大红门，门里有一家光华影业公司和一个露天摄影棚。她父亲，还有在但杜宇的电影公司里干过的胡底，就在这个露天摄影棚里拍了一部武侠片《燕山侠隐》。

《中国电影发展史》（1963）主编程季华曾说，20世纪20年代中期，中国的电影市场很乱，武侠片也泛滥成灾，因为"当电影投机商人发现武侠影片能够迎合广大小市民的胃口，并且也为南洋片商所欢迎之后，武侠神怪之类影片便代替了曾经风靡一时的古装片而大大流行起来"。那些武侠片"有的用正片代底片进行拍摄，有的到旅馆里开一间面南的房间，把演员带了去化妆，对光开拍，既不要搭布景，又不用租木器，所费不过三五元，一摇就是两千英尺，再雇几个临时演员，多拍一点外景，十天半月，一部电影已经拍完。有的甚至雇用几个模特儿,表演一点曲线美,再加唱春小调、本滩杂耍,大登广告,拼命宣传,诸如此类,真是千奇百怪,无所不有"。

《燕山侠隐》则独辟蹊径,反其道而行之。钱壮飞带上全家参加表演。妻子张振华演母亲,黎莉莉演妹妹。有一场戏,做父亲的要赶儿子出门,做母亲的死活不让,抱着不放,泣不成声。妹妹也一样,也要拽住哥哥,不让他走,没命地哭。可是,黎莉莉哭不出来,反而笑。她觉得她拖的是爸爸,嘴里却要叫哥哥,太可笑了,以致这场戏颠来倒去,反反复复,拍了好多次,就是不过关。张振华急了,生气了,当场打了黎莉莉。这一打,黎莉莉真的哭了,戏就拍成了。大家又都夸黎莉莉,小小年纪有出息。

对于父亲,黎莉莉还记得他"沉默寡言,看上去很严肃,除了和朋友来往交谈,很少和孩子们说话",但"很喜欢写字、作画、刻图章和画彩蛋。他对艺术有广泛的兴趣,非常专注,而且有创造性。印象中最深的是写对联不用普通的笔,而是用外科夹剪夹起一块药棉,蘸上墨汁当笔写字,那笔迹和毛笔写的不同,大家

■ "龙潭三杰":李克农、钱壮飞、胡底

都喜欢"。（黎莉莉，2001）

1925年，张暹中先介绍姐姐入党。1926年，张暹中又分别介绍姐夫钱壮飞和胡底入党。

1928年春，钱壮飞与胡底一起南下，来到上海，通过报上刊登的"招聘启事"觅职谋生。同时，有一搭没一搭地试镜上戏。整天客串这样那样的群众演员，跟在大牌影星的身后团团转，让演什么演什么，直到在一家影业公司的摄影棚里邂逅了同样喜爱表演、懂得表演、演啥像啥的李克农。

李克农，别名稼轩、曼梓、峡公、天痴、震中、泽田、中禾，1899年生，安徽巢县人，接受过中等教育。1919年任安庆市《国民日报》副刊编辑，1921年任六安县政府二科科长，1926年加入中国共产党，1928年到上海，与钱杏邨（阿英）等人，一起在北四川路（今四川北路）中共春野书店支部过组织生活。同年秋，与潘汉年联手创办小报《铁甲车》，再任中共沪中区委宣传委员。

李克农、钱壮飞、胡底，一见如故，相见恨晚。这在李克农的自传及生前谈话中有确切记载。李克农说："1929年先后与钱壮飞、胡底相遇，他们均是北平'南社'成员，亦为躲藏敌人追捕来沪，当时我们均无职业，从报上见到无线电训练班招生的消息，就向组织报告能否去考。江苏省委、特科、顾顺章均认为这是打入敌内探取情报的好机会，要去考。钱先去了，他的字考第一，以良好成绩被录取。"

这里还有一个背景，1927年12月31日，也就是这一年的最后一天，中央特科二科（情报科）尚未正式成立，中共中央在《中央通告第二十五号——对国民党的工作》中明确指出："经过党部的决议，得派遣一二个极忠实的同志到国民党党部以及某种反动机关做侦探和破坏的工作。但必须限于这两种作用才可派遣。"1928年5月25日，中共中央在《中央通告第五十一号——军事工作大纲》中再次强调，"关于军事的各种特务工作，军委须随时注意计划进行"的同时，特别要求"侦探调查工作亦应有系统有计划的进行，应设法派同志到反革命军政机关作各项工作，以获得各项秘密文件材料"。

作为"有系统有计划"的"侦探调查工作"的一部分，钱壮飞率先进了上海无线电训练班。

钱壮飞考入上海无线电训练班后不久，引起了时任建设委员会无线电管理处处长徐恩曾的注意。这个训练班正是徐恩曾主办的。徐恩曾非常欣赏钱壮飞的才干。因此，当徐恩曾升任上海无线电管理局局长时，钱壮飞就被他带去委任为该局秘书。

1929年4月，钱壮飞随徐恩曾去杭州主办西湖博览会。

钱壮飞之孙钱泓说："爷爷是著名的西湖博览会的设计者和操作者，当时很轰动，是中国从来没有举办过的大型博览会，艺术上也是极高明的。这个博览会引起了陈立夫的重视，爷爷也因此博得徐恩曾的信任。"

从此，徐恩曾将钱壮飞留在了自己身边。钱壮飞乘机介绍李克农进上海无线电管理局任广播新闻编辑。李克农的儿子李力说："那时候考试，公开招考，就要写文章，写字要写得好，所以我父亲就练字。而且要写文章，要考三民主义、科学常识，还有古文。我父亲就关起门来准备，买了书，记了一些条文。结果考得不错，被录取了。"

说到父亲，说到那些我党隐蔽战线上的无名英雄，李力的最大感慨是:"中国革命源远流长,情况很复杂。我能说的,只是其中很小很小的一部分。有些还没有解密,有些就根本不知道。就算是'龙潭三杰',现在是家喻户晓。可是我们,李克农的子女,过去并不知道。父亲守口如瓶,母亲也不说。后来,父亲去世了,开追悼会,周恩来修改悼词,亲笔加上去了,我们才知道有这么一段……"

继李克农之后,胡底也通过钱壮飞的关系,进了上海无线电管理局,转入调查科,成为徐恩曾进行"严肃而神秘的政治斗争"、全力"对付共产党的地下活动"的主力军。

徐恩曾让钱壮飞坐镇南京,以他机要秘书的身份,兼任正元实业社的指挥机关长江通讯社和它的掩护机关民智通讯社的负责人。

徐恩曾又要李克农留守上海,主持以无线电管理局广播新闻为掩护的情报机关。

他还要胡底去天津担任长城通讯社社长。

徐恩曾的如意算盘就是形成一个遥相呼应的"铁三角","使共党在各省之秘密活动",一如陈立夫所说,"随起随灭"。他做梦也没想到,钱壮飞的真实身份竟是中共党员。李克农、钱壮飞和胡底都是中央特科的重要成员。他们不是徐恩曾对付共产党的"铁三角",而是共产党对付徐恩曾的三把尖刀。

李克农说:"这工作干了一年多,全部掌握了,取得信任。我们了解到,二陈、徐恩曾搞的这个组织,就是国民党内创办的KK组织,即CC组织。我们把这一情况报告组织,当时有两种意见,一种是进一步打入CC内部,了解其全部机密;一种是不要进去。周恩来同意我们进去。他说:'你们拿过来吧!'(意控制这个特务机构)为加强领导,中央特科由陈寿昌、李强、陈赓同我们联系。1930年春，将我们调特科工作，由顾顺章直接领导，陈赓联络。从此，CC组织的机密逐渐为我们掌握。……当时我们处于地下，是隐蔽的，成天在那里研究敌情，与敌人进行针锋相对的斗争，而敌人是暴露的。另外，他们缺乏人材，我们就抓住时机打进去，敌人在上海、南京、天津建立的侦察点都控制在我们手里。要入污泥而不染。有时接头的地方是鸦片烟馆。一般人以为这是共产党不来的地方，就专门找这种地方接头。又比方说，可以找科长之类的人物来赌钱、抽头。聚赌是有好处的，如果他们在这种场合发现了我们的事，也可以用钱来收买他。女同志那时有时要当太太，有时要当保姆。恩来同志的岳母、夏娘娘、我妻等，都住过机关。李强、刘鼎都当过大少爷，既会骑车又要会开车，有时开会租大公馆，或开旅馆，如会期稍长，'客人'则多留几天。住的虽好，吃的就不行了，有时候连供应普通饭都成问题。"

李力至今记得孩提时代，一旦家里揭不开锅，父亲就只能扒下身上大衣去当铺。那是一件半新不旧的大衣，当不了几个钱。但李克农当了赎、赎了当，就靠那几个钱应急，换一大盆盖浇饭回来，一家子分了吃。

三、只要不死，就会看到他叛变

说到"共党在各省之秘密活动"，当时最令徐恩曾头疼的就是中央特科，就是周恩来和顾顺章。

周恩来是我党隐蔽战线斗争的创始人和领导者。正是在他的直接领导下，中央特科以革命的两手反击反革命的两手，英勇保卫了中共中央和各级组织的安全。

顾顺章是周恩来的副手。用蔡孟坚（时任国民党中央组织部调查科武汉特派员、两湖调查员、陆海空总司令武汉行营侦缉处副处长）的话来说，就是"顾不仅系周匪同级亲信，其实等于周匪化身"。（蔡孟坚，1980）

徐恩曾也说，"共产党的地下活动，不能离开红色特务的支持和保护"，"红色特务"中的"天才家"就是顾顺章。顾顺章"聪明、机警和技巧都是高人一等，因此造成了他的特务工作的卓越才能"。

顾顺章，原名顾凤鸣，又名黎明、张华，江苏宝山（今上海宝山）人（蔡孟坚说"江苏浦东人"），1895年（一说1907年）生，1924年入党，"此后被派到广州"，"在那儿他成为'行动干部'，担任鲍罗廷的警卫"。（魏斐德，2011）

魏斐德在《上海警察（1927—1937）》（2011）中说："鲍罗廷安排顾顺章在1926年10月到符拉迪沃斯托克（海参崴），接受了系统的特工和武装起义的'格伯乌'训练。1927年，顾顺章在上海工人三次起义中担任工人纠察队总指挥。"顾顺章被上海市民代表会议推选为执行委员和上海市政府委员，之后"转入地下"，"由周恩来直接领导"，在"中共与国民党公开分裂"的大格局下，"为党的领导提供'政治保卫工作'"。

魏斐德的说法从徐恩曾而来。徐恩曾说："国民党清共以后，共产党转入地下活动，顾顺章在周恩来的直接指挥之下，组织'红队'，负责保卫共产党的地下总部，以制裁反叛党徒。"魏斐德也说，顾顺章"能从成打的、不同国别的警察眼皮底下神不知鬼不觉地活动，富有传奇色彩。他的暗杀手段远近传闻，据说他能开枪听不到声音，掐死人而不留下一丝痕迹。那些年里，只要提到干'湿活'的'小顾'，人们就会谈虎色变"。

张国焘在《我的回忆》（1991）中写道："顾顺章一直主持中共中央的特务部，归周恩来指挥，是周的得力助手。顾顺章原系上海南洋兄弟烟草公司的工人，青帮的活动分子，五卅运动时即系工人领袖之一；一九二七年上海工人三次暴动，他任工人纠察队总队长，周恩来曾一度任顾的副队长；此后，周经常是顾顺章的领导者。"

张国焘还说，他是在"五卅"时认识顾顺章的，很"欣赏"顾顺章的"能干"。不过，他又觉得"他的仪表谈吐，多少有些海派气味"。

徐恩曾对顾顺章的介绍更为具体、生动。他在回忆文章《我和共产党战斗的回忆》（1992）中说，顾顺章年"约二十八、九岁，上海人，中等身材，是一个外形很结实的中型胖子，他具有高超的表演天才，所演的魔术，手法巧妙，极博得观众的喝彩。他的另一杰作，是那惟妙惟肖的化装术，他每次登台，总是扮成一个高鼻子、小胡子的西洋绅士模样，从未曾以庐山真面目示人（这一点，大家初未注意，殊不知其故意如此，以防有人识破），他除了表演魔术之外，更擅长交际，说话很有风趣，处世经验丰富到和他的年龄不相称的程度，人情味很浓厚，善于揣摩人的心理，对人的态度，永远是那么和蔼、诚恳，而使人乐于和他亲近。他自己不常出门，但来访的人很多，身份很杂，九流三教，无所不有"。

顾顺章时任中共中央政治局候补委员、中央特务委员会（中央特委）成员，具体分管中央特科。顾顺章虽有他对敌斗争坚决果断的一面，却另有其专横跋扈、居功自傲的一面。因此，陈赓虽然与顾顺章一起工作，一起干着党的政治保卫工作，却"对他十分看不惯"。陈赓的儿子陈知建（重庆警备区原副司令员）曾对我说："我父亲是正规军校毕业生，参加革命以后，经过了多次考验，信念、理想很坚定。顾顺章不是。他是拉帮结派，用他手下的一帮打手，老是喜欢搞一些极端的个人恐怖行动。这一帮人心狠手辣，特别愿意和那些流氓团伙、青洪帮交往，完全不像共产党。因此，我父亲对党内同志多次说道：'顾顺章的世界观不对，和我们不对路。我们只要不死，就会看到他叛变。'"

陈赓不是平白无故说狠话。顾顺章是他的上级，又是党的高级干部，只是他的所作所为，实在无法让人尊重他、推崇他、敬仰他。

"红队"是中共的武装力量，顾顺章却来者不拒、招降纳叛，大肆收罗黑道上的亡命之徒。

有一次，天蟾舞台老板顾竹轩与另一家戏院老板常春恒火拼，请顾顺章出场，顾顺章便带领他的部下帮顾竹轩打死了常春恒。

更严重的是，中央特科正式成立前，确切地说，1927年11月10日，中共中央就已在临时中央政治局扩大会议上讨论通过的《职工运动决议案》中提出严重警告，严厉批评"浙江省委、山东省委中的一部分同志以及上海的一部分同志"热衷于"军事投机"，"迷信暗杀万能"，"根本上"是"机会主义的余毒的爆发"。如不"肃清"，"则我们党终久不能深入群众而要被群众唾弃"。顾顺章却是满脑子的烧杀抢掠，甚至想用几大皮箱日本军舰上搞来的炸药炸了当年上海第一有名的"一品香"。

顾顺章本人还腐化堕落，嫖妓吸毒。

周恩来要他悬崖勒马，说私生活的腐化堕落完全违背共产党人的道德准则。但他口是心非，阳奉阴违，背着周恩来依然挥金如土，醉生梦死。他的胡作非为，不能不让周恩来痛心疾首。

顾顺章竟敢把自己凌驾于党之上。他认为，是党需要他，而不是他需要党。他的口头禅就是："中央的任何大事都不能没有我顾顺章。"

他的狂妄决定了组织上不能不当机立断、调兵遣将，一边调整中央特科内部的人员结构，一边将聂荣臻派到顾顺章的身边。

聂荣臻说："调我到特科的意图是，为了从政治上加强特科。中央发现顾顺章吃喝嫖赌抽大烟，样样都干。他把这些特科工作的掩护手段，变为追求个人享受的目的，日益腐化堕落，引起了党的警惕。顾顺章这个人过去耍魔术，在上海开过一家魔术店，是个流氓无产者。他在党内掌握了一部分权力之后，就趾高气扬，胡作非为。当时还没有想到他会叛变，只是感到，如果放任他这样下去，会出问题。调我来，就是为了约束他的放荡行为。"（聂荣臻，2007）

顾顺章觉察到了组织上调聂荣臻来中央特科工作的用意，很不高兴，就百般刁难聂荣臻，给他穿小鞋。他明明知道聂荣臻从国外回来，没有隐蔽斗争经验，又不熟悉上海的社情民意，还是要派他出去除叛徒，让他随时面临掉入敌人圈套、被那些暗中保护叛徒的租界警探、国民党特务捕获、杀害的危险。

聂力说："顾顺章让我父亲负责搞行动，就是想看看我父亲这个知识分子行不行，敢不敢下手杀叛徒。那是一段血腥的历史，说起来很残酷，但是，那个特定的条件下，不是你死就是我活，你不下手敌人就会对你下手，不干也得干，也是没有办法的事情。"

聂力是聂荣臻的女儿，1930年9月生于上海。换言之，她自己就出生在那样一个嗜血年代、恐怖时分。回顾以往，她总是说："关于我小时候的生活，都是我长大后母亲、父亲以及周恩来伯伯、邓颖超妈妈、刘伯承伯伯等人告诉我的。我把那些线索串起来，试图恢复它本来的面目。我所看到的就是压抑和窒息。对于地下党员来说，白区就是地狱，他们就是和魔鬼打交道的人。"

聂力于1950年入党，1960年参军，历任国防部第五研究院工程组组长，七机部十三所仪器室主任，国防科工委副主任、党委常委，国防科工委技委副主任暨秘书长、党委常委，系中国人民解放军中将。

聂力说："顾顺章本来也是和魔鬼打交道的人。他应该带着他的战友去消灭那些与人民为敌的魔鬼。没想到，结果却是同流合污，他自己变成了人民的敌人，变成了魔鬼。"

四、化广奇

1931年4月1日凌晨，张国焘、陈昌浩、沈泽民等人由顾顺章、董健吾等人护送前往鄂豫皖苏区。顾顺章先是让张国焘化装成普通商人，让陈昌浩装扮成张国焘的伙计，然后由中央特科的同志开上出租车，直驶杨树浦码头，上了一艘"野鸡船"，神不知鬼不觉地离开了上海。

4月4日下午，张国焘一行抵达武汉。按照顾顺章的叮嘱，趁暗探们吃饭时间，悄然上岸。

张国焘说："我和陈昌浩各提着简单的行李，走出码头的时候,天已近黄昏。码头外的要道上,有一个年轻人手里拿着一张当天的报纸,向我们投射了一个暗号,这就是顾顺章派来接我们的。"

4月8日上午8时许,张国焘、陈昌浩、沈泽民等人跟着鄂豫皖苏区方面派来的交通员离开武汉,前往苏区。按理说,顾顺章的护送任务已经完成,理应马上返回上海,但他突然找借口,依然逗留不走。董健吾觉得蹊跷,劝他说:"我们还是早点回上海吧。"顾顺章说:"不,我们要留在武汉演出魔术。"

关于顾顺章擅变魔术,夏衍在《懒寻旧梦录》(2006)里曾说道,顾顺章"在现代史上,倒真可以说是一个典型的流氓无产阶级,一个传奇式的人物。他当过工人,入过青帮,又会'变戏法'(魔术),一时还被叫作和莫悟奇齐名的'化广奇大魔术师'在汉口、上海演出过"。

顾顺章到底在汉口变过魔术没有?

1931年4月下旬,顾顺章将张国焘、陈昌浩、沈泽民等人送走后,到底有没有"在汉口达智门车站附近的法租界德明旅馆住下来,仍用'化广奇'的艺名,到新市场游艺场公开表演魔术"?(王光远,1999)

顾顺章到底为了什么要"以黎明魔术团作掩护,在汉口登台演出,表演魔术一些时日"?

董健吾的女儿董惠芳说:"顾顺章知道我父亲在圣约翰大学读书时跟一个美国魔术大师叫布特伦的,学过魔术,所以他要我父亲做他的配角,在汉口演出。我父亲说:'任务完成就回去汇报,不要搞那些东西了。'顾顺章叫他不要一本正经,大惊小怪。我父亲说:'这怎么是大惊小怪?你公开演出,抛头露面,就不怕出问题?'顾顺章大笑不止,根本就不把我父亲的话放在心上。"

当时董惠芳年逾九旬,在养老院里安度晚年,我跟她的访谈也是在养老院里进行的。如此优雅老人,真是少见。一脸甜美微笑,对面坐着,慈祥而又宁静,端庄而又温婉。她身后的墙上,挂着一大张泛黄的照片。那是宋庆龄和她的合影。那是大半世纪以前的事。那时,她在她父亲和宋庆龄之间当小交通。她尊称宋庆龄为"二阿姨",宋庆龄昵称她为"小露茜"。

穆欣说,顾顺章"借口搞交通线,滞留在汉口,住在汉口离大智门车站不远法租界的德明饭店,进行个人活动。他擅自用'魔术家化广奇'的艺名,在新市场游艺场公开表演魔术。并在街头大贴广告,以广招徕"。

顾顺章"白天化名化广奇在新世界游艺场演魔术,晚上便与汉口最有名的交际花白小姐鬼混"。

董健吾生前曾说,他亲眼见过那"一个身着白衣、白帽、白高跟鞋的时髦女郎","说是在舞场认识的舞女"。"事后党组织派人前往汉口调查,始悉穿白衣女郎系特务。"

蔡孟坚根据顾顺章的《自供》说,此"交际花"只是顾顺章"住大智门大智旅馆,化名为化广奇","以黎明魔术团作掩护","登台演出表演魔术"期间,"勾引"的"汉口几位交际花"中的一个。

至于顾顺章带"一个演出班"在武汉"演出""持续了几个月"的"起因",魏斐德则利用他所掌握的中统档案,坚持说是"企图刺杀蒋介石"。

魏斐德说:"1930年江西反共的'剿匪'开始后,蒋介石到了武汉。12月,顾顺章接到李立三为首的中共中央的命令,率领一支红队到武汉刺杀蒋介石。"顾顺章"在舞台上穿着西服,装着大鼻子和小胡子。演出很成功,尽管演出持续了几个月,但除了演出,很少离开他在太平洋饭店的房间。而每天来拜访的人却川流不息,其中还有一些共产党嫌疑人和一些高级国民党人员。这些来访者吸引了国民党武汉绥靖公署行营侦缉处副处长蔡孟坚的注意,他把顾顺章作为'与共产党接触的人'监视起来。蔡孟坚把照片送到南京特别调查局总部,看看是否有人认得他,回答说他实际是可怕的中共红队负责人顾顺章"。(魏斐德,2011)

五、刺杀蒋介石

1930年11月12日至18日,国民党中央三届四中全会在南京举行。会议是在蒋(介石)、阎(锡山)、冯(玉祥)中原大战结束后召开的。会议所通过的宣言以"匪共之祸不除,人民咸逃死之不遑,社会秩序将成迅速崩颓,而贻举国以莫可收拾之大患"为由,将"划共剿匪""确定"为"施政急务"。

12月7日,蒋介石偕同江西省主席兼陆海空总司令南昌行营主任、第九路军总指挥鲁涤平、湖北省主席兼陆海空总司令武汉行营主任何成濬等抵达南昌,当晚即与国民政府军政部长何应钦、第二军军长兼第八师师长、第六路军总指挥朱绍良等密谋联络湘、鄂、赣、闽等省,"分进合击、长驱直入",协同"剿共"。

次日,江西省政府依照蒋介石的命令,在永丰、乐安、吉安三县成立了三个"剿共"清乡委员会,以谭道源、张辉瓒、罗霖三师长分任主席委员,厉行"剿共",清查户口。

同时,第九路军向永、吉、乐三县交界之东固红军根据地包围,十九路军由赣西出赣南,六路军由赣东抄出赣西南,向红军朱（德）、毛（泽东）、彭（德怀）、黄（公略）各部形成一个大包围圈。

12月9日，蒋介石在南昌召开军事会议，讨论"围剿"江西红军根据地有关军队配置的联络"剿共"之经费及肃清之期限等，决定限一个月恢复各城池、两个月肃清红军，是为第一次"围剿"之开始。

同日，蒋介石还令南昌行营印发"误入共党之官兵临阵归来办法"数万份，由空军携往红区散发，内称："士兵带枪来归者，赏三十元；带梭标者，赏十五元；带机枪一架者，赏五百元；带炮一尊者，赏一千元；并悬五万元赏缉朱、毛、彭、黄。"

12月15日，蒋介石又在庐山召集军事会议，讨论"剿共"计划。

12月16日，"围剿"军总司令鲁涤平督率各路"围剿"军，向江西红军根据地中心区发动全面进攻，一举占领西起江西万安、泰和，东至福建建宁一线。

蒋介石喜出望外，决定从庐山下来就率吴稚晖、周佛海、邵力子、陈布雷等人前往武汉共祝"讨逆胜利"。

蔡孟坚说，蒋介石"预定巡视武汉，武汉各界筹备举行讨逆胜利大会，不料共党乘机渗透，混入筹备会工作，进行危害。在蒋公莅临武汉前数日的某日下午，忽然据报已截获一个重要共匪夏华（抑名华夏，此时难以记清，系四川人），在严讯间表示愿意自首，须迳见我方高级负责人，报告重要案情。我即刻传见夏华，单独谈话。他说：'隔数日武汉军民将在汉口总商会（位于中山路边系彼时汉口附有大礼堂的大建筑）举行欢迎蒋总司令讨逆胜利大会，该大会筹备工作，完全是他们把握一切安排全权。事务人员多属共干，对缮写通知书与制发出场证，几由他们（共匪）包办。共党已组织二十四个组，每组五人，一律携手榴弹参加，预定在蒋总司令莅临讲台时，台下共党一齐向台上投掷手榴弹，如果不信，我即将那些参加筹备欢迎的共党名字住址写出，捉来审讯，即可破获全案，并查出炸弹所在。'这一供词，实骇人听闻。我当即采取行动，按图索骥，全案破获无遗"。

蔡孟坚还说，"在审讯危害领袖蒋公的要犯中，有七人（内女犯二人）请求立功赎罪，坚求自首"，尤崇新就是其中之一。他"先是匪党江苏省委，后调任汉口市委"，曾在狱中"咬破指头，写血书请求"。蔡孟坚就"派员随尤某去街头到处游弋，续行指认匪共"。结果，在"汉口特三区（以往英租界）小高尔夫球场前发现彼曾一度追随在上海暴动的总指挥顾顺章（被捕时年31岁）与另一共党在街头接谈，尤某认定确实，大呼'暴动总指挥'，顾自知无法否认，即从容就逮"。

蔡孟坚和盛岳的追忆，大同小异。

盛岳，原名盛宗亮，又名伐樵，曾在莫斯科中山大学学习和工作。在苏联住了六年，1933年1月回国，曾任中共上海中央局书记。

盛岳说，康生告诉他，"顾的被捕纯属偶然"。"在他被捕前两天，武汉警备司令部抓到了一个共产党员，他们威胁他，不说出在武汉的一个秘密中共代理人或机关就要他的命。可是这个可怜虫所提供的中共地下地址，在他一被捕时就都转移了。于是，警备当局出于这样一种希望，他也许会碰上几个同僚，便带他到汉口的大街小巷去转。他们在一条街上遇到了顾顺章。犯人马上确认了他的共产党员身份，警备司令部的官员当即加以逮捕。"

然而，许文龙《中共特工》（1996）中告诉了我们一个异样的故事。

国民党士兵端着上刺刀的步枪轮番冲锋，最多一次达五十多人。黄宅小房的每一块砖瓦都成了他们进攻的目标。

面对十倍、百倍于自己的敌军，屋内二勇士凭着充足的弹药，顽强地抵抗着。

每当敌人一阵嚎叫冲过来，迎接他们的都是冰雹一样的手榴弹，二勇士越战越勇，后来竟以集束手榴弹回敬敌军。爆炸声在敌群中接二连三地响起，敌人的惨叫声不绝于耳。

枪声、爆炸声此起彼伏。被枪弹打着的民房和建筑物，熊熊燃烧，整夜满街道都是火光，如同白昼。滚滚的浓烟窒息呛人，四周的墙上溅着血肉，路边沟里倒卧着敌人尸体。

在屋内的黄炎、金石坚二勇士，这时已身受重伤，就连投弹的力气都没有了。

黄炎艰难地爬到金石坚的跟前，说："老金，咱们是够本了，这些剩下的手榴弹也决不能落在敌人的手里。"

金石坚还是那样点着头。"放心，我们要以今天的牺牲，唤醒那些被压迫的劳苦大众。"

屋外的敌人又一次发起进攻。

浓烟滚滚，烈焰腾腾。月亮都被炙烤得受不了了，悄悄躲进云层的后面。

火光映照着两张没了模样的脸膛。

起来，饥寒交迫的奴隶，

起来，全世界受苦的人，

满腔的热血已经沸腾，

……

偽陸海空軍總司令武漢行營偵緝處處理案件一覽表

被捕人姓名	逮捕日期地點	主辦人	處理經過	備註
尤崇新	一九三一年四月	蔡孟堅	辦理自首後任用	在中山大道金城銀行門前路上捕獲
岑九片	一九三一年七月	余海山等	仝右	
化光奇 即顧順章	一九三一年八九月在江漢關江邊途中	周大烈 陳立夫	由蔡孟堅搭江新輪押解南京交由陳立夫張道藩轉送偽陸海軍總司令部	
張春記	一九三一年	蔡孟新 黃凱	辦理自首後任用	
胡宗瑞	一九三一年	蔡孟堅	仝右	
周海山	一九三一年	蔡孟堅	仝右	在新世界飯店樓住處搜出名冊一本當時附卷解送
鍾玉晴	一九三一年	蔡孟堅	仝右	
魏文祥	一九三一年	蔡孟堅	仝右	本名劉春芳 日期不記

■ 在这份旧档案上名列第一的尤崇新（本名游无魂），在叛变投敌、出卖顾顺章之前，历任中共沪中、沪东区委书记、行委书记

两张喉咙同声唱。

突然一声震耳欲聋的爆炸声响起,霎时,黄宅土崩瓦解,一时间,火光冲天而起,不久便燃起熊熊大火。

这巨响,这大火,深深地震撼着汉口城的居民们,以至多少年以后人们对此还记忆犹新。

黄佑南"继夏华之后成了第二个可耻的叛徒"。"黄佑南的叛变使中共湖北省委遭到了很大的破坏。省委书记夫妇双双被敌人逮捕,他们二人坚贞不屈,均被杀害。""蔡孟坚会同租界巡捕房在汉口法租界逮捕了这一事件的组织者之一尤崇新。尤在特务们和叛徒们多方威胁利诱之下,说出了汉口地下党组织的情况。""由于中共在湖北的地下组织连连被破坏,中央责成中共政治局委员、特科负责人顾顺章于1931年4月前往汉口查清此事。"顾顺章到了汉口,"并没有着手查清地下党组织被破坏的事,而是一头钻进了情妇翠花的家"。

春夜,在汉口大智旅馆的一间客房,门窗紧闭。夜已深,一束乳白色的灯光照耀下,桌上杯盘狼藉。体格健壮的顾顺章借着酒兴,将身上敞开的白衬衣一脱,露出满身的疙瘩肉,胸上黑黝黝的胸毛根根直立。他上前一把将情妇翠花拦腰一抱,就势在她的香腮上啃了一口。"乖乖!"他说,"想死我了,现在……"

次日,顾顺章带翠花去了祥泰金楼,出来时翠花的手指上多了一个金灿灿的大戒指。翠花突然说:"我有点饿了,我想吃棒棒鸡。"顾顺章不耐烦地说:"姑奶奶你让我上哪给你去买棒棒鸡，就在这附近吃点得了。""不嘛，我就要吃棒棒鸡，其实离这不远的江汉关轮渡码头那就有，你给我买嘛！""你怎么不早说呢？走吧！走吧！"顾顺章拽着翠花直奔江汉关轮渡码头。

这时，尤崇新这个叛徒，也混在码头周围的人群里，他戴了一顶破礼帽，将帽沿戴得低低的，身后尾随着七八个特务，正在江汉关轮渡码头附近行走。突然一个女人的笑声传来，他无意中望了一眼，使他的眼睛亮了起来。

使他眼睛亮的，并非那个女人，而是站在那个女人身边粗壮的汉子。那不是中共政治局委员、特科负责人顾顺章吗？这可是一条大鱼。尤崇新急忙大呼："就是他！"

这个叛徒为了引起特务的注意，接着又喊道："他是上海暴动的总指挥！"

特务们顺着尤手指的方向，直扑顾顺章。顾顺章会些拳脚，便与他们厮打起来。他刚打倒两个特务，突然一个大个子将他拦腰抱住摔倒，顾从裤腰处抽出匕首给了他一刀，那家伙惨叫一声，松开了手……

顾顺章去汉口之前，就已从周恩来的口中知道了尤崇新"被捕叛变"。

周恩来似对顾顺章依然不放心，沉重地说出原沪西区委书记尤崇新调到武汉不久即被捕叛变，他天天领着敌特警察走街串户，抓捕共产党人，给武汉的党组织造成了很大威胁。最后又关照："顺章同志，尤崇新和你很熟，一旦在公众场合相遇……"

"这正是我求之不得的机会，"顾顺章冷笑了一声，"到时，我就让他知道马王爷有三只眼!"

"不准蛮干!"周恩来几乎是下意识地反驳,随即,他又近似下达命令地说道,"你一定要记住:快去快回!"

"是!"顾顺章颇有情绪地答说。

六、对付共产党的大计划

顾顺章的被捕是在1931年4月24日下午。

蔡孟坚说,顾顺章束手就擒时,"态度镇静,带他到住的大智旅馆,收拾行李,首先要求见蔡孟坚,他说:'我知道,蔡是武汉对付共党负责人。'我即传顾来见。"

顾顺章被带到武汉行营,见到了蔡孟坚。

蔡孟坚说:"我们虽未见面,但我知道你,你也一定知道我。"

顾顺章说:"不光是你,全国各地特务机关的头子我都知道。"

蔡孟坚冷冷地回答:"既然如此,那就打开天窗说亮话。你我彼此为人都知道,一切用不着多说。要生,便说出你所知道的一切;否则,你这个身份,对你来说只有死路一条。"

顾顺章淡淡一笑,一脸不屑。

蔡孟坚递了一支烟给他,又掏出打火机,帮他点着。他仰脸吐出烟圈,也不言谢。蔡孟坚又敬他茶,他依旧一言不发。

顾顺章越是沉默不语,蔡孟坚越是不动声色。他知道,对于顾顺章这样的大人物,必须要有足够的耐心。

顾顺章终于转过脸来,重新看了蔡孟坚一眼,又开口了,但是这一开口,态度却变得愈益骄矜、蛮横。

顾顺章说:"我有对付共产党的大计划,请你速安排本人晋见总司令蒋公,我将当面陈情。"

蔡孟坚说:"我将引你见行营何主任。"

顾顺章说:"他见了也不过说同样的话。"

蔡孟坚很想发火,却又忍住。他知道顾顺章并不是外强中干,虚张声势。他有他的优势,有他的资本。他在共产党内的独特身份,决定了他完全可以讨价还价,提出各种苛刻条件。

蔡孟坚即向何成濬报告。何成濬说,他不想见顾顺章。两人商量决定,分别向南京电告顾顺章被捕自首,要求蒋介石接见。

何成濬还指示蔡孟坚,"即晚"除由他"派数名干部"外,"另派宪兵一排乘专轮押送顾顺章赴京"。

蔡孟坚将何成濬的决定转告了顾顺章。顾顺章也就要了纸笔,当场写下几个我们党在武汉的秘密联络点以及红二军团在武汉的办事处。

顾顺章说:"我给你写出来,这就说明我已有归顺政府的诚意。"不过,他又特别叮咛道:"你们暂时先不要动这些机关,等我到南京见了蒋总司令之后你们再动。"

为了进一步证明自己的诚意,顾顺章还供出了董健吾的行踪。

董健吾是他派人买的船票,又派徒弟送上"建国"轮的。他并不知道,董健吾在"建国"轮离港前最后一刻,改乘了两小时后启航的"洛阳"轮。

当晚11时20分许,董健吾搭乘的"洛阳"轮驶近九江码头,几乎赶上先开两小时的"建国"轮。董健吾披衣起身,走出船舱,上了甲板凭栏远眺,正好发现码头上警笛乱鸣,人声鼎沸,如临大敌的大批军警,团团围住了刚刚靠岸的"建国"轮。

"洛阳"轮的船长见九江码头如此混乱不堪，自己船上又没有旅客中途下船，就临时决定，不再进港，径自向长江下游驶去。

董健吾侥幸逃过了反动当局的抓捕，没有成为顾顺章叛变的牺牲品。

几乎同时，顾顺章则被蔡孟坚的部下以及一排武汉行营的宪兵，押送上了另外一艘直航南京的货轮。

临行前，顾顺章再次关照，一定不要将此事先行通知南京。

但是，蔡孟坚还是我行我素，连续向国民党中央组织部党务调查科主任徐恩曾发出六封加密电报。（钱江说是七封电报。他在《七封绝密电报》里写道，第六封电报内容是"徐主任左右有共产党分子潜伏"，第七封电报内容是"已改用飞机押送顾顺章来京"。）

七、地图被小刀划出大叉

加密电报一封接着一封到了南京，正在代徐恩曾在南京中山东路5号正元实业社值班的钱壮飞，却无法按照惯例及时送交他的上司手中。

因为他的上司公私兼顾，不在南京。

徐恩曾每个星期六都有回上海销魂的习惯。

钱泓说："徐恩曾是个好色之徒，每个星期六回上海，找他的情妇'密斯王'幽会。"

所谓"密斯王"就是王素卿。王素卿容貌漂亮，体格健壮，但性情泼辣，贪图钱财。她原本是徐恩曾友人的妻子。1928年夏秋之交，那位友人赴英国留学，托徐恩曾照顾其妻。徐恩曾满口答应，嘱友放心。谁知友人出国不久，早已垂涎三尺的徐恩曾便与不甘寂寞的王素卿同居，而且王素卿一年一个地生了四五个孩子。后来友人回国，见自己的妻子已被徐恩曾"照顾"得不成样子，想要声张，又慑于徐恩曾的权势，生怕赔了夫人又折兵，只好忍气吞声，不再过问。

友人知难而退，徐恩曾的元配却非省油的灯。

钱泓说："徐恩曾的元配张氏也是湖州人，非常迷信，吃斋念佛，一向与徐母同住，与徐感情不合。开始时徐只是不理睬她，后来干脆不回家，或者回家了也不同居，事实上已脱离夫妻关系。但是'密斯王'也不敢带在身边，生怕张氏来闹。我爷爷就帮徐恩曾把'密斯王'安排在上海，藏在我奶奶租的房子里。'密斯王'住在我家前楼，我奶奶她们住在后楼。徐恩曾跟'密斯王'幽会就去我家。这样的话，徐恩曾也觉得非常安全。"

钱泓所说的"我奶奶租的房子"，即当年钱壮飞位于上海甘司东路新兴顺里4号的家，现今嘉善路117弄24号。习惯于拈花惹草的徐恩曾，和他的地下情人"密斯王"，就在这样一栋避人耳目的小楼里，谈情说爱，互诉衷肠。

这日凌晨，温柔乡里的徐恩曾早已是云敛雨霁，甜蜜睡去；正元实业社里的钱壮飞，却是长夜苦短，五内俱焚。

眼看着眼前的加密电报越积越多，他是拆也不是，不拆也不是。

拆吧，多年来的苦心经营就将付之东流。

不拆吧，真要是错失了一个不容错失的重大情报，后果不堪设想。

徐恩曾说，钱壮飞是机要秘书，这电报本来就该是他拆的。"报告顾顺章被捕的电报，就是他亲手译出"，并"当面交给"自己的。

张国栋也说，徐恩曾的"一切机要函电"都经钱壮飞"送转"，其中就包括"蔡孟坚 4 月 25 日向徐恩曾发来并转陈立夫的数封特急电报"。钱壮飞先是"趁无人之际，机智地译看了关于顾顺章已被捕自首，并将迅速解往南京，以及顾称数日内可将上海中共中央机关'全部肃清'的电报内容"，然后"重新封好"，"面交徐恩曾"，再"称要回家休息"，"从容不迫地离开正元实业社"，"赶乘火车到上海，向党中央报告顾顺章被捕叛变情况"。

这种说法最让人费解的就是钱壮飞为什么那样"从容不迫"，"从容不迫"到了不仅不在业已获知"顾顺章已被捕自首"后的第一时间内向党报警，反而还要一直捱到将那些"重新封好"的电报"当面交给"徐恩曾的地步？难道他的时间不是少了而是多了？难道真实身份完全暴露后的他还有继续伪装自己的必要？

李仑说："我父亲与钱壮飞、胡底三人，根据党中央的批准，打入国民党的特务首脑机关，主要任务就是给党中央提供一些重要信息。比如说我们哪个同志的地址暴露了，可能敌人要去抓他了。知道这个消息以后，赶快报告，经过陈赓报告周恩来，周恩来赶快布置转移，不让敌人找到。"

李仑是李力的弟弟，中国人民解放军中将、原总后勤部副部长。

钱泓说，他祖父等人的使命远不止"我们哪个同志的地址暴露了，可能敌人要去抓他了。知道这个消息以后，赶快报告"。他们"能够直接接触到机密情报，当时就把整个国民党对中央苏区围剿的计划拿了出来，转交中央，由中央再转给苏区，使得第一次反围剿、第二次反围剿都取得了胜利"。

眼看长夜将尽，东方熹微，现出鱼肚白，钱壮飞破釜沉舟，孤注一掷，下了最后决心。他确信自己的判断没错。武汉方面一定发生了异乎寻常的重大事件。他从他的抽屉夹缝中取出了暗藏的密码本，开始对照《曾文正公文集》，逐字逐句，破译那些醒目标注"主任亲阅"的加密电报。

钱泓说，他觉得这本密码本"绝对"是他祖父"搞到手"的。因为他是徐恩曾的"贴身秘书"，只有他才跟徐恩曾那么密切。当然，"具体怎么搞到手的，现在也说不清楚了"。

李力则说："徐恩曾是个心机极重的人，密码本始终带在身边，就连最信任的钱壮飞也不给看，重要的密码都是亲自翻译。"

李力还说："我父亲也知道，无论如何要把密码本弄到手，否则，永远都不知道核心机密。因此，有一次，徐恩曾又到上海玩女人去了。他身边的女人很多，不止一个'密斯王'。我父亲就给他租了一套房子，给他提供方便，离我父亲住的地方很近。钱壮飞他们也在。我父亲就跟徐恩曾说，最近新来了一个女的，很漂亮，不知你有没有兴趣？徐恩曾一听，当然就心动了，要去看一看。我父亲说你去可以，不过你身上带着密码本，这可要注意，万一丢失的话，委员长追究下来，怪罪下来，就麻烦了。徐恩曾听他说得有道理，就把密码本掏出来，交给钱壮飞，说你替我保管，等我回来还给我。结果，他去玩了，钱壮飞和我父亲就赶快把密码本翻拍下来了。"

没有那一刻的交出，也就没有六封（或七封）加密电报的被破译。没有六封（或七封）加密电报的被破译，也就没有这样一部"中国近代史"最终不曾按照蔡孟坚的意愿被"改写"。

眼看顾顺章的叛徒嘴脸分外狰狞，眼看蒙在鼓里的中共中央危在旦夕，钱壮飞倏地站起，走向窗口，拉开窗帘，遥望旭日喷薄的天际。

钱泓说："他觉得严重了，他就派我的姑父，就是他的女婿、钱椒的丈夫刘杞夫，先到上海，把这个消息传递过去。"

但刘杞夫没能在上海找到李克农，因为不是规定的接头时间。茫茫人海，他无从找起。

刘杞夫的无功而返，进一步加重了钱壮飞的焦虑。他意识到自己离开南京的时候到了。他将那六封（或七封）全都被他启封的加密电报整齐排放在徐恩曾的办公桌上，然后来到中央饭店四楼的长江通讯社，通知他安插在这里的其他同志及时转移。

他没能在空无一人的办公室里找到他要找的人，就用小刀把墙上的地图划出一个大叉，暗示切断一切联系，赶快撤离。

钱泓说："南京的事全都办完了，我爷爷才走。到了上海，怕有人在终点站堵他，他就提早下车，在真如火车站下去了。"

钱壮飞潜入市区，几经周折，终于在先施公司后面的凤凰旅馆里找到了李克农。

但是，李克农又找不到陈赓。他们也是有约在先，不是想见就见。

时间就在这样的困难中一分一秒流逝。

危险就在这样的无奈中一时一刻添增。

顾顺章就在这样的流逝与添增之中到了南京。

八、破例要了一支烟

顾顺章一到南京，陈立夫、徐恩曾以及调查科总干事顾建中、张冲等，都乘坐事先准备好的小汽艇去江心接，然后将他送往"正元实业社"。

徐恩曾说，他们跟顾顺章的谈话完全是"友谊式"的。他们"完全当他是个普通朋友看待，并不当他是犯人"。顾顺章进入他办公室的时候，也"看出来这是一幢普通办公和会客之用的房子，并无用来拘留犯人的特别设备"。这一切"完全出于顾顺章的意料之外"。结果，他的"心理防线"，"甫经接触便告崩溃"。他"要求"他们给他一个"考虑"的时间。他们"答应"了，给了他两个小时。结果，"他答应'转变'"。

顾顺章一答应"转变"，就告诉了徐恩曾一个"惊人的消息"。顾顺章说，追随徐恩曾"左右"并"掌管机要文书"的钱壮飞是中共特工，是"共产党派来的奸细"。

徐恩曾简直不相信自己的耳朵。

徐恩曾说，他"尚存万一之想，希望这个消息不是事实"。但等到他"派人去找，果然，就在前一天的早晨，他已悄悄溜走了"。

徐恩曾"立刻意识到事情有点不妙"。当然，"最着急的还是顾顺章"。

蔡孟坚说，顾顺章"得悉此情，恐惶万状"。

顾顺章对蔡孟坚说："如钱某向周恩来以次首要报告我已自首，共党各机关负责人，非逃即迁，整个肃清计划，自然全部落空。"

蔡孟坚旋即拉住张道藩"耳语"，说："顾已供出中央调查科钱壮飞秘书及调查科驻沪的杨登瀛处长，均是匪方重要匪谍，且钱已逃沪。"

张道藩遂"邀集调查科张冲、顾建中两总干事"，与蔡孟坚"商讨如何利用顾某对上海匪党采取行动"。

顾建中奉命"将顾顺章带往上海，通过上海市公安局与英法捕房联系，依照顾提出匪党各机关住宅蓝图调查搜索"，发觉"匪党各机关"都"已全部人去楼空"。

原来钱壮飞和李克农还是抢在顾顺章之前，通过江苏省委找到了陈云。《陈云传》（2005）里写道：

> 那天不是李克农同中央特科第二科科长陈赓联系的日子，一时无法找到中共中央。李克农立刻想起同他经常有联系的江苏省委。江苏省委与中共中央联系密切，找到了江苏省委，也就可以找到中共中央。
>
> 这时，江苏省委书记已由陈云担任。这以前，江南省委在一月十七日改为江苏省委后由王明任书记。但王明的注意力放在中共中央，担任江苏省委书记的时间不长，大概只有个把月。据康生回忆："记得王明以后是陈云同志作书记，陈云离开省委大概是一九三一年六月间，陈云之后大概就是王云程。"这是一个极端危急的时刻。李克农找到陈云后，陈云立刻向中共中央报告，中央当即委托周恩来全权处理这一紧急事变。

听说顾顺章叛变投敌，平时从不抽烟的周恩来，破例要了一支烟，当着陈云的面，猛吸了一口。后来，周恩来在中共中央政治局会议上沉重地指出："特委工作虽然有它许多成绩，给予党以不少保护作用，但终于因顾顺章一个人的叛变，遂使全部工作发生动摇，这不能不说是特委工作本身的错误的结果。"

顾顺章的叛变，意味着特委工作的整体动摇。

顾顺章的叛变，意味着大规模的抓捕随时随地都有可能发生。

周恩来在陈云、陈赓、李强等人的协助下，果断采取紧急措施：销毁大量机密文件，将党的主要负责人迅速转移，并采取严密的保卫措施；将一切可以成为顾顺章侦察目标的干部，迅速转移到安全的地区或调离上海；切断顾顺章在上海所能利用的所有重要关系；废止顾顺章所知道的一切秘密工作方法。

根据周恩来的指示，当天晚上，中共中央和江苏省委的机关全部安全转移。陈云还专门派人找了一个印刷厂，出四倍于当时的工价，在两小时内将顾顺章的照片制版翻印了100多张，发给上海各级党组织，通知他们做好防范。

根据周恩来的指示，时任中央交通局局长吴德峰亦通过秘密交通网，四处奔走报警，组织人员通知与顾顺章有关联并有可能被顾顺章出卖的同志和机关全部迅速转移，赶在敌人在上海动手之前搬了家。吴德峰还派出人员，采取各种办法，将出发去苏区，沿着顾顺章走过的路线走的几批同志拦截追回。同时，他还采取紧急措施，有效调整部署了受到严重破坏、几乎中断的长江线的交通联系，不使波及其他地区交通线。吴德峰的很多大胆、反常规操作思路，深得周恩来的赞同。譬如，中央特科原在邮局设置的信箱号，都因顾顺章的叛变被停用。但工作恢复正常后，他又建议重新启用该信箱。他认为，敌人查封过的闲置信箱，只要谨慎使用反而不易引起敌人注意，是安全的，且方便接续一度中断联络的关系。

李仑说，他父亲只顾"通知党中央的一些领导转移"，而没来得及通知自己的家人，以致9岁的李力和4岁的他跟着母亲流落街头，"身上也没有钱，只能躲在菜市场里，过了两三天"。

顾不上自己家人的李克农，却没忘记钱壮飞一家子的安危。

钱泓说，那天清早，"李克农赶到我家，不敢大声喊叫，敲门也不行，生怕引起邻居注意。情急之下，想起我奶奶是搞医的，最讲卫生，最讨厌别人随地大小便，他就在我家的窗户底下对着墙小便。我奶奶听见了，推开窗户，正要说呢，一看是李克农，连忙开门，让他进去。"

钱泓的说法跟李克农的追忆有出入。1954年12月，李克农在养病期间，跟黄纲对话，说到了顾顺章叛变后的应对措施。他说："钱壮飞的老婆安顿好了。给他的两个老婆都送了信。他后面那个妻子在爱多亚路，原是学医的，是产科医生。徐双英在成都路。跑去告诉她，明天家里再不要留人，二天到小菜场附近，提个篮子，衣服要穿干净点，见人来打招呼，要跟着走……"

当时，李克农还给远在天津的胡底发了电报，称"克潮病笃"。

这是他们三人事先约定的暗号。"克"即李克农；"潮"即钱潮，也就是钱壮飞；"病笃"即病重，意为情况危急，尽快脱身。

对此，共产国际也有客观评价。共产国际执行委员会特工部在《关于远东和近东国家共产党秘密工作状况和特务工作情况的工作报告》（1932年6月3日）中说："中国在1931年年中以前有一个组织得很好的在党内反对间谍和奸细并在敌人的组织和军队中进行破坏工作的机构。……中共特工部在国民党的一些作战岗位上有自己的情报员，他们事先告知国民党对苏区共产党的行动计划。该部工作中的主要缺点是把全部工作过分地集中在一个人身上，当顾（顺章）在武汉被捕并供出他所知道的共产党的工作内容和工作方法时，其危害性就暴露出来了。只是由于党在南京警察局里有内线，才得知顾的叛变，使他未能破坏他所知道的所有党组织和党的工作环节。"

九、大魔术家并不等于魔术大师

我们难以想象，没有李克农、钱壮飞和胡底的出其不意、力挽狂澜，顾顺章的"转变"将给我们党带来怎样的灾难。

我们不是崇尚个人英雄主义。

我们实在是由衷钦佩那些潜伏在敌人心脏里的红色特工，由衷钦佩他们的善于伪装。他们无愧为"龙潭三杰"，竟能在他们的身后仍让昔日的敌人捕风捉影，一头雾水。

蔡孟坚再三强调："有确实资料证明大陆陷匪后，匪政权社会部长李克农，即是钱匪壮飞，钱壮飞为李作间谍假名。"

彼此过招，打了大半辈子交道，到头来，蔡孟坚不仅不知道对方是谁，竟然还大吹大擂，奢谈其"和共产党战斗"的"成就"和"业绩"。

他们只配跟顾顺章打交道，只能拆穿他的魔术，却不能终结魔术。

因为魔术师并不等于魔术家，大魔术家并不等于魔术大师。

顾顺章改换门庭之后，要想再玩一次大的，想要把一大批活人变成死人，想要把他曾经的同志统统变成血肉模糊的冤魂。

但是，他演砸了，砸在了"龙潭三杰"的手里，砸在了周恩来的手里。他是大魔术家，周恩来是魔术大师。他无法破了周恩来的玄妙，周恩来却能终结他的诡异。

如果说"大变活人"曾是顾顺章的拿手好戏，那么他至多只能在观众眼前变走一个活人，周恩来却能在陈立夫、张道藩、徐恩曾、蔡孟坚的眼皮底下变走整个中共中央。数以百计、千计的活人，就是在他们的眼皮底下，就是在大魔术家化广奇的眼皮底下，集体蒸发，消失得无影无踪。

这就是魔术大师跟大魔术家的区别。这就是大魔术家跟魔术大师的最后分野。

十、英雄死了，英雄长在

2001年12月，一本精美画册在北京问世，悄然出现在了一个不是太大的圈子内。凡是收到这本画册的每个人，都像为这本画册作序的著名影视演员潘虹一样，深为画册作者的"坚韧的毅力"而感动。

潘虹盛赞画册的作者是"中国早期电影创作的参与者，是当今为数不多的健在的见证人"。因为画册的作者"曾在上世纪三四十年代中国银幕上，留下了无数多姿多采的青春倩影"。她就是先后演过《小玩意》《大路》《狼山喋血记》《塞上风云》《天明》等优秀影片的黎莉莉。

黎莉莉是钱泓的大姑妈。钱泓的父亲也就是她弟弟，也就是后来的北京电影制片厂摄影师钱江。她和钱江的父亲，也就是名列"龙潭三杰"的钱壮飞。

钱江生前以他父亲的事迹为素材，创作了纪实作品《七封绝密电报》，又把《七封绝密电报》改编成了惊险样式的故事片《金陵之夜》。

电影没有太多交代钱壮飞向党中央报警后的去向。

生活中的钱壮飞，如黎莉莉所说："于1931年秋天转移到江西瑞金。"

黎莉莉还说:"他化装成一个卖菜的匆匆出发。他走的是哪条路线,连母亲都不知道,她对我只说过,李伯伯(克农)到我家后门,隔着窗对我妈说:他走了。"

黎莉莉又说:"父亲到瑞金后,来过三封信,信上教导我:'善用艺术,足以救国;误用艺术,诱人堕落。'我一直把这些话谨记心中,作为我终身信守的座右铭。"

1935年4月1日,钱壮飞在中央红军南渡乌江时,与大部队失散,被地方武装残酷杀害,壮烈牺牲于贵州省金沙县沙土镇后山乡一带。

1935年3月31日,我红一、三、五军团遵照军委指示,经贵州息烽、修文之线向东南过脚渡河,以便寻求新的机动。他们以一部分兵力监视息烽以北地带之敌,并佯装我军将东进湖南与红二、六军团会师的姿态,主力则经息烽、扎佐,直逼贵阳。4月1日,军委纵队按照军委电令,在干部团后卫警戒下,于上午十时顺利渡河,进驻牛场宿营。安顿好队伍后,我带领设营司令部上路了。下午二时多,国民党空军两架侦察机临空,半个小时后,五架轰炸机在牛场上空轮番轰炸。敌机飞走后,设营司令部正准备继续前进时,周恩来的警卫员范金标骑马赶来,气喘吁吁地问:"钱壮飞秘书长在不在设营司令部?"我告诉他:"没有。"范金标接着说:"周副主席指示,如果钱秘书长不在设营司令部,就请王司令员立即返回军委。"我立即随范金标快马加鞭,返回牛场。见周恩来站在大树下,表情严肃,神色凝重,正与总政副主任李富春,军委纵队副司令员、国家保卫局局长邓发,军委警卫团政委方强,干部团团长陈赓,政委宋任穷谈话。见到我后,他十分焦急地问:"钱壮飞不在你那里吗?"我回答后,他又问:"昨天,他和你在一起吗?"我汇报说:"昨天是一起走的,今天到牛场后,他就回总政了。"周恩来告诉我,敌机轰炸后,找不到钱壮飞了。他命令在场人员立即组织部队寻找。我们搜寻了将近三个小时,在牛场东南角一个干草垛子里,发现了钱壮飞的遗体。双手双脚被捆绑,全身上下有十多处刀痕,早已停止了呼吸和心跳。周恩来在钱壮飞的遗体前,久久站立,流下了眼泪。他决定军委纵队改变行军计划,继续在牛场宿营,并命令保卫局和警卫团彻查此案,一定要缉拿和惩办凶手,为钱壮飞报仇。我另有任务,没有参加破案和缉拿凶手的工作。后来,陈赓告诉我,壮飞同志在躲避敌机轰炸时,碰上了贵州的反动民团,惨遭杀害。军委警卫团和干部团已经把这伙民团全部抓获,并枪毙了民团首领。(王智涛,2015)

王智涛晚年回忆道,周恩来和陈赓事后"都不太相信钱壮飞因误撞民团而遭杀害,怀疑是蒋介石对钱壮飞恨之入骨,派特务将他谋杀"。

王智涛的回忆是一个全新说法,在那之前,一般都说钱壮飞"被国民党反共'清乡委员'、区长宋子桢及其爪牙罗少安等人",残忍杀害于"宋家寨右侧约一华里的山脊上",一个"名叫'没良坑'的约有五六十公尺深的山洞"内。(叶炳南,1987)

王智涛,本名王寿恒,1906年生,河北沧县人。1931年加入苏联共产党,后转中国共产党,历任李德翻译、防空司令、保安卫戍司令、抗大训练部长、冀东军区参谋长、东北野战军整训司令部司令员、华东防空司令部副司令员、军事科学院副秘书长等。

王智涛说,钱壮飞大他十岁。他到"中央苏区后,与钱壮飞同在军委,工作配合默契,彼此相处融洽"。钱壮飞"是一个知识渊博、颇有才情的好同志、好兄长",对于"情报、敌工和群工工作"的"指导",使他"受益匪浅"。直至晚年,他都深为痛惜钱壮飞的英年早逝。

但钱泓并不认可王智涛的说法。因为时任红五军团政治部保卫局局长欧阳毅说,钱壮飞失联后,"毛泽东很重视此事,他不仅知道他掌握着重要的机密,而且也了解他是个多才多艺的干部。因此,他指示一定要找到这个人"。红五军团就"把这一任务交给了"欧阳毅。欧阳毅"迅即带了一支保卫部队,返回河对岸寻找他",足足"找了一个多小时,连搜带喊,最终没有找到他的踪影"。

欧阳毅"后来从西路军回到延安",方知钱壮飞"是在树林子里躲飞机时被土匪绑票了。土匪向他敲诈钱财,他在危难中曾写信给在上海的妻子设法携款去赎。但路途遥远,又是国民党统治区,他妻子也没有办法能去营救。结果,钱壮飞就被土匪杀害了"。(欧阳毅,1998)

第九章

向忠发失踪之谜

◎ 探勒车行
◎ 那人只有九个指头
◎ 传话的「印象最深」
◎ 直接用钥匙开门
◎ 我们的思想是相通的
◎ 通缉与卖人
◎ 脚下是一个陷阱
◎ 屈膝跪地为免一死
◎ 「密电」依然「存在」

一、探勒车行

1931年6月22日上午9时许,上海市中心的静安寺附近,车水马龙,热闹非凡。各色行人,来去匆匆,也就没有太多留意一个中年男子的诡异神色。

这正是他所要的。

他要他的安全,要他的舒坦。他讨厌他的一举一动都有眼睛盯着。

他确信他的身后无人盯梢后,进了探勒车行。当时的探勒车行,就在愚园路口静安寺捕房后门斜对面。

他想"打的",给自己要一辆出租车。

但是,几个预先埋伏在车行里面的便衣男子突然围了上来,先是卡住他的脖子、反剪他的双臂,然后推推搡搡,把他架出车行,径直塞进那辆沿街停着的小轿车。

直到此时,周遭人们方才觉得事出蹊跷,异乎寻常。

他们本能地骚动起来,簇拥上来。

有人喊出了"打劫",有人喊出了"绑票"。

当年上海,兵荒马乱,盗匪横行,出租车行里发生的这一幕,给人的直觉反应就是打劫,就是绑票,就是一伙胆大妄为的绑匪,竟然在光天化日之下,"请"了一个"财神",一个光从衣着打扮上看,不像"财神"的"财神",不像有太多油水可榨的"财神"。

但是,事不关己,高高挂起。

上海人喜欢"起哄",喜欢"轧闹猛"。上海人又明哲保身,不喜欢两肋插刀,招惹是非。

他们精于算计。

他们的血不是太热。

因此,那一辆小轿车一离开事发现场,那一伙面目狰狞的便衣男子纷纷作鸟兽散,所有那些刚刚聚起的过往行人就又悻悻散伙,各奔东西,该干什么干什么去了。

他们不关心那一个被另几个预先埋伏在探勒车行里面的便衣男子用一辆小轿车绑走的中年男子是谁,即使他们知道那个中年男子是时任中共中央政治局主席兼中央政治局常委会主席向忠发,也不会太惊讶。

二、那人只有九个指头

关于向忠发的被捕,黄慕兰给我们说过一个故事。

这个故事被"最美红色女'特工'"本人"亲述"在了《黄慕兰自传》里。

2013年1月,"2012年度中国影响力图书"新鲜出炉,《黄慕兰自传》(2012)被"来自媒体、高校和研究机构的20多位专家"评委热捧"推荐"为传记类图书榜首,"理由"即为作者"写回忆录,力求朴实","朴实"地写出了一个"传奇女性""美女间谍"的"虽九死而无悔的传奇经历"。这"经历"堪比"我党一部百科全书",既包括了"救过周恩来、关向应",也包括了"赶紧设法向党中央报告"向忠发的"真不中用,一坐上电椅,就吃不消,招供了"。

■黄慕兰

那天下午大约4点钟光景,陈志皋请我在东华咖啡馆喝咖啡,并建议吃过晚饭后,一起去大光明看电影,他已买好电影票,准备请他的姐妹们也都去。(黄慕兰,2012)

在旁人眼中,这是再寻常不过的情爱角逐。一边是犹抱琵琶半遮面,一边是欲采蘋花不自由。彼此都有小心眼、小手段。而对于黄慕兰,还要更多一层逢场作戏、假凤虚凰。依稀仰慕先贤,木兰史绩记心田,这是黄慕兰对自己名字的析解。她说,她"以花木兰式的奇女子自居",从小"读史,读列女传","跟男孩子们一起跑来跑去自由地玩","萌发了将来长大后定要坚决反对和铲除军阀恶势力的抗暴意识","常常帮着祖父做那种施药治伤的好事"。

我的曾祖父是位医生,开了一家药铺,一生乐善好施,使家中的积蓄耗费殆尽,以致传到我祖父时,家道就中落了。在我出生的那时,我家田无一亩,房无一间,是个贫儒之家。(黄慕兰,2012)

黄慕兰说,她父亲是独子,十几岁时考中秀才,系谭嗣同的"同乡同窗好友",曾被其"聘为幕友"。

黄慕兰是她父亲的长女。她说："我虽然出生于贫儒家庭，但双亲都没有重男轻女的思想。父亲连妈妈已经缠了的小脚都给解放了，我自然更不会受缠足之苦。"

黄慕兰还说："我最喜欢看的是《三国演义》；至于《红楼梦》，我却并不喜欢。可能我这个人虽然是个女孩子，却多少有些男孩子性格的阳刚之气，不太懂得、也不欣赏那些缠缠绵绵的男女爱情故事。"

1926年春，"不太懂得、也不欣赏那些缠缠绵绵的男女爱情故事"的黄慕兰，因为由长辈作主、嫁了一个"不但抽鸦片，还随意打骂家里的丫环"的丈夫而"奋起抗争"，"走出家庭参加革命"。

在大革命的洪流中，黄慕兰"感到自己好像完全变成了另一个人，不但能执笔写文章，还能不用讲稿就在群众大会上讲话，不但会做群众运动的组织发动工作，还能上台演戏，好像一下子突然聪明能干起来，获得了多方面的发展"。

1926年11月，黄慕兰由共青团组织提名，转为共产党员，同时出任武汉特别市党部执委、妇女部长、《民国日报》副刊编辑、妇女协会筹备主任和女子放足运动委员会主任委员等。

1927年3月，黄慕兰和宛希俨结婚，由董必武"在一次会议上公开宣布"。宛希俨1923年加入共产党，并以中共党员身份参加国民党"一大"，时任武汉特别市党部执委、宣传部长。

黄慕兰说："宛希俨同志在自己家乡且有元配夫人，已生个女儿，因为是家庭包办的婚姻，希俨早就跟她分居。这位元配夫人不愿意再嫁，仍旧留在宛家，解放后还享受了烈属待遇，我认为是应当的。从五四运动到北伐战争期间，男女青年反对家庭包办婚姻，自主另择配偶，已成为屡见不鲜的时代潮流。像鲁迅、郭沫若等好些新文化运动的先驱者们，原先在家里都有夫人，后来另择佳侣，但都没有与元配正式离婚。并不是这些男同志不遵守一夫一妻制,像旧社会的男人那样娶三妻四妾,这是反映了当时反对封建家庭包办婚姻制度的社会潮流。至于实行一夫一妻制,到新中国颁布《婚姻法》时才有明确的法律规定。"

1928年1月,中央调江西省委常委、宣传部长宛希俨兼任赣西南特委书记,领导当地农民开展武装斗争。同年5月,宛希俨在率当地农民武装攻打万安城时,不幸阵亡。

这年年底,黄慕兰从南昌来到上海,被分配在中央秘书处工作,既做秘书,又做机要交通。

黄慕兰的再婚应在1929年。她的第三任丈夫是中共六届中央委员、湖北省委书记贺昌。

黄慕兰说,她跟贺昌的结合征得了周恩来的同意。周恩来说:"很好,贺昌同志是值得你爱的,我同意你们结合。"

黄慕兰说,1931年1月,经贺昌推荐,中央决定将潘汉年与她的"组织关系"定为"单线联系",并确定由她"负责对外联络",由"潘汉年负责对内联系"。

> 按照一般的惯例,本来应该是男对外、女对内的。为什么中央确定我对外呢?因为我在北伐时社会活动的经历,有助于向党外开展上层联络。加之我的家庭,对我开展工作更能起到很好的掩护作用。而我自己,经过几年地下工作锻炼,也已提高了应变能力,具备了独当一面、多一些纵横捭阖的条件。(黄慕兰,2012)

黄慕兰又说:"党交给我的第一个重要任务,就是营救关向应同志。"

为了营救关向应，黄慕兰找到了陈志皋。

黄慕兰说，陈志皋"在上海震旦大学读书的时候，就有左倾思想，参加过罢课活动"，从上海法学院毕业后，"挂牌当律师"。因为他父亲"在上海法租界做过18年的会审公堂刑庭庭长"，大家都很"恭维"他。他"进出办案都坐着小轿车，完全是大律师的场面"，打起官司来也很"吃得开"。

黄慕兰扮成"上层妇女"去找陈志皋，说她是一个"脱离了共产党组织的人，丈夫是已经牺牲了的著名共产党人宛希俨，并且留下了一个遗孤交由家人抚养，自己是到上海来找职业的"。

黄慕兰对陈志皋还说："要营救的人是死去丈夫宛希俨的好朋友，又是我的姑表兄。他到上海来做小生意，不知为什么，被当作共产党而被捕了。但他确实不是共产党人，所以两家的亲友们都要我想办法，无论如何要搭救他。"

黄慕兰最后又对陈志皋说："早就听说陈老太爷、陈大律师都是很开明进步、富有正义感和同情心的人，请千万费心帮忙，开释这个被冤枉了的无辜之人。"

陈志皋见黄慕兰"书卷气很重，很秀气，谈吐举止很高雅，确实像个书香门第出身的小姐"，是一个"很有教养的上层妇女"，就接受了这个案子，并借着他父亲的名义和自己的关系去疏通法官。

一来二去，陈志皋对黄慕兰萌生了爱意。

他把黄慕兰当成了寂寥苍穹的倦鸟、茫茫大海的孤舟。

他愿意尽力呵护她，关爱她，抚慰她。

他俩这才一起走进了霞飞路上的东华咖啡馆（穆欣说是"巴黎电影院旁边的东海咖啡馆"）。

他俩这才在东华咖啡馆里巧遇了在法租界巡捕房里做翻译的

曹炳生。

曹炳生是陈志皋"在教会学校里念书时的同班同学、同寝室好友"。

陈志皋、曹炳生邂逅，互致问候。接着，便是后一位恭维前一位，说前一位有出息，已是上海滩上鼎鼎有名的大律师；前一位吹捧后一位，说后一位在法租界巡捕房里当翻译，神通广大，口眼通天，有什么重大新闻说来听听。

曹炳生四顾无人，就压低声音，悄悄说道，南京方面刚抓到一个共产党的大头头，湖北人，50岁左右，镶一口金牙，酒糟鼻子，只有九个指头。

> 言者无意，听者有心。他俩在一旁兴高采烈地说着话，我面不改色地用茶匙轻轻搅拌着杯里的咖啡，装作一副对这种事情漠不关心的样子，不插问一句话，只是静静地听着。接着，曹炳生又说："咳！这个家伙真不中用，一坐上电椅，就吃不消，招供了。"（黄慕兰，2012）

两个男子东拉西扯，闲谈了一会，曹炳生就说要走，说晚上还要值班，吃公事饭的人身不由己。

一旁多少有点病恹恹的黄慕兰，顺势也说头痛病又犯了，吃饭和看电影就都不去了。

陈志皋连忙问她，要不要去医院？

黄慕兰说不用，只想回家躺下。

陈志皋只能用小轿车送她回家，途中还下车去了西药房，给黄慕兰买了一些阿司匹林。

三、传话的"印象最深"

一回家,我马上给潘汉年挂电话。黄慕兰如是说。

此时已是残阳如血,晚霞烧红西半天。

潘汉年"住在徐家汇一家烟纸店楼上",说是"很快就来",还是费了点时间。

> 潘汉年很快就来了,我把听到曹炳生讲的那些话复述了一遍,并说:"因为我托陈志皋营救关向应,他刚才问曹炳生巡捕房有什么新消息,本来是有意问问关向应一案的进展情况,不料曹炳生竟在无意之中说出了这样一件大案。我数来数去符合曹炳生所述那被捕人特征的只有向忠发了。向忠发在武汉当码头工人时就很爱喝酒,是酒糟鼻子。他镶了满口金牙,有个手指被别人砍掉了一点,看起来好像只有九个手指头。"潘汉年说他也认为会是向忠发。我又说:"听曹炳生的口气,向忠发坐了电椅后吃不消,很可能已叛变,说不定今天晚上还有什么更严重的事情会发生呢!"就催他赶快去向党组织紧急汇报,他就匆匆离开了。
>
> 顾顺章叛变后,中央特科的工作是由康生负责的。潘汉年离开我的住所在街上转了几圈,确认身后没有盯梢的"尾巴"后,就立即去找康生。康生听后又立即向实际负责党中央日常工作的周恩来作了汇报。(黄慕兰,2012)

整个故事说到这里,已经够满满圆够热闹。可作者仍嫌不够,还要再补上一笔,结果弄巧成拙,画蛇添足。

1980年4月上旬，邓颖超同志派秘书赵炜来杰儿家通知：第二天派车来接我去中南海谈话。次日，我到了中南海邓大姐办公室，因公务繁忙，邓大姐嘱秘书杨荫东代为接待。杨态度恭谨，站在楼下迎接。

三天后，邓大姐令杨秘书到杰儿家来传达慰问之意，又嘱我再写一份有关发现向忠发叛变前后经过的材料，因此事党内长期未公开过，而我是最早发现报告党组织的当事人，理应补述当时情况留存中央存档的。我随即遵嘱写好材料送上去了。（黄慕兰，2012）

黄慕兰"随即遵嘱写好材料送上去了"，但邓颖超却迟至八年之后才有所动作。黄慕兰说，邓颖超"嘱"她"再写一份有关发现向忠发叛变前后经过的材料"，是因为"此事党内长期未公开过"，而她则"是最早发现报告党组织的当事人"。而邓颖超于1988年8月30日向中共中央书记处写材料，说明"向忠发是一个证据确凿的叛徒"，却是因为一直"有人怀疑向忠发是否叛变过"。

邓颖超手中握有"最早发现报告党组织的当事人"的所写材料，却只字不提黄慕兰及其"长期未公开过"的"最早发现报告"，强调1931年6月23日"中午"，她和周恩来已"得到内部确切的消息"，说向忠发"在静安寺路底等汽车时被叛徒发现，当即被捕"；强调当日"下午又得到他（向忠发）叛变消息"，并"又得到内部消息他（向忠发）已带领叛徒、军警到他唯一知道的中央机关（看文件的地方），逮捕在该机关工作的三位同志"。邓颖超的两个强调，明显有别于黄慕兰的"朴实"回忆。联想到孙晓村在《我的回忆》（1993）中说，他在"营救工作中遇到的最大一个案子，是共产党中央总书记向忠发被捕一事"，他对此"印象最深"。他清楚地记得事发当日，黄慕兰只是代陈志皋的父亲陈介卿"报信"，转告孙晓村，"法租界抓到共产党头目向忠发"，"去筹款"救人，弄来"一皮箱的钱"。

四、直接用钥匙开门

顾顺章叛变后，中央特别工作委员会（简称中央特委）进行了大整顿。

为了全面整顿中央特委，中共中央决定"特委本身的组织，从最高指导委员会起，一律重新改组，特委的负责人必须以政治坚定、党籍较长，有斗争历史的干部特别是工人干部担任"。由于陈云在协助周恩来处理顾顺章叛变过程中显示出他的工作能力，他本人又具备中央规定的上述条件，因此，中共中央决定：由周恩来、陈云、康生、潘汉年、邝惠安重新组成中央特委，领导中央特科的工作。

共产国际执行委员会特工部在《关于远东和近东国家共产党秘密工作状况和特务工作情况的书面报告》（1932年6月3日）中说："顾的暴露向共产党尖锐指出了一个问题，必须根据加强保密的原则，改组党的技术工作，最大限度地区分开某某环节等等。还要立即改组整个所谓的中央特工部，并将它分为三个主要的科：党的技术工作；军队工作；反奸斗争。领导这些科的是由政治局任命的三位同志。整个工作由莫（斯克文）同志领导。""政治局任命的三位同志"，即指陈云、赵容（康生）和潘汉年。他们在周恩来（即共产国际执行委员会特工部报告中的"莫斯克文")的领导下，继续开展隐蔽战线斗争。陈赓、李强等人则调离上海，或北上，或赴苏。

陈赓离沪后，北上组建华北政治保卫局（即北平特科），在天津找吴成方（时任中共顺直省军委特派员）长谈，传达周恩来的指示。吴成方先是联络肖明（原名肖振声，又名肖筱文、肖鸣、彭鸣，1896年生，湖南新田人，1922年加入中国共产党，历任中共渭南县委书记、陕东特委委员、顺直省委委员、北平市委书记等），再与肖明一起找同乡、陆军军医学校同学周怡，形成北平特科的三人核心，密点定在春秋书店。

北平特科很快又有王定南（曾用名王泽南、王正化、王作宾，1910年生，河南内乡人，1930年加入中国共产党，历任中共北平反帝大同盟党团书记，北平平民教育联合会党团书记，北京大学支委、书记）、赵梅生（本名赵作霖，又名赵长远，1906年生，山西平顺人，1926年加入中国共产党，历任中共北平市委委员、常委、宣传部长、组织部长等）、赵铃（赵师昭，肖明夫人，北平求知学校教员），以及刘继曾、冀丕扬、吴化之、朱其文、袁静等人的加入。

> 党了解定南等人在这个期间的工作，从中央（上海）到北平来的干部找到肖明，接受肖明回到党内，定南和赵作霖经过肖明也回到党内，从事党的特委系统工作。（唐宏强，1998）

唐宏强是王定南的夫人。唐宏强所说的"从中央（上海）到北平来的干部"，即指陈赓。唐宏强所说的"党的特委系统"，指的是"北平特科"。唐宏强所说的肖明、王定南、赵作霖等人"回到党内"，指的是陈赓在组建"北平特科"期间，亦帮助那些因"反对四中全会",而被陈绍禹(王明)一伙错误打压、排斥的同志重又挺直腰杆。这又都得益于周恩来的指导和支持,尽管当时周恩来迫于向忠发的被捕及叛变,必得"更加严格地隐蔽起来"。

  在向忠发被捕并叛变的情况下,周恩来不得不更加严格地隐蔽起来,同其他领导人互不往来。这时他在上海已很难继续存身了。不久,中央决定他停止工作,等候转移,但周恩来并没有完全停止工作。(中共中央文献研究室,1998)

  黄慕兰说,向忠发被捕并叛变后,周恩来"马上通知中央的李富春、蔡畅等,约定转移到都城饭店暂时避一避"。"到晚上11点钟左右,这些领导都穿着西装,扮成商界大老板的样子,大摇大摆地住进了法国人开的都城饭店,一点也没有引起别人的怀疑。"(黄慕兰,2012)

  跟黄慕兰口径一致的是穆欣。穆欣说,周恩来"销毁了存放在家里的一些机密文件"后,"就和邓颖超搬进四马路(今福州路、江西路口)外国人开的都城饭店"。(穆欣,2013)

  但周惠年说,那几天周恩来都住在她家。

  周惠年是中央特科的老战士,她的丈夫谭忠余继顾顺章之后出任中央特科三科(行动科)科长、"红队"队长。

  周惠年生前曾说:"向忠发被捕后,周恩来到我家住过几天,他是晚上来的。"(周惠年,1998)

  周惠年的儿子李钊也说:"我母亲生前说过这事。她说1931年6月,有一天晚上,很晚了,她和谭忠余已经睡下了,有人来敲门,谭忠余下床去开,只见门外站着周恩来,独自一个,一脸严峻。谭忠余请周恩来进屋后,周恩来就跟他小声说话,说了一阵,谭忠余就拿起枪出去了。过了一会儿,他又回来向周恩来汇报。尽管声音很小,我母亲还是听到了向忠发的名字。当天晚上,周恩来就住在了他们家里。"

周惠年说:"周恩来和我的丈夫谭忠余睡在我家的大床上,我睡在家里小床上。当时组织交给我的任务就是住机

■周惠年(左)与张越霞的合影

关。他们工作在外面。具体做什么事情,只有直接参加的同志才知道。"

李钊也说:"周恩来和谭忠余睡一张大床,我母亲在旁边另搭一张小床。她说她躺下以后还听到大床上的周恩来和谭忠余在悄悄地说向忠发的事。我母亲记得那几天很紧张,周恩来一直没走,至少在他们家里住了三天。"

周惠年还说:"周恩来去中央苏区之前曾经在我家住过一段时间。周恩来晚上出去工作,白天在家里。他一化装起来很像日本人,所以他经常化装成日本人出去活动。有一次,他很紧张,把两条腿穿在一条裤腿里,我笑,他也笑。因为他穿错了。"

按照《周恩来年谱(1898—1949)》(2007)的说法,就在"谭忠余拿起枪出去"的那一晚上,生怕有诈的周恩来还曾"亲往寓所附近观察暗号,查实后迅速隐蔽"。

任弼时夫人陈琮英在《我所知道的向忠发被捕与叛变》(2018)

中说:"周恩来同志亲自到小沙渡后头的高堤上,这个地方能看见他住房的后窗户,只见窗帘拉开(这是暗号),晓得出事了。"

黄慕兰则说,去"向忠发所知道的恩来和富春撤出前所住的地方附近观察"的是康生派去的人。她说:"康生派了两个特科的同志装成小贩,挑着馄饨担子分别到向忠发所知道的恩来和富春撤出前所住的地方附近观察。果然,到夜里1点钟左右,看见一个人戴着手铐脚镣,领着巡捕房的人来了,直接就用钥匙开了恩来家的门闯进去。"

向忠发出事前住在周恩来家,他的手里完全可能有周恩来家的钥匙。只要他真的"领着巡捕房的人来了,直接就用钥匙开了恩来家的门闯进去",那就可以作为他已招供的铁证。问题是招供并不就等于叛变。毕竟,"上午9时被捕"的向忠发捱到"夜里1点钟左右",才带着"巡捕房的人"闯入"恩来家"。他已失踪16个小时,周恩来和邓颖超再反应迟钝,也不会仍住在那栋房子里吧?

北四川路永安里44号,现已被上海市虹口区人民政府认定为周恩来在沪早期革命活动旧址予以挂牌纪念,周尔鎏则称其为周恩来"早期革命活动最重要的、最机密的庇护所"。(周尔鎏,2015)

五、我们的思想是相通的

潘汉年说,周恩来在向忠发被捕后,很想通过鲍文蔚、吴醒亚、吴汉祺及徐某之弟搞到更多的相关情报。

《陈云传》(2005)中写道:"国民党当局这时正准备接待欧洲某国的一位王子,要找会讲法语的人当翻译。陈云和潘汉年便利

鲍文蔚参加地下对敌斗争简况

1932年3月，我由法国回到原籍江苏宜兴。当时在上海领导地下党作斗争的潘汉年来信（我们是同乡、挚友）约我到沪面谈。我到上海后在一个秘密地点见到潘，他问我回国后的打算。我说应尚志同学之约，打算到他们所在的北京中法大学教书和研究的地方任职。潘说你留在上海，跟我们一起干革命。我同意了（1920年前后我就认识了潘，我们的思想是相通的）。他当即指令一位姓李的胖子（名又详）为我找了住处，等待命令。大约五月份，潘通过关系将我安排到上海龙华警备司令部作外文秘书，当时的司令是十九路军的戴戟。我的主要职责是将法文报刊的有关资料译成中文以供戴参阅；他们当时正积极跨入战号。我的办公桌即设在秘书室中。地下党即通过李胖子布置革命活动，他与我单线联系，偶尔也见到潘。这样，从1932年5月到1934年9月，我以这个身份为掩护为党工作了二年半。

主要革命活动有：(一)、利用秘书室的有利条件，将司令部的秘电码逐字倫看在心里，出以写成纸条，送到现在静安寺以西某石拱门房子的楼上，从门缝送入，旋即脱身。前后共有二、三十次。(二)、一件特殊任命。一天，李告诉我说江西方面需要南昌地图，要我从司令部搞出来。我费了周折借到一看，上面密密麻麻的线索，无法复制。后来，动脑筋到徐家汇天主教堂里与外国神甫拉上关系，将地图借到手，分成数次绘制，又复送到上述秘密地点。一段时间后，李来说，多亏地图送到江西使红军工作我上带来不少便利，但组织上特别表扬，并给当时五十元以资鼓励。(三)、又有一次，李要我以公开身份去到某指定旅馆某指定房间的对面租一间房子供其他

— 1 —

■《鲍文蔚参加地下对敌斗争简况》（局部，手稿）

用这一机会,派遣鲍文蔚去当法文秘书,由此结识同警备司令部有些联系的人士,进而又同警备司令部军法处一个录事建立联系,这一关系在了解向忠发被捕后确已叛变并被处决的事情上起了重要作用。"但鲍文蔚的子女对此说法却未全部认同。

鲍文蔚的儿子鲍劲源是通过上海《劳动报》找到我的。经他介绍,我在北京又和他的妹妹鲍晓娜、妹夫苗长发见了面。

鲍劲源曾给过我一份《鲍文蔚参加地下对敌斗争简况》(手稿)。他说,这份简况是他根据他父亲的生前口述整理而成。有关方面认为,这份简况虽然是由子女"代笔",但是"也已在其他资料中找到,确认是鲍老本人自述,真实可信"。

《鲍文蔚参加地下对敌斗争简况》开宗明义,开头写道:"1932年3月,我由法国回到原籍江苏宜兴,当时在上海领导地下党作斗争的潘汉年来信(我们是同乡、挚友)约我到沪面谈。我到上海后,在一个秘密地点见到潘,他问我回国后的打算,我说应留法同窗之约,打算到他们所在的北京中法大学教书和研究的地方供职。潘说你留在上海,跟我们一起干革命,我同意了(1920年前后我就认识潘,我们的思想是相通的)。他当即指令一位姓李的胖子(名不详)为我找了住处,等待命令。大约5月份,潘通过关系将我安插到上海龙华警备司令部作外文秘书,当时的司令是十九路军的戴戟。"

为什么潘汉年生前说他"派遣"鲍文蔚去上海警备司令部当"法文秘书"是在1931年6月前,鲍文蔚打入淞沪警备司令部的时间应该早于向忠发被捕,而鲍文蔚却说他"从1932年5月到1934年9月,以上海警备司令部法文秘书身份为掩护,为党工作了两年半"呢?

为什么《鲍文蔚参加地下对敌斗争简况》中的"主要革命活动",既包括了"将司令部的密电码逐字偷看在心里,然后写成纸条"送到"现在静安寺以西某石库门房子的楼上";又包括了从"徐家汇天主教堂"搞到了南昌地图"送到江西,给红军作战带来许多便利";还包括了帮着将"国民党内公安局某要人处决在某大饭店的电梯内";更包括了从"当时公安局长洪恩的亲戚"口中套出"廖承志被关押的确切地点",让"其母何香凝就按照这个地址公开到关廖的地方大吵大闹,迫使蒋介石下令洪恩放人";就是只字不提"中央特科通过打进淞沪警备司令部做法文翻译的鲍文蔚和情报科欧阳新",重金收买军法处录事和另一个书记官,终于"将向忠发的全部口供偷录出来"了呢?(穆欣,2013)

为什么潘汉年生前说中央得到"向忠发已在龙华警备司令部内被秘密处决"的消息,"正准备动员全党举行追悼纪念会和飞行集会示威等。这时那个录事为了得到一笔酬劳,终于沟通了保管向忠发的口供的另一个书记,将向忠发的全部口供偷录出来。我得到后立即呈送周恩来和康生。经周仔细研究,许多机密只有中央少数人知道的,都一一在口供中暴露了,这就肯定了向忠发确实已经叛变,于是中央又紧急通知将追悼纪念活动取消";《鄂豫皖中央分局通告第十号——"九七"纪念日追悼向忠发的运动》直至1931年8月23日仍称向忠发为"党的中央书记、全国工农群众唯一的领袖",说他的死"是党和中国革命运动工人运动的一个空前严重的损失";还说"从九月一日起一直到'九七'各地红旗要下半旗(只扯一半高),向共产党的领袖向忠发同志致哀",并"向每个群众会议中报告""忠发同志领导工农斗争的英勇历史","号召群众起来作反对帝国主义、国民党屠杀工农领袖,拥护中国共产党筹备'九七'追悼大会的运动"?

事实上,直到1931年12月10日,毛泽东、张国焘、项英联名签发《苏维埃临时中央政府人民委员会通令——为通缉革命叛徒顾顺章事》，其中仍赫然写道："接着顾顺章就依着他所知道的线索，继续派他的亲戚家人在上海侦查中共及各革命团体的机关与负责人。不幸中共总书记向忠发同志即在他这一布置中被捕遇难，成为顾顺章叛变革命投降反革命之最大的贡献。"

共产国际执行委员会特工部在《关于远东和近东国家共产党秘密工作状况和特务工作情况的书面报告》（1932年6月3日）中说到顾顺章的叛变和向忠发的死，还是说："机关某些环节的暴露，党中央书记向（忠发）同志的被捕和被杀害、无线电学校学员的被杀害等等，都是顾出卖的结果，这成了党在反间谍反奸细斗争中的转折点。"既然周恩来在"肯定了向忠发确实已经叛变"后即通过中央"紧急通知将追悼纪念活动取消"，共产国际的解密档案怎么还会有关于向忠发"同志"的"被捕和被杀害"的说法？1931年8月23日的鄂豫皖中央分局又怎么会郑重发出第十号通告，要求"从九月一日起一直到'九七'各地红旗要下半旗（只扯一半高），向共产党的领袖

■鲍文蔚、梁芷芬夫妇的结婚照（1935年）

向忠发同志致哀",并称"忠发同志的牺牲确是党的最大损失"?

1991年4月,鲍文蔚因病去世,享年89岁。

《鲍文蔚教授生平简介》(未刊稿)说,鲍文蔚"从30年代中期开始从事法语、英语教学及法国、欧洲文学的研究和翻译工作,达40余年。期间曾先后在北京大学、中法大学、东北大学、北洋大学、山东大学、解放军外语学院、北京外国语学院等校任教,并先后担任过教研室主任、系主任、总务长等职"。他"治学严谨,诲人不倦,除担任教职外,在法国古典及近代欧洲文学的研究和翻译方面,有很高成就,自成一家。曾以精益求精的态度、优美流畅的笔法,向我国广大读者介绍了诸如巴尔扎克、雨果、拉封丹、布封等人的名著。他倾全部心血,精译了法国人文主义大师弗朗索瓦·拉伯雷的《巨人传》"。

在这里,还要特别说一下鲍文蔚的五弟鲍文杰。

鲍文杰,1911年生,1933年到上海求学,进南洋商业高级中学,跟"原在无锡中学的旧同学舒曰信很友好,有进步书籍交换着看,思想上亦互相起影响,两人思想共同趋于革命"。

其实,当时的舒曰信已是中共党员。他早就开始阅读社会科学书籍和进步作家作品,如饥似渴地探索先进思想和革命道路。面对暗无天日的社会现实,眼看平民百姓挣扎在水深火热之中,他不仅带头走出学校,冲上街头,参加反对日本帝国主义疯狂入侵中国的示威游行,而且还通过中共党员鲁自诚的介绍,光荣入党,接受王学文领导。

1933年秋,鲍文杰"决定参加共产党,把这意思告诉大哥,他很同意"。他就把自己的五弟"介绍给跟潘汉年有联系的另一共产党员'李胖子'"(鲍文杰说,自己"不知他真实姓名,后来也一直未见到他")。"李胖子"又介绍"王某"来见鲍文杰。这是这一年的冬天。鲍文杰"从此参加中国共产党上海地下组织（中央特科）"。

鲍文杰在中央特科工作期间，"做过开小商店掩护党的工作，交通联系工作，秘密通信工作"。他说，他"上面联系的人只叫'老王'或'老刘'，从不知道他们的真实姓名和籍贯。一朝更换，就再不见面。和下面联系的人也是一样"。他记得他"曾把姓名籍贯写给组织上，也曾交过党费，但从未发过党证"。

鲍文杰的记忆，又让我重想起《潜伏》里的一幕。王翠平介绍余则成入党的一幕。我不在乎那一仪式的合理性，更不在乎什么"党费"的交纳、"党证"的颁发。本来"有了信仰，入党不过就是一种形式，远没有那样的重要了"。本来，整个人，乃至整个灵魂，都交出去了！交给了党，交给了中国人民的翻身解放，交给了中华民族的伟大复兴！真的姓没了，实的名没了，真真实实的出生年月、列祖列宗都没了，有的都是假的，都是编造出来蒙敌人的；那么，除了理想，深埋心底的理想，除了信仰，颠扑不破的信仰，还有什么是不能舍弃的呢？

你永远是这个组织的优秀成员。这是组织上对于余则成的评价。这也是我们党给予所有在白色恐怖下，在隐蔽战线斗争中，潜伏敌人心脏的无名英雄的最高嘉奖。

六、通缉与卖人

说过了鲍文蔚，说过了鲍文杰，说过了王学文，还得再说向忠发。

向忠发，又名向仲发，化名余达强、杨特生、特生，1880年生，湖北汉川人。

向忠发自称:"我是一破产的农家子弟,十四岁入汉阳兵工厂做学徒,共住二十九个月。因与工头不合,被革除。遇亲戚廖某,介绍入造币厂,共住四年,因厂倒闭,去江西名人王家全家中做佣人,三年多。后来又由他介绍入他所经办的轮船公司任事(由九江至南昌往返)。我在轮船公司内因为经东家的介绍,故只做了四个月,就升任二副,做二副两年又升任大副。后因轮船公司与矿务局(汉冶萍)的轮船撞坏了盐道所坐的船,与盐道口角,后经通缉,乃逃至湖北住。湖北住一年多,此时正值造币厂已开工,即入厂做工一年。又因武昌起义,造币厂停工,经人介绍入汉冶萍公司180号船上任事,直至1923年始脱离。"

一般都说向忠发1922年入党,他自己则说1921年在汉冶萍公司工会担任副委员长时,由许白昊介绍入党,七天后即担任支部书记。

向忠发1923年参加京汉铁路工人大罢工,又以武汉地区党组织代表的身份参加党的四大,先后担任中共武汉区执委会委员、中共湖北区执委会委员、湖北省总工会委员长和中华全国总工会执行委员等,并在党的五大上当选中央委员,又在八七会议上当选中共中央政治局委员。

已故中共党史专家冯建辉在《从陈独秀到毛泽东:中共六任领导新视角》(1998)中写道:"向忠发之所以能够从基层工会干部很快进入中央领导层,首先是因为'本人有比较丰富的下层实践经验,在革命斗争中勇敢、积极,并且表现出较高的活动能力和一定的组织能力'。"

1925年5月,震惊中外的"五卅"运动爆发,向忠发积极参加武汉地区的"五卅"斗争。

1926年9月,北伐军攻克汉口;10月,攻克武昌。向忠发出

■1927年，向忠发（前排左六）、许白昊（后排左一）、李立三（后排左二）等在武汉

任武汉总工会委员长兼武汉工人纠察队总指挥。

1927年初，国民党右派悍然残害江西省总工会副委员长、共产党员陈赞贤，武力解散拥护孙中山"三大政策"的南昌市党部，引起进步人士和革命群众的愤怒，武汉各界40万人召开"追悼鄂赣死难农工领袖大会"，向忠发即席发表激情洋溢的演说，与会者都说："向忠发，好样的，不愧是我们工人阶级的儿子！""向忠发，不要怕，为我们工人干事，工人的子孙会记得你！"

1927年7月，汪精卫背叛革命。武汉的大街小巷贴满了"打倒陈独秀""捉拿向忠发"的反动标语，向忠发被迫化装去汕头，追赶南昌起义军。

1927年10月，向忠发等人远赴苏联，参加十月革命十周年庆典。

1928年2月，向忠发等人不仅出席了共产国际执委第九次全会，见到了斯大林，并且还以中共代表团名义，与以斯大林为首的联共代表团联合起草了《关于中国问题决议案》。

1928年6月18日至7月11日，中共六大在莫斯科郊外兹维尼果罗德镇"银色别墅"召开。斯大林严厉批评中共还是几个"大知识分子"在起领导作用，应当选拔更多的工人到中央，必须由工人成分的人物担当中共领袖。于是，中共六大选出的36名中央委员中，21人是工人，向忠发更是脱颖而出，"被共产国际视为中国无产阶级的象征"，确定为中共中央政治局主席兼中央政治局常委会主席。

罗章龙说，中共六大选举中央委员会，"斯大林出席指导。斯大林坐左端主位，文虎（罗章龙）坐其右，苏（兆征）、史（文彬）坐其左，灯光之下，斯眼际有鱼尾纹。他双目平视，说话声音低沉。讲话内容：中国革命形势目前没有革命高潮，处于两大高潮之间，以食指比划一个马鞍形式。最后鼓励代表们回国后好好工作，争取革命高潮早日来临。语毕退席。米夫就位，宣布国际决定任命向忠发为中共书记。米夫推向为书记，全体愕然。经过米夫说明这是斯大林的意思，大家只好勉强同意。米夫等人见状，带头鼓掌，鼓掌者寥寥无几。"（罗章龙，2005）

然而，新星一般的升起并没有为向忠发带来更多机会。

今天，他的名字还能为我们所知晓，那是因为他在他担任中共领导人的三年中，受制于共产国际的遥控和指挥，受制于一个比一个更"左"的机会主义，饱受了一波未平、一波又起的批判和反批判。那是因为他自甘堕落，晚节不保。

1931年4月24日，中共中央政治局候补委员、党的情报保卫机构负责人顾顺章叛党投敌，说出了向忠发的两大特征：一是说一口湖北话，二是右手食指缺一节。

顾顺章的叛党投敌导致中共中央机关的大关闭、大转移。向忠发被周恩来安排住进了善钟路（今常熟路）上的一栋房子。

《红色恐怖的铁拳：中共中央特科纪实》（1993）中说，善钟路上的那一栋房子是苏广成粮铺。叶永烈则说是苏广成衣铺。

恐怕叶永烈的说法是对的。因为曹聚仁在《上海春秋》（2016）里写过这么一个笑话，说的是著名报人叶楚伧"在著名的高长兴酒店喝酒。酒酣耳热，他忽问我们：'上海什么店的招牌最多？'有的朋友也举了几个名称。他都摇头说不是。最后他幽默地说出'苏广成'三个字来。大家哈哈大笑，原来他是截了'苏广成衣铺'的前三字来说的。的确，上海成衣铺总有二千多家，成衣匠四万余人，总有二十万人靠此为生，差不多占那时上海人口的十分之一。成衣匠标出'苏式''广式'来，也可以说代表了两种最时式的样儿"。

顾顺章扑了空，没能在第一时间捕获向忠发。恼羞成怒的反动当局当即下令，在全市通缉向忠发。

与此同时，一个出租车行里的会计则蠢蠢欲动，开始了他的卑劣卖人活动。这个会计叫叶荣生（又叫叶汉生、叶顺兴），曾在黄慕兰任营救部长的互济总会里干过，听过向忠发的报告，对他留有印象，知道那个经常来他车行要车的人就是向忠发。因此，他没有过多犹豫，就向范梦菊告密。

范梦菊是三民照相馆的老板，跟叶荣生的姐姐有私情。

范梦菊，又名渔人，上海人，曾为中央特科购买武器、传递密件。他开的三民照相馆是中央特科总务科的秘密据点和武器储存地。

范梦菊及范梦菊的堂弟范忠听叶荣生说，向忠发常来探勒车行要车，便跟中共叛徒、上海市公安局稽查员黄大霖和国民党上海市党部特务秦伯炎等人一起，找"国府参军"杨虎的随从秘书邹练和谈判，商定赏金数额后，即分头行动。

于是，一伙怀里揣着手枪的便衣男子开始在探勒车行内外守株待兔，张网以待。

几乎同时，顾顺章顺藤摸瓜，也已经悄无声息地逼近了善钟路上的向忠发。

在反动当局看来，抓捕向忠发，就是手到擒来、瓮中捉鳖，需要的只是时间和耐心。

七、脚下是一个陷阱

张金保是中国工人运动的先驱，中共六大中央委员。她在回忆录中说："向忠发原是个船工，大革命时期在武汉，总是穿着粗布衣服。"1930年春夏之交，她到上海参加全国苏维埃区域代表大会，发觉向忠发"穿着纺绸大褂，小口袋边还露出怀表链子"，让她"看不惯"。（张金保，1985）

其实，向忠发从苏联回国后，不仅服饰变了，穿戴变了，而且生活作风全变了。他明明早已成家，早已与湖南湘潭的村姑刘秀英结为夫妇，中央也早已将他的妻子儿女全都从武汉接到上海，让他全家团聚；但他执迷不悟，声色犬马，完全栽倒在了情妇杨秀贞的裙下。甚至周恩来让他独自移居善钟路，他私下又将杨秀贞招来同床共枕。

陈琮英和黄玠然说，杨秀贞是妓女。

徐恩曾说，杨秀贞是舞女。

顾顺章说，杨秀贞是有钱人家的姨太太。

张纪恩说："杨秀贞个子高高，有几分姿色。"

徐恩曾说："她年在二十五岁左右，装饰极时髦，容貌及身段也够得上美丽的标准。"

顾顺章投敌后，一时找不到向忠发，就找到了自己曾给向忠发介绍过的那个娘姨。

张金保说："向忠发家的老妈子是顾顺章介绍的，她与顾顺章很相熟，因此，顾顺章叛变后，向忠发就将这个老妈子辞退了，并搬了家。后来顾顺章找到这个老妈子，要她想办法找到向忠发，这个老妈子告诉顾顺章，说向忠发在一家缝纫店里新做的衣服还没有拿走，可以派人去那家缝纫店监视。"

由于当时向忠发就住在苏广成衣铺的楼上，所以张金保上述回忆的后半段里有关"向忠发在一家缝纫店新做的衣服还没有拿走"的说法，就有可能走样。更加合乎逻辑的真相应该是，顾顺章听娘姨这么一说，就让她盯死了那个成衣铺。结果，受顾顺章指使的娘姨通过盯死了那个成衣铺而发现了杨秀贞。要不是女佣的鬼鬼祟祟被站在楼上窗后向外张望的向忠发及早发现，又带上杨秀贞出逃得快，后果真是不堪设想。

之后，向忠发住进了小沙渡路上的周恩来家，和周恩来夫妇住在同一屋檐下。

周恩来再三告诫向忠发，再也不能随便出门，尤其不能去静安寺附近的德华旅社看望与陈琮英同住的杨秀贞。

但是，向忠发还是难抑思念之情，按捺了没几日，就又不老实起来。

1931年6月21日下午，鬼迷心窍的向忠发趁周恩来夫妇外出办事的空隙，擅自走出藏身之处，偷偷来到杨秀贞的住处。

陈琮英是个党性很强的人。她以为向忠发的到来，一定经过周恩来的批准，不便多问，也就没有干涉。

但直至当日午夜，向忠发仍还留在杨秀贞的房里，陈琮英不能不敲门提醒了。她连连催促向忠发尽快离去，向忠发却死乞白赖，拒不开门，还说什么："你不要管我，我明天一早就走！"

向忠发在杨秀贞的房里一直待到第二天上午8时45分，方才意犹未尽，悻悻离去。

向忠发根本就没有意识到，他的脚下已是一个巨大的陷阱，仍像往常一样走进愚园路口的探勒车行。他在走进那一个经常光顾的出租车行时，仍在回味昨夜的销魂。他在被那几个扑将上来的便衣男子卡住脖子、反剪双手、推出车行门口、一头塞进那一辆停在街沿的小轿车的时候，都还不明白他已遭遇的一切到底是活生生的现实，还是虚无缥缈的梦。

八、屈膝跪地为免一死

1931年6月23日，上海《申报》在"本埠新闻"栏里登出向忠发被捕的消息，说："向忠发为共党首领，于昨日上午9点3刻在善钟路（系愚园路之误）被捕，当送嵩山路巡捕房。旋解卢家湾捕房政治部，淞沪警备司令部以该犯为共党首领，刻已派员引提。"

这日午后，正在庐山的蒋介石收到了淞沪警备司令熊式辉发去的第一封急电，说"共党首领"向忠发已经落网，但一味抵赖，坚不吐实，蒋介石这就拍了桌子，下令"就地枪决"。

庐山那边，蒋介石刚下了"就地枪决"令；上海这边，向忠发已经放弃抵抗，缴械投降。

国民党中统内部印发的《转变》附录中，有《前伪共党中央总书记向忠发的报告》全文，即向忠发"转变"之后所写的《自供状》。《自供状》不仅将向忠发自己的身世、经历交代得一清二楚，还详细供出了共产国际驻东方部负责人、中共中央政治局委员、特务委员会成员、苏区负责人、各地上层负责者和红军七个军的领导者名单等。

向忠发还在《自供状》中逐一交代了我们党在各地分布的"实际情形"，"以江苏省委较有力量，上海为最，但亦极为薄弱"；我们党经中央局决定的七路军队"总计赤军人数十二万余人，枪支七万余"；我们党的"经济来源"主要是国际帮助、赤区接济等。

在这样一份《自供状》的最后，向忠发还将"周恩来之住址及一切重要机关"，连同"青年团总书记秦邦宪"、中央机关工作人员张纪恩、张越霞、陈琮英等，全都出卖了。

向忠发招供得如此彻底，连二十多个小时之前还跟他在同一张床上的杨秀贞都没落下。尽管他比谁都清楚，杨秀贞只是他的性伴侣，并非他的同志。

难道临死还想拉一个垫背？

难道风流成性，花心不泯，黄泉路上也要铺一点春色，撒些许玫瑰？

但张纪恩说，向忠发没有叛变。

他的手里就有国民党中统内部印发的《转变》。

他仔细读了向忠发的《自供状》，说那是敌人伪造的。

他的理由是："党中央机关被破获后，机关工作人员张纪恩、张越霞、苏彩、周秀清等同志当即虚构口供应付敌人。向忠发明知我们四人都是党员,也知道四人的真实姓名、机关的性质和真实情况,但敌人没有说我们的口供是假的,而且也没有将苏彩、周秀清逮捕。我在敌人面前,在法庭上按照已准备好的熟练的一套口供供述,敌人始终没有加以驳斥或怀疑,也从来没有指出我和张越霞的真实姓名和真实情况,一直到判决以前,在无数次的审讯中,敌人根本没有指出我的口供是虚构假造。我们没有暴露身份。……另一个和向忠发同时被捕的陈琮英(任弼时爱人),当时她就住在向忠发家里。向没有向敌人供出她的党员身份。她也被宣判无罪,交保释放。"(张纪恩,1979)

但徐恩曾说,向忠发"被指认出来以后,所表现的'向敌人投诚'的可怜相,比其他的非无产阶级的战士更精彩十倍,他先向我们表示,他只是一个普通工人,他没有能力,他在共产党内所担任的职务,实际上是一个傀儡,他甚至屈膝跪地向我们求情,要求免他一死。自动说出四个共产党的重要指挥机关的所在地,以表示他的忠诚,这一切的表现,出于我们意料之外"。

另外,邓颖超也找黄玠然谈了。

黄玠然在《党的"六大"前后若干历史情况》(2018)中说:"对向忠发被捕后的表现有两种说法,一种是说他叛变了,一种说他没有叛变。后一种说法的根据认为与向忠发同案的同志和向忠发知道的已经被捕的同志都没有发生问题。看来,这个问题现在尚待进一步查证。"

1983年9月,邓颖超约黄玠然面谈,将知道的确切情况告知了他。

1988年8月30日,邓颖超又写了一个材料,题为《关于向忠发叛变的问题》,称"向忠发是一个证据确凿的叛徒"。

邓颖超的材料在送中央书记处之前还给陈云看过。陈云批注道："向忠发确实叛变了，邓颖超同志讲的意见是对的。"

九、"密电"依然"存在"

据说向忠发叛变后，淞沪警备司令熊式辉又向蒋介石发去第二封电报，蒋介石收回成命，复电"暂缓执行"。

但1931年6月25日出版发行的上海各大报纸，还是全都披露了向忠发已于昨日在上海被处决的消息。有个外国记者说，他"被处刑时先割了耳朵，又割了鼻子，后才处死刑"。

要是向忠发真的变节了，死有余辜，死得再惨，也没人怜悯。至于他既已招供，蒋介石也已发出"暂缓处决"的命令，为什么还会被淞沪警备司令部处死？黄慕兰的解释是阴差阳错，"注定该死"。

黄慕兰说，她在向忠发被处死之后，曾"以好奇的口吻"找陈志皋谈过此事，还说自己"对这种人的下场倒蛮有点兴趣的"。

陈志皋的回答是："这家伙注定该死。原来抓住他的人，打电报给正在庐山的蒋介石，说是已抓到了共产党的总书记向忠发。蒋介石立即回电指示'就地正法'。审讯他的人接着打去了第二个电报，说向忠发已自首投诚，并帮助破获了共产党的地下印刷所，还抓到了一些共党分子。还没等蒋介石的第二次回电指示，那收到蒋介石第一个电报的人，为了抢先邀功领赏，就马上将他执行枪决了。这种人真是活该要死的。"

黄慕兰的说法，也得到了徐恩曾的佐证。

徐恩曾说："向忠发既有表示转变，他的求生愿望是应该让他实现的，但是这一次却发生了差错。当我在南京接到向忠发愿意转变的报告时，他已被上海警备司令部下令枪决了。这样的处置，对我的工作的开展上，实在是种损失。"

此外，徐恩曾还有一说，有点别致，不无另类。

徐恩曾说，向忠发是被人"出卖"的，"出卖"他的不是别人，正是王明。王明"为了争夺个人的权利，竟不惜向'敌人'出卖自己的同志"。

徐恩曾说："一天，有个外表很精干的青年，到我们的办公室来报告，说他知道向忠发的住址，愿意引导我们去找到他。我们对于这宗送上门来的献礼，初不敢予以完全相信。因为这个青年，在共产党中并未担任重要职务，按照共产党地下工作的定例，他不可能知道向的地址。但因此事不妨一试，遂由他引导我们到法租界霞飞路的一家珠宝首饰店楼上，逮捕到一个土头土脑、年已五十多岁的老头儿，他的口齿很笨拙，也不像太懂政治，从外表看，很像一个商人，住在珠宝店里，倒是适合他的身份。他初来时不肯承认他是中共的第一号领袖，我们对原报告人本来不十分信任，见了这副行径，也相信可能有错，正感到为难之际，有一个同事，他是向忠发的同乡，也干过船员，他说认识向忠发，并知道向过去的历史，向当船夫的时候，嗜赌如命，有一次从赌场中输完了钱回来，发誓要戒赌，竟把自己的左手无名指斩断一小段，以示决心。经他的指认，再一验向忠发的左手，果然无名指短了一段。向忠发无法再抵赖，只好低头认罪了。"

至于那个向他们"告密的年轻人"，徐恩曾说："当我们证实被捕的人确是向忠发之后，发给他一笔奖金，并给了他一个临时工作，因为他是自动前来效忠的，所以对他未曾特别注意。大约在向忠发死后的一个月光景,这个青年忽然失踪了。他一走,我们才恍然大悟,原来他是'奉命'来实施'借刀杀人'之计的,向忠发一死,他的任务已经完成,不走还等什么?"

要是徐恩曾的八卦不是一个居心叵测的谎言抑或玩笑,那么向忠发的背叛始末真还得需要改写。至少"静安寺附近的探勒车行"得要改写成为"法租界霞飞路的一家珠宝首饰店楼上","右手食指缺一节"得要改写成为"左手无名指短了一段"。

然而,我们更为关注的还是《转变》附录里的《前伪共党中央总书记向忠发的报告》。如果向忠发真的像陈琮英和黄玠然所说"大字不识几个,连文件也看不了",那么我们实在难以想象临死前的他还能亲笔写下那样一份条理并无紊乱、语句亦不颠三倒四的《自供状》。我们必须明白,他从被捕到被处死,前后不到三天,其间还要刨去押送、引渡、受审;还要刨去吃喝拉撒睡;还要刨去"戴着手铐脚镣",带着"巡捕房的人",闯入"恩来家";还要刨去"直接扑向"就在"恩来家"附近的"党的地下印刷厂——红旗印刷所","抓走了好几位同志"。(黄慕兰,2012)

陈益南的疑问,是在"近日读《熊式辉回忆录》"后提出的。(陈益南,2013)陈益南认为,熊式辉"当时并不在上海",所以"上述几封所谓熊、蒋的示复密电,应根本就不存在"。

《海桑集:熊式辉回忆录》(2010)里确实写着,1931年6月18日,熊式辉"骨创甫痊,挟杖赴赣就兼任总司令部参谋长,率领总部人员赴赣,同行有杨永泰、曹浩森、周佛海、危宿锺、陈国屏、彭醇士、李德钊等"。6月19日,熊式辉"抵南昌部署粗定,首先组织党务政治两委员会"。6月20日,熊式辉"默察内外情势,深感剿匪之政治力量固有待于新生"。6月22日,"总司令抵南昌,召集将领会议，决定第三次之围剿"。6月25日，"总部令何应钦为剿匪前敌总司令，兼左翼集团军总司令。陈铭枢为右翼军集团总司令"。

但熊式辉"不在上海"并不等于他就不会"就向忠发被捕一事向蒋介石发密电"。尽管他"天天就与蒋介石在一起"，他还是"用得着给蒋介石发电报"。

我们无法证实"上述几封所谓熊、蒋的示复密电"都"存在"，却在《事略稿本》第十一卷中，还是找到了"上述几封所谓熊、蒋的示复密电"中的一封。

（六月二十三日）……（二）电熊式辉、杨虎，告以匪首向中（忠）发，应即依法枪决为要。

这有点奇怪吗？我们觉得很正常。

这并不能表明"熊式辉对于向忠发被捕与随后处决一事，可能有着难言之隐"，只能表明"当时他人虽在江西，但淞沪警备司令部，毕竟仍是以他为首"，所以"熊、蒋的示复密电"依然"存在"。

第十章

开铺子做买卖

◎ 这个人不简单
◎ 第一桶金

一、这个人不简单

　　这是多云的早晨,雨后的空气凉爽而湿润。驾车行驶在机场高速上,一个念头忽然升起:也许应该研究一些先辈的故事了。家族毕竟是血脉相连,对先辈的无知一直是心中的愧疚,无论从信息的可能、精力所在,甚至是对事物的理解,现在是可以做得略微明白的时候了。(秦红,2015)

　　中共中央在上海的十三年,如果说陈独秀的七年是呼风唤雨,瞿秋白的一年不到是暴风骤雨,向忠发的三年多点是腥风血雨,那么博古的两年就是凄风苦雨。

　　博古,字则民,笔名上林,1907年生,江苏无锡人,1925年加入中国共产党,1931年9月在一个小酒店里接棒,24岁"负总责"。

　　王明于(1931年)10月前往莫斯科、周恩来于12月底到达中央根据地的瑞金。在他们离开上海之前的9月下半

■博古

月，由于在上海的中央委员和政治局委员都已不到半数，根据共产国际远东局的提议，在上海成立临时中央政治局，由博古、张闻天（洛甫）、康生、陈云、卢福坦（后叛变）、李竹声（后叛变）六人组成。博古、张闻天、卢福坦三人任中央常委，博古负总的责任。（中共中央党史研究室，2002）

博古，本名秦邦宪，北宋词人秦观（少游）第三十一代后人，无锡寄畅园第一代园主、明嘉靖朝"两京五部尚书，九转三朝太保"秦金（凤山）第十四世孙。

> 秦金是一个正人君子，一个必要时能领兵上阵的学士。但他的兴趣不仅限于风光的官宦生活，他也是一个恋家的人，以家族身世为荣。（秦家骢，2016）

博古也是一个"恋家的人"。他痛恨"完全不以人当作人，而当作家庭的俘虏、父亲的奴隶"的"吃人礼教"（上林，1925），却又深爱"亲"他"爱"他的父亲和母亲。1916年，死于肺痨，他"心里被不可说的悲哀冲动，凉迫着，几乎失了知觉"（则民，1924）。1932年，既有苏联回来后的团聚，又有远去苏区前的告别，儿女情长，英雄气短，凄凄惨惨戚戚。

> 我父亲是家里的长子，祖母守寡把他养大，他很爱祖母。在无锡上学时，尽量为祖母分忧解愁，处处为弟妹着想。当时祖母无力供养三个孩子同时读书，要女儿（我姑妈）停学，把钱省下来让我父亲继续上学。可我父亲执意不肯，他体谅祖母，

也关心妹妹前途,宁肯另谋出路也不愿妹妹停学。后经多方努力,父亲上了免费的苏州省立第二工业专科学校。父亲和祖母分别后,常思念祖母,但遗憾的是十四年未能再看老母一眼。父亲因公遇难后,叔叔杨琳怕祖母过于悲痛,一直未把我父亲牺牲的情况告诉祖母,祖母一直翘首盼着我父亲能去看望她、接她。直到1950年祖母临终前还在喊着:"长林在哪里?为什么不来看我?"(秦摩亚,2015)

■秦邦礼

秦摩亚是博古长女。她写到的"叔叔杨琳",是博古胞弟秦邦礼,香港"华润"创始人。

秦邦礼,1908年生,14岁进无锡复元钱庄当学徒。1924年在秦起领导的无锡钱业职工会任执行委员。1927年随严朴在无锡搞农民起义,失败后到上海寻找党组织,在小店铺里当伙计,学会心算默记,过目不忘。几乎同时,博古、刘群先在莫斯科东方大学进修,结为夫妻。1930年博、刘双双回国,分别担任全总的宣传干事和女工部部长。1931年顾顺章背叛革命,陈云"花了几千块钱,由一些同情革命的可靠人士出面,办了一二十个小铺子,散布在上海各个地区,以做买卖的形式掩护特科人员的往来接头"(中共中央文献研究室,2005),奇缺可靠帮手,有求于博古。博古内举不避亲,推出秦邦礼,又有严朴介绍他入党,陈云这就"交给秦邦礼两根金条,让他开店。秦邦礼用它开了一家米店,把无锡的大米运到上海出售。有了这个店,我党租房子的时候,或者营救被捕人士的时候,就可以出面'打保单'"。

米店很快就赚了钱。秦邦礼又开了一个家具木器店,专门用来布置机关,供我党机构开会使用。家具是特制的,有夹层,党中央开会的时候,如果发现可疑迹象,或者遇到敌人搜查,就把文件藏到家具的夹层里,秦邦礼作为二房东可以在安全的时候取回文件。当时我党正处于转折时期,会议特别多,这一点从《周恩来年谱》一书中不难看出。当时博古是我党总负责人,弟弟秦邦礼是他最信任的人之一。米店和家具店一方面作掩护,一方面也提供生活和后勤保障。(《红色华润》编委会,2010)

关于"家具木器店",《陈云传》(2005)中说,陈云曾"在上海红庙派人开了一个木器家具店,像一个旧货商店的样子"。有了这样一个店,凡是"机关搬家的时候,东西都弄到它那里去,要成立机关,没有家具又可搬来,很方便,是仓库,又做商店,又接头";却不是"专门用来布置机关,供我党机构开会使用";更非"家具是特制的,有夹层,党中央开会的时候,如果发现可疑迹象,或者遇到敌人搜查,就把文件藏到家具的夹层里,秦邦礼作为二房东可以在安全的时候取回文件"。对于这一点,至少吴德峰(时任中央交通局局长)夫人戚元德在其晚年回忆录里有分解,个中因缘,说得很明白。

当时,除秘密工作需要打扮应酬外,我们同志们的生活可以说都是非常清苦艰难的,经常关起门来吃糙米、粗粮,甚至拣来的菜叶,菜则多是咸菜、辣椒,常常几个月见不到荤腥。

很多同志的家庭住房和用品都很简陋。我们开始和大家一样租用了一套比较便宜的房子，房东看我们一家三口人简单，小康殷实，是忠厚本分的外地生意人，所以非常欢迎，二话都没说就一口答应将房子租给我们。谁知我们将行李家具一搬来，房东就变了脸，非要我们找三个铺保才同意我们住下。我们非常奇怪地问房东为什么？房东太太就拉着我们去看一间堆了两套和我们一模一样家具的房子，说这两套家具的主人都是通共匪嫌疑犯，被公安局抓走吃官司去了，连累我们都被闹得鸡犬不宁。因此，看见你们的家具，我就害怕，我们再也经不起折腾了，你们租房子必须找三家铺保不可，否则我们不租了。德峰马上笑着说：您放心，我们是正经的生意人，有家有口，不会搞鸡鸣狗盗的事。我们刚来上海做生意，还没安定下来，临时在街上随意买了一套便宜家具，我马上去找三个铺保。安顿下来后，德峰立即将此情况报告中央，提请注意。（戚元德，2007）

吴德峰的"报告"引起了中央的高度"注意"。由秦邦礼出面加开一家"家具木器店"，以确保我们的同志在"购置家具"时，能方便买到"符合身份、职业的各不相同家具用品"。只有努力"避免"因有"临时观念"而"露出破绽引发不必要的问题和麻烦"，才能将白色恐怖下的潜在危险进一步减小。

　　共产党地下活动的最重要一着，就是布置各级和各种任务不同的秘密指挥所。红色特务为了肩负起这一任务，他们在中国几个大都市（共产党地下活动的重要指挥所大都设在大都市）里，往往开设有家具店、房地产公司、米店、酱园、百货公司等经营日常必需品的商业机关，一则为没有职业的地下工作人员作藏身之用；二则为布置秘密指挥所的便利。其运用方法异常曲折，使置身其中，或经营这些业务的本人也不知其秘密。假定共产党需要布置一个秘密指挥所，先是由党的领导方面通知红色特务队首领，特务队首领奉命后即派遣甲去承办。甲接到命令即向开设房地产公司的乙去租房子，再向开设家具店的丙去租家具。这甲乙丙三人同是共产党的地下工作人员，但是不能直接会面办理此事，因此又要挽请丁出面经过普通的商业行为来沟通三方面的联系，使甲乙丙三人，彼此只知道是普通的商业交往，而不知是同志。甲布置完成之后，向上级交代任务，至于究由谁去住这房子，甲是不知道的。（徐恩曾，1992）

徐恩曾在顾顺章叛变的头几个月里很得意，因为顾顺章"在共产党内部的历史和地位，使他对共产党的上中级人事具有极广泛的了解，各地共产党的指挥机构中，更不少是他的旧部，他好像一部活的字典"，凡有"疑难之处，只要请教于他，无不迎刃而解"，所以徐恩曾"在全国各地与共产党作地下战斗的战绩，突然辉煌起来，案件进行也不像从前那样棘手，尤其在破获南京、上海、杭州、苏州、天津、北平、汉口等大城市的共产党地下组织的案件"中，一再"使共产党受到前所未有的重大打击"。

但徐恩曾很快又郁闷了。

陈云的"新的隐蔽策略"重新"割断"了他"所建立的线索"，致使他的"耳朵又失灵了，眼睛又失明了"。他"只知道共产党的地下组织已经变了，但是怎样变？何人负责？机关设在哪里？一切具体情况，便茫然无知"。莫斯科方面则赞不绝口，说"这个人不简单"。"开铺子做买卖"的"这个人不简单"。

二、第一桶金

陈云调全总后，秦邦礼改由严朴领导。

严朴是秦邦礼的入党介绍人。秦邦礼在知根知底的严朴领导下，自然干得愈益上劲、有声有色。

1931年，秦邦礼在陈云、严朴领导下，在上海开设了六家小商店，作为党的地下交通站。有家具木器店、糖厂、南货、米店、文具烟纸（向忠发叛变后，周恩来和邓颖超曾在文具烟纸店小阁楼上暂住过一段日子），较大的一家是在汕头开设的"上海中法药房汕头分店"，这是上海往中央苏区必经的交通站。陈赓、章汉夫、张闻天等，都在此住过。（秦福铨，2007）

当时，从"上海往中央苏区"，途中要经过香港或广东，然后走汕头—三河坝—大埔—永定—上杭—汀州沿线。这一线纵跨白区、游击区和苏区，既有水路，又有陆路；既有一马平川，又有崇山峻岭；原大埔交通站站长卢伟良（生前曾任广东省人民检察院副检察长）对此有详尽回忆："大埔交通站的任务是负责从青溪—大埔城—潮安—汕头—香港—上海和从青溪—多宝坑—伯公坑—铁坑—桃坑—永定苏区的交通护送任务。这一路，特别是经过多宝坑、伯公坑、铁坑、桃坑到永定苏区，所走的道路是树木杂草丛生的羊肠小道，十分难行。我们的交通员只能是像军队一样行动，尖兵同志对安全

行动甚为重视，行至山林里也经常遇见山猪，为了避免引起敌人的注意，我们的同志从未开枪打过。"（卢伟良，1980）

据卢伟良回忆，从1930年冬到1932年春，大埔交通站"先后护送了几百名同志通过敌人统治区"。他还"记得名字"的有：周恩来、叶剑英、邓小平夫妇、刘少奇、项英、任弼时、何叔衡、刘伯承、左权、萧劲光、朱瑞、陈赓、李富春、李克农、钱壮飞、胡底、聂荣臻、张爱萍、胡耀邦、林伯渠、董必武、谢觉哉、李六如、王观澜、杨尚昆、李伯钊、刘英、张闻天、王稼祥、陆定一、伍修权、张经武、冯文彬、李一氓、危拱之、郭化若、程子华、贾拓夫、廖似光、凯丰、张如心、严重、蔡树藩、陈友梅、乐少华、贺昌、伍云甫、黄甦、吴亮平、李卓然、成仿吾、曾希圣、曾三、刘少文、王秉璋、欧阳钦夫妇、张然和夫妇、刘伯坚夫妇、贺诚夫妇、梁广等。

《杨琳小传》（2010）中说，从1932年春到1933年夏，汕头—三河坝—大埔—永定—上杭—汀州沿线，还"转移"过博古和陈云，还"护送"过化名李德的奥托·布劳恩。

> 1933年1月17日，秦邦礼陪同博古和陈云离开上海，他们打扮成商人模样，乘海轮抵达汕头。在汕头住了一个晚上，而后博古和陈云化装成当地老百姓，由下一站交通员卓雄继续护送，走到永定县，遭遇国民党千人"清剿"，卓雄带领两名交通员将敌人引走，博古、陈云才化险为夷。（《红色华润》编委会，2010）

《杨琳小传》的说法跟《秦邦宪（博古）传》（2007）的作者吴葆朴、李志英的叙述一致："当时中央特科书记陈云亲自派秦邦宪的弟弟秦邦礼在汕头设点,负责从上海到闽西的秘密通道。1933年1月,秦邦宪和陈云便是从上海乘船到达汕头,住在上海中法药房汕头分店这一秘密联络站内。在经理室,秦邦宪和陈云与秦邦礼进行秘密谈话,陈云一再嘱咐秦邦礼,要注意联络站的安全,凡是中央苏区送交上海党中央的机要文件,都要亲自护送。"但《陈云传》(2005)的记载却是:"1月17日,陈云和博古在中央特科护送下秘密离开上海,乘船前往广东汕头。一路上,他们身着长袍,装扮成商人模样。第二天,抵达汕头,同等待在那里的中央特科工作人员陈潘年取得联系。在陈潘年掩护下,他们在'汕头住了一天,坐火车又到邵阳,又坐船到三洋坎,然后坐小船到苏区边界'附近的大埔。"

关于"陈潘年"其人的原始出处,可见卓雄的回忆。卓雄不是"下一站交通员",而是"中央政治保卫局执行科科长"。(中共中央文献研究室,2005)卓雄在接受东方二十一世纪网记者专访时说,"从上海经香港到汕头的海上线",是由"中央政治保卫局交通科建的。具体负责人叫陈潘年,绰号陈胖子,他是交通科长"。(孙峻亭、李树庭,2003)《杨琳小传》却只是完整照搬"海上线"的"跨苏区、半游击区、白区三段,大埔三河坝以下是水路,以上则是山区",而独独视而不见"陈潘年"。《杨琳小传》的脚注既然已经写上了"采访卓雄记录",为什么还不承认"中央政治保卫局交通科科长"的存在呢?最大的可能是,"《红色华润》编委会"误把"陈潘年"当成"潘汉年"了。因此,卓雄愈是说自己"率十多人的武装小分队直奔广东的潮州",跟"陈潘年"交接经由"海上线"进入苏区的奥托·布劳恩(李德),《杨琳小传》就愈是要把风马牛不相及的"潘汉年"扯进"护送"行列。

李德是德国人,外貌特征很显眼,路上不断遇到盘查。1933年8月,秦邦礼把李德扮装成游客,乘坐英国轮船到汕头。到汕头后先住进中法大药房,又改装成考古学家,下一段路由潘汉年护送。到大埔后又化装成传教士的模样,胸佩十字架,一袭黑袍夹衣,再由卓雄护送,9月到达苏区。(《红色华润》编委会,2010)

纵观秦邦礼一生,最辉煌的业绩莫过于创办"华润"。

秦红在《华润折射的现代史缩影》(2014)中说,"华润"的前身是"联合行"。"联合"在无锡方言里是"廉安"的谐音,而"杨廉安"正是秦邦礼初到香港时的所用名。

1946年秋,国共"和谈"破裂,杨琳(秦邦礼)被召到上海,接受周恩来赋予的新任务:打通海上运输,发展国外贸易,交流国内外物资;完成财政任务;培养对外贸易干部。回港后,杨琳把"联合行"改名为"联合进出口公司",简称"联合公司",在德辅

■ 1937年,秦邦礼及夫人王静雅、大儿子秦福铨、女儿秦文、小儿子秦明在上海

道香港电话公司大厦(太子行)租赁了一个写字间,还注册了"天隆行",在广州设立"天隆行"分行,用两地公司从事香港与内地的贸易活动。

1947年圣诞节,"联合公司"聚会,杨琳无限感慨:"'联合公司'这个名字当初是以我的名字'廉安'命名的,现在,公司发展了,要给公司重新起一个响亮的名字。"几经讨论,"联合行"改名为"华润"。英文译名"China Resources",是华润公司会计黄美娴翻译的,并得到了朱德总司令的批准。

秦红,1967年生,1990年毕业于北京大学经济学院。

秦红是秦钢女儿。秦钢是博古次子。

秦红向她叔公在天之灵献上了由衷敬意。她说,"华润"是"共产党夺取政权前成立的公司中的硕果仅存者"。"'华润'的历史,实在就是中国现代史的缩影","'华润'的渊源,可以追溯到1931年"。

1931年,中央特科改组,陈云临危受命,力挽狂澜。

1931年,秦邦礼入党,开铺子做买卖,为党开挖第一桶金。

从上海到汕头,再到香港,这既是一条看不见的政保战线,更是一条看得见的外贸战线。

从地下交通站到党中央旗下的第一境外公司,再到跻身世界五百强的国有重点骨干企业,这既是一种发展,更是一种境界。前者是以"无领衬衫"打破帝国主义的经济封锁,后者是"追求超越利润",促进全社会的文明和进步;前者是"封锁吧,封锁几十年,我们什么都有了",后者是"我们不但善于破坏一个旧世界,我们还将善于建设一个新世界"。

第十一章

野天鹅

◎ 小开
◎ 从淞沪抗战到闽变倒蒋
◎ 我们的人

一、小开

"小开"泛指"富二代",流行于20世纪30年代的上海俚语。一如大户人家的女帮佣叫"娘姨",衣着怪异、举止浮浪的男子叫"阿飞",以乞讨或偷窃为生的无业游民叫"瘪三",扮相辣眼、腰带蓬松的"拉三"(沪语,意指千要万要、脸皮不要的"外围女")叫"垃圾马车",整天游手好闲、鱼肉百姓的市井泼皮叫"白相人","炳根爷叔"(上海经典滑稽戏《七十二家房客》中的"白相人")的"家主婆"(吴语,意指老婆,"家"音"尬")、"雌老虎"一样的"二房东"叫"白相人嫂嫂"。

"小开"貌似"吃格"(沪语,意指神气)、"老茄"(沪语,意指强势,"茄"音"嘎"),"飚劲"(沪语,意指目中无人)十足,俨然洋场酷男,充"大好佬"(沪语,意指有身价之人),实则油头粉面,西装革履,风流倜傥,器宇轩昂。他们交友甚广,懂得不少,却一瓶子不满,半瓶子淌得很,是"墙上芦苇,头重脚轻根底浅;山间竹笋,嘴尖皮厚腹中空"。

老上海"小开"的最鲜明特点就是,"鲜格格"(沪语,意指自我放大、哗众取宠)、神抖抖(沪语,意指装腔作势、言过其实)、寿嗒嗒(沪语,意指二百五,不识时务,好出洋相)、野豁豁(沪

■潘汉年、董慧夫妇

语,意指不靠谱,成事不足,败事有余)。

"小开"大多为纨绔子弟、小鲜肉、空心大老倌(沪语,意指徒有虚名,外强中干),有一些家底,本人却并无独立打理资产抑或立足社会的能力。他们的最大能耐就是啃老,醉生梦死,坐吃山空。

潘汉年的笔下不乏这号人物。至少早期小说《苦杯》里的飞云,多少有点"小开"味,有点金玉其外、败絮其中的影子。这样的"小开"不能不在一个"黑暗的世界"里,饱尝"绝望"与"悲哀"的"苦涩的圣醇"。

然而,"小开"终究成了潘汉年的代号——在海上文坛的代号,在党内工作的代号,司职中央特科的代号,搏击隐蔽战线的代号,一如"先生"之于陈云、"老板"之于康生。

潘汉年自宜兴到上海后,慢慢养成了一种穿西装的习惯。他压根儿不喜欢穿长衫马褂,也不愿穿上被人指责为"赤化"的中山装。西装革履,是他衣着上的一个特点,也为他日后对敌斗争带来了方便。由此缘故，不相识的人还以为潘汉年是资本家的儿子。于是，"小开"之名，就在这"亭子间"，在这颇为寒酸的日子里，被叫出了名。对此，潘汉年并不介意。他默认了，并且堂而皇之地以"小开"、"开"、"小K"、"K"等代号发表文章，甚至发展到后来在向毛泽东、周恩来以及共产国际、中共中央汇报的文书上，也署上"小K"这个代号。（张云，2017）

潘汉年，1906年生，江苏宜兴人。在宜兴，归泾潘氏是一个大家族，只是潘汉年出生时已然颓败，除了书香门第的遗风，再无实实在在的产业。后来，每一回填写个人履历，潘汉年也就总是不会少了"破落"二字。

1925年，潘汉年背井离乡，跻身上海，由阮仲一、王弼介绍加入中国共产党。

1927年，潘汉年投笔从戎，在南昌任《革命军日报》总编辑，在武汉任国民革命军总政治部宣传部编纂股长。

1928年，潘汉年返沪，创编《战线》周刊。

1929年，中共中央宣传部设立文化工作委员会（简称中央文委），潘汉年任书记。

1930年，中国自由运动大同盟成立，潘汉年当选执行委员，任党组书记。中国左翼作家联盟成立后，潘汉年任党组书记。中国左翼文化总同盟（简称文总）成立，潘汉年任党组书记。

1931年，潘汉年调任中共江苏省委宣传部长。同年5月，潘汉年调任中央特科情报科科长，为中央特委委员。

从此，潘汉年似乎销声匿迹了。朋友们再也难得见到他的身影。有时偶然在什么场合碰见了，他也只是点点头，笑一笑，算是打了招呼，充其量只有三言两语的寒暄，而一反其往日总是谈笑风生、滔滔不绝的风采。如果是在大街上碰见了，则视若路人，匆匆而过。曾经和潘汉年在一个支部里活动过的楼适夷也说："汉年已是一个完全的地下工作者，再没有地方去找他聊天了。也不知他在干什么。总之，是很机密的。"（尹骐，1996）

"很机密"的感觉，不只是楼适夷有，夏衍也有。夏衍跟潘汉年"已经有五六个月没有见面"，潘汉年约他在饭店里见。夏衍问潘汉年上哪了，潘汉年闪烁其词，不做"正面回答"。

> 大概是1931年夏，已经有五六个月没有见面的潘汉年，通过一家书店的关系找我，约我到爵禄饭店的一间房间里见面，从下午4点一直谈到薄暮。一开头，我先谈了一些"左联"和"剧联"的工作情况，对于这些他似乎都已经知道了。于是，我就幼稚地问他这段时期他到哪里去了？他说什么地方也没有去，只是换了一个工作岗位。我再问他什么工作，他就不肯讲了……
> （夏衍，2006）

不是"不肯讲"，而是不能讲，就像安徒生童话里的艾丽莎。因为《野天鹅》里的小艾是不能说话的。小艾只要说出一个字，她那被王后的魔法变成天鹅的十一个哥哥就将要丧命。因为此时的潘汉年"已是一个完全的地下工作者"，陈云要求中央特科的工作应当深入社会，完全同党的其他组织隔离。

过去特科组织与工作人员在党内并没有严格隔离，陈云主持特科工作后,首先改变这种状况。他根据少而精的原则,调整内部组织,将已有一定程度暴露、不宜继续做秘密工作的主要干部李强、李克农、陈赓等调离上海;同时撤销第四科,将通讯电台的工作移交中央秘书处,其余三个科进行精简缩编。陈云兼一科科长,潘汉年兼二科科长,康生兼三科科长。他又改变特科的活动方式,要求一切工作人员的社会职业必须是真实的,有着落的,从而能够深入社会活动,通过社会活动建立起各种社会关系,以这些社会关系掩护特科的工作。同时采取更严密的防范措施,强调单线联系,严格限制相互之间的往来。
(中共中央文献研究室、陈云研究组,2018)

中央特科的组织机构及工作方式做了初步改变后,陈云跟潘汉年等又集中精力研究如何恢复和开展情报工作。

打入敌人内部收集情报的工作,在顾顺章叛变后一度停滞。为了保卫中共中央的安全,必须尽快重建。潘汉年因势利导,派中共早期党员、代号"老枪"、曾任中共嘉定县委书记的沈寿亚和梅龚彬,分别接近国民党CC系干将、上海市党部组织部长吴开先,想从他身上打开缺口。

二、从淞沪抗战到闽变倒蒋

潘汉年直接联系的梅龚彬(梅电龙),大革命时期搞学运,同吴开先友好。吴开先叛投国民党后,在上海市党部任组织部长,仍与梅龚彬有着友谊往来。1931年,中央决定梅龚彬正式同中央特科发生联系,先由潘汉年直接联系,要他接近吴开先,了解吴开先和上海市党部的"反共"计划。后来,他通过办杂志,结识了十九路军将领,成为该军的政治干部。吴开先亦要他随时报告十九路军将领的动向。"一·二八"淞沪抗战时,通过梅龚彬,我们党同十九路军进行了一次合作抗日谈判。潘汉年代表中共,徐名鸿代表十九路军,双方达成共同抗日的协议。但因蒋介石不支持,我们党也有"左"的路线干扰,以及十九路军上层人物动摇,终于退出上海。后来,梅龚彬经组织同意,与十九路军将领继续保持联系。

徐名鸿,字羽仪,号翱翔,1897年生,广东丰顺人。1919年,北京高师国文系毕业。1926年春,投笔从戎,回广东加入国民革命军,任李济深第四军第十师政治部主任。随军北伐,进军湖南,占领武汉,后又北上河南,秘密加入中国共产党。

> 我有一个跟随我最亲密的学生叫黄艮庸,黄艮庸是广东人,徐名鸿也是广东人,徐名鸿与我的认识还是黄介绍的。一个徐名鸿,一个黄艮庸,一个王平叔,三个人都去广东参加国民革命,随北伐军到了武汉。到了武汉,三个人就不相同。徐名鸿参加了共产党,后来又为革命而死,为革命而牺牲了。(梁漱溟,2010)

1931年6月10日,陈铭枢空降赣州,通电就任江西"剿共"军右翼集团军总司令。翌日,在吉安集中部队,以蒋光鼐为十九路军总指挥,蔡廷锴为军长,戴戟为参谋长,徐名鸿为秘书长,于11月下旬进驻上海。

1932年1月28日,淞沪抗战开始,蔡廷锴大义凛然,经由《密勒氏评论报》昭告世界:"每一寸土地上都沾有中国人的血,我们绝不会轻易放弃,白白让给日本人。我们只要还有一个人、一颗子弹,就要坚守在这里。我们为独立而战。哪怕日本攻占上海的野心一时得逞,我们退到了黄河边,仍还不是战争的结束。最后的胜利必定属于我们!"

蔡廷锴的想法却不等于蒋介石的想法。十九路军誓与上海共存亡,蒋介石却"终日思虑",只想"战则无可战条件,和则国人所反对"。因此,凡有人反对"攘外必先安内",就破口大骂"无智识、无程度之国民","是非不分,利害不明","惟有待亡而已"。

陈铭枢们这就有了临阵倒戈、弃暗投明的念头。他们"把发动军事反蒋的意图"告诉了梅龚彬,还邀请他"去福建为十九路军培训干部"。(梅龚彬,1994)

他们还让梅龚彬安排徐名鸿跟潘汉年谈判,共商携手抗日大计。

蒋介石下野后不久就在汪精卫的配合下卷土重来,并与日本帝国主义侵略者签订了屈辱的淞沪停战协定。此时,孙科政府垮台,陈铭枢被迫声明出国,蒋介石还按照日本帝国主义侵略者的要求将十九路军调离淞沪。蒋介石的所作所为激怒了十九路军将士,蔡廷锴义愤填膺,拍案大呼:"北上抗日!"可是,蒋介石非但不许十九路军在淞沪,也不准十九路军转赴华北抗日,强令该军南下福建打红军。矛盾急剧激化导致陈铭枢等酝酿军事反蒋。见到这些,我更增强了争取十九路军的信心。在十九路军离开淞沪前,我曾安排蔡廷锴的代表徐名鸿会见潘汉年。这次重要会见为蔡廷锴日后在福建与红军谈判停战奠定了基础。(梅龚彬,1994)

■十九路军士兵在上海闸北进行巷战

1932年5月下旬是十九路军从"拥蒋"到"反蒋"的分水岭。鲍文蔚之子鲍劲源说，戴戟（时任淞沪警备司令）外孙沈坚（华东师范大学历史系教授、博士生导师）告诉他，十九路军退出上海前，在司令部的大礼堂里立碑"以明心志"，由戴戟手书碑文，"气愤"指斥《淞沪停战协定》取缔一切抗日活动，划上海为非武装区，十九路军撤防，中国不得在上海至苏州、昆山一带驻军，日本却可驻兵上海。

停战后，蒋介石在其嫡系部队云集京沪、沪杭线的情况下，决心对"违令"抗日的十九路军加以整肃，先行调离京沪。蒋介石决心肢解十九路军，5月6日下令以一个师调江西归南昌行营指挥，以一个师调武汉归武汉行营指挥，另以一个师调安徽，十九路军总部、军部则暂留南京。但是蒋光鼐、蔡廷锴在各方支持下和所部官兵不想打内战的情绪下，虽然反动派压迫

加强，仍据理力争，不服从分割肢解的命令。蒋介石不得已乃令该路军调到福建。（李以劻，1963）

十九路军到了福建，就又"与红军谈判停战"。"谈判"的目的还是为了"抗日"。双方的全权代表仍是徐名鸿和潘汉年。

1933年10月，徐名鸿和陈公培（吴明）同往江西瑞金。陈公培也是中共早期党员，1920年8月，与陈独秀、李汉俊、俞秀松、施存统（施复亮）、陈望道、沈玄庐（沈定一）、李达等在上海《新青年》编辑部发起成立共产党早期组织。同年，赴法国勤工俭学。1924年入黄埔二期，曾任国民革命军第四军政治部副主任，参加南昌起义，后与党失去了联系。

徐名鸿和陈公培一到瑞金，随即受到毛泽东、朱德、周恩来、林伯渠等中华苏维埃共和国临时中央政府、中央革命军事委员会和中国工农红军第一方面军主要领导人的热烈欢迎。毛泽东、朱德、周恩来、林伯渠都说中共方面完全支持"福建省政府"和十九路军抗日反蒋。

10月26日，《中华苏维埃共和国临时中央政府及工农红军与福建政府及十九路军反日反蒋的初步协定》经潘汉年和徐名鸿草签生效，明确规定"双方立即停止军事行动"，"福建省政府及十九路军即根据订立本协定原则发表反蒋宣言，并立即进行反日反蒋军事行动之准备"，"双方应于最短时间，另定反日反蒋具体作战协定"。

1933年11月20日，十九路军发动反蒋福建事变。"中华共和国人民革命政府"公推李济深为主席，梅龚彬代表临代会主席团向李济深授印并致辞，全场随之高呼："打倒蒋介石！""打倒卖国残民的南京政府！""打倒日本帝国主义，收复东北失地！"

1934年1月5日,十五万蒋军入闽作战,十九路军寡不敌众,节节败退。延平、水口、古田、福州相继不保,闽变政府黯然解体。"中华共和国"就此成为历史名词,仅存五十三天。

三、我们的人

1932年"一·二八"淞沪抗战后,陈云离开中央特科,任全国总工会党团书记,康生领导特科工作。下半年起,由潘汉年领导特科,潘汉年和夏采曦、王子春、谢德钊成立特科委员会。

潘汉年"领导特科"时期,跟杨度有密切来往,加强了情报关系。

杨度,原名承瓒,字皙子,后改名度,别号虎公、虎禅,又号虎禅师、虎头陀、释虎,1874年生,湖南湘潭人。

■ 杨度

杨度的出名在于他曾附和"公车上书",追随康有为、梁启超等人力主君主立宪。正因为他坚持认为唯有"维新"才能救中国,所以他可以促成孙黄合作,将黄兴介绍给孙中山,却从不赞成孙中山的共和革命。他说:"吾主君主立宪,吾事成,愿先生助我;先生号召民族革命,先生成,度当尽弃其主张,以助先生。努力国事,斯在今日,勿相妨也。"正因为"中国如不废共和,立君主,则强国无望,富国无望,立宪无望,终归于亡国而已"的思想深影响了他,所以袁世凯复辟,他与孙毓筠、严复、刘师培、胡瑛、李燮和等人共同发起组织筹安会，以"劝进"为己任，狂热鼓吹"去伪共和而行真君宪"，为袁世凯誉称"旷代逸才"。

但一代枭雄终究在大呼"杨度误我"后撒手归西，章太炎在论洪宪帝制失败之关键时亦有"以三人反对三人"一说，说"梁任公反对杨皙子"又是关键之关键。于是，继任总统黎元洪的惩办通缉帝制祸首令上，杨度名列第一。杨度累累如丧家之犬，也就只能遁入空门，学佛参禅。

民国十六年以后，杨度隐居在上海法租界，周旋于上海群雄之间，时某大闻人曾向杨度投过门生帖，称之为老师，杨度亦乐得每日受些膏火之资。其实此公雄心不死，暗中仍在参与政治活动。杨度有同乡之弟王某，跟出生在湖南省湘乡县的陈赓是亲戚。王某跟陈赓接触，对中国共产党有了一定的认识，在杨度面前曾有意无意地透露跟陈赓的关系，杨度不仅不害怕，反而嘱咐王某介绍他跟陈赓见面。陈赓知道杨度曾经是"封建余孽"，踌躇未决，特请示周恩来。当时，周恩来在上海负责党的政治保卫工作，陈赓在周恩来领导下担任中央特科第二科（情报科）科长。周恩来认为，杨度社交面广，熟悉中国政治情况，不妨与之联络。

于是，陈赓成了杨度的座上客。杨度是一个思想作风等方面颇为矛盾的人物。他晚年潜心佛学，写过一部研究佛理的著作。通过与陈赓的接触，杨度认为共产主义跟释迦牟尼的"无我"、"救难"的宗旨相同，故更加同情革命。这件事情传到当时担任中共中央宣传部长的李立三耳中，李大为惊异。李立三也是湖南人，对杨度生平知之甚多，认为杨度以复辟为余生而信奉革命，难以置信。乃派中宣部下属的文化工作委员会负责人潘汉年跟杨度见面。潘为武汉时代邓演达、郭沫若主持总政治部之宣传干部。国共分裂后回上海从事公开文化运动及组织自由运动大同盟，素以能言善辩、联络上层人士著名。潘与罗绮园、李求实（李伟森）从事筹备出版《红旗周报》时，潘以杨擅长书法，请杨代书《红旗周报》之报头，杨毫无考虑，一挥即就，潘袖杨之题字向李立三复命，李立三乃信服，并将杨之题字，立付罗绮园制版发刊。（左湘君，1946）

左湘君说的"同乡之弟王某"，即当时旅居上海的湘籍画家王绍先。

王绍先，原籍湖南湘潭，清代咸丰年间湘军名将王鑫嗣孙，与同乡齐璜（白石）和杨度均有深交。齐白石不仅在自己的回忆文章中记有王绍先的名字，而且还跟杨度一起为王绍先所收藏的《梅花合卷》题跋。王绍先收藏的《梅花合卷》源自祖传，作者杨无咎（补之）为宋画大家，尤擅画墨梅，以致清徐沁在《明画录》中都说："嗣是尹白祖华光一派，流传至南宋杨补之，始极其致。"因此，王绍先请齐白石与杨度题跋，齐、杨欣然命笔，一写"绍先先生所藏补之此卷，气势尤盛，可宝者"，一写"绍先……索予与白石题记。予为略述历年闻见于此，兼评尹画，以明杨卷来历及其梅法之源流焉"。

徐粲楞说，王绍先是"地下党"，以画家身份为掩护，经常来杨度家里走动，让杨度"关起门来阅读"一些进步书刊。

徐粲楞是杨度侧室。她记得1929年的某一天晚上，王绍先带了一个人来访，杨度请他们上楼，关起门来，谈了许久。

徐粲楞不知杨度跟来人谈了些什么，却知道来人正是陈赓。

陈赓时任中央特科情报科科长，刘鼎是情报科副科长。杨度的经常性"联系"，由刘鼎"具体负责"。刘鼎"在和杨度的联系中，获得许多政治情报，并取得和国民党改组派以及上海著名的青洪帮头子杜月笙的联系，通过这些渠道，及时了解南京国民党统治集团的动向及其要人的活动情况"。（李滔、易辉，2002）

1931年5月，顾顺章事件发生后，中央特科改组。陈赓调离时，将杨度的关系移交给了接任的潘汉年，由潘和杨保持单线联系。在和杨度的联系与交往中，25岁的潘汉年和比他年长一倍以上的杨度建立了融合友好的情谊。（尹骐，1996）

很快，潘汉年又将杨度的关系交给了夏衍。夏衍在《纪念潘汉年同志》（1982）中写道："1931年党的六届四中全会之后不久，潘汉年在当时'文总'的机关（南京路王兴记木器店楼上）向'文委'所属各联的党员作了全会决议的传达报告。这以后，冯雪峰接替了他的'文委'书记职务。我有半年多没有和他见面。大约在这一年深秋的一个晚上，他通过良友图书公司找我。见面之后，他就要了一辆出租汽车，开到法租界的薛华立路（现建国中路）的一家小洋房里，把我介绍给一位五十出头一点的绅士。他们似乎很熟脱，相互间没有什么寒暄客套。汉年同志一上来就说：'过几天后我要出远门了，什么时候回来也难说，所以……'他指着我说：'今后由他和您单线联系，他姓沈，是稳当可靠的。'这位老先生和我握了握手。潘又补充了一句：'他比我大六七岁，我们是老朋友。'他们随便地谈了一阵，讲的内容，特别是涉及的人的名字我全不了解。临别的时候，这位老先生把一盒雪茄烟交给了他，潘收下后连谢谢这句也不说，我也猜到这不是什么临别的礼品了。出了门，他才告诉我：'这是一位知名人物，秘密党员，一直是我和他单线联系的，他会告诉我们许多有用的事情，你绝对不能对他怠慢。'停了一会，又说：'这座洋房是杜月笙的，安南巡捕不敢碰，所以你在紧急危险的时候可以到这儿来避难。'"

夏衍说，他跟对方"大约来往了半年之后"，方知那位"五十出头一点的绅士"是杨度，是袁世凯的第一走狗，因而"大吃一惊"。

1931年9月17日，杨度病逝上海，自题挽联曰："帝道真知，如今都成过去事；医民救国，继起自有后来人。"

杨度临终还在"交待他的儿子杨公庶、杨公兆继承他的事业。杨公庶是很热情地要继承父亲的事业。因为杨度生前就同我们有关系，人家说他是保皇党，同袁世凯有关，我们称他为'特别党员'，后来'特别'两个字也不提了。杨公庶是清华大学的秘书长，他把清华大学的校长翁文灏介绍到我这里来，因为是政治活动，就到他家里吃饭，他家里人不参加，只有翁文灏、杨公庶和我三个人"。

杨度精神可嘉。周恩来和潘汉年亦"曾秘密地亲去吊唁志哀"，跟这位不惜"杀头灭族"，"在白色恐怖最严重的时候入党"的同志做最后告别。（刘人寿、何荦，1995）

1946年12月11日，左湘君的文章《怪物杨度》在《联合日报晚刊》（后改名《联合晚报》）上发表，首次公开说到周恩来同意陈赓"联络"杨度，潘汉年"请杨代书《红旗周报》之报头"。

1947年，文化名人宋云彬向夏衍求证："杨度晚年是不是加入了共产党？"同时，在座的潘汉年和夏衍，都做了肯定回答。宋云彬在《杨晳子晚盖》（1985）中说："人不怕顽固，只怕顽固而不化，只要能够化，一旦找到了安身立命之所，不但自己心安理得，以往的过错也就被掩盖了。故昔人有言曰：'彼将恶始而美终，以晚盖者也。'"

1949年2月22日，毛泽东和周恩来在西柏坡会见颜惠庆、邵力子、章士钊、江庸等人。章士钊跟毛泽东有私交，又是湖南老乡，闲聊间谈起近代湖南还有什么名人。章士钊说："数得上的也就是杨度了。"毛泽东说："杨度是我们的人啊！"章士钊惊诧莫名，难以置信。毛泽东进而道："杨度是党员，在上海秘密入党。"

几天后，经中共中央香港分局安排，柳亚子、叶圣陶、曹禺、宋云彬等人挥别港岛，乘船北上，转道山东解放区进北京。途中，宋云彬说起杨度晚年与中共有联系，举座"皆惊诧"，尤其叶圣陶更在当天日记中写下一句"前所未闻"。

杨度至死都未向人透露他是中共党员。杨度的家人说："甚至在他死后很多年，我们只知道他和共产党有联系，有往来，真正确认他的党员身份，也是在1978年之后。"

1978年7月30日，时任国家文物局局长王冶秋，在《人民日报》上发表纪念周恩来的文章《难忘的记忆》，说："敬爱的周总理在逝世前几个月，有一天，派秘书来告诉我：当年袁世凯称帝时，'筹安会六君子'的第一名杨度，最后参加了共产党，是周总理介绍并直接领导他的。总理说，请你告诉上海的《辞海》编辑部，《辞海》上若有'杨度'条目，要把他最后加入共产党的事写上。"

周恩来的嘱托很郑重，但真正要把杨度"最后加入共产党的事写上"《辞海》，那还得多方求证。

这时，杨云慧站了出来。

杨度有两房太太和八个孩子。杨云慧是杨度跟侧室徐粲楞的长女。

徐粲楞在十年动乱中受冲击，杨云慧向章士钊求助。章士钊明确告诉她："你父亲的确是加入了共产党，而且是在周总理领导下入的党。这件事，毛主席亲口跟我讲过，不过对党外一向没有公开。"

1978年9月6日，《人民日报》第三版刊登了李一氓的文章《关于杨度入党问题》，继王冶秋之后再说，"杨度确是党员，确是同志"。李一氓时任中联部常务副部长。他说，1930年就听说，杨度是党员。杨度为中共中央1930年出版的《红旗周报》题写了报头。李一氓在回忆录《模糊的荧屏》（1992）中，再次确认："刊头《红旗周报》四字看来是杨度写的。"

同一版上，还刊登了夏衍的文章《杨度同志二三事》。夏衍说："现在，知道杨度是'筹安会六君子'者多，知道他是共产党员者少，因此，跟他有过工作关系的人，有实事求是地说明事实、表扬他的晚节的责任。"

按照夏衍的说法，杨度的入党，"不在1926、1927年，而是1929年秋，在李大钊同志牺牲后，他思想上发生了很大变化。他和章士钊先生奔走营救被捕的共产党员，周济被难者的家属。到上海后，他加入'中国互济会'，捐助了一笔可观的经费。经过了一段时间的考察，经人介绍，他申请入党，经周恩来批准，成为中国共产党的秘密党员。"

夏衍还说，周恩来离开上海后，组织上决定，由他跟杨度单线联系。两人每月见一次，他给杨度送去党内刊物和市面上买不到的"禁书"，并谈论国内外形势。杨度则不止一次地把亲笔写的关于国民党内部情况，装在用火漆封印的大信封内，交他转给组织。他最初只知这是一位姓杨的秘密党员，后来逐渐熟悉了才知道，原来是鼎鼎大名的杨度。

夏衍又说，杨度曾对他说："我平生做过两件大错事，一是辛亥革命前，我拒绝和孙中山先生合作，说黄兴可以和你（指孙中山）共事，我可不能和你合作，对这件事，我后来曾向孙中山先生认过错；二是我一贯排满，但我不相信中国能实行共和，主张中国要有一个皇帝来统治，这件事直到张勋复辟后，我才认了错。"

对于自己的入党动机，杨度跟夏衍说的是："我是在白色恐怖最严重的时候入党的，说我投机，我投的杀头灭族之机。"

有了杨云慧转述的章士钊证词，再加上夏衍和李一氓等当事人的相关文章，《辞海》编辑所这就把周恩来的嘱托落到了实处。

1979年9月，《辞海》（三卷本）中的"杨度"词条，由陈旭麓（时任华东师大历史系教授）执笔修改，并经上海辞书出版社审定。最终定稿的"杨度"词条，近300字：

> 杨度（1874—1931），近代湖南湘潭人。字皙子。王闿运门生，留学日本。1902年（光绪二十八年）与杨笃生等创刊《游学译编》，后为清政府出洋考察宪政五大臣起草报告，任宪政编查馆提调。1907年主编《中国新报》（月刊），主张实行君主立宪，要求清政府召开国会。辛亥革命爆发后，受袁世凯指使，与汪精卫组织国事共济会。1914年袁世凯解散国会后任参政院参政，次年联络孙毓筠、严复、刘师培、胡瑛、李燮和等组成筹安会，策划恢复帝制。袁世凯死后被通缉。后倾向革命，1927年李大钊被军阀张作霖逮捕前后，他曾多方营救。晚年移居上海，参

加中国互济会及其他进步团体。1929年秋加入中国共产党，在白色恐怖下坚持党的工作。

1986年，杨度新墓落成，在虹桥宋园，毗邻宋庆龄墓地。

墓碑是原有的，有夏寿田在碑身上写"湘潭杨皙子先生之墓"。夏寿田是杨度的毕生好友，两人有太多相似经历。夏寿田也是湖南人，也有清朝功名，也为袁氏称帝摇旗呐喊，也在海上度晚年，但有助于我们党。

夏寿田题的碑是大的竖碑，下面另有一个小的横碑。那是赵朴初题的"杨度之墓"，显然是怕今人不识"杨皙子"是谁。

赵朴初题的小的横碑前，还有一方汉白玉卧石。汉白玉卧石上镌刻有杨度生平：

> 1922年，受孙中山先生委托，南北奔走，匡民救国，追求革命真理。1927年，多方营救共产党人李大钊。1929年秋，经潘汉年同志介绍、周恩来同志批准，加入中国共产党，为革命作出贡献。

台湾"中央研究院"院士、历史学家张玉法说："杨度晚年为中共做情报工作不难解释。在他前此的政治生涯中已有做情报工作的经验，譬如民国初年曾在青岛、武汉为袁世凯做情报工作；纵横捭阖于国民党人之间，亦可能在为袁世凯做情报工作。晚清时期，纵横捭阖于立宪派和革命派之间，曾否为当权派做情报工作，亦值研究。"（张玉法，2019）

第十二章 锄奸红灯区

- 枪响『小花园』
- 169号车牌
- 谣言杀人
- 葬身之所
- 如入无人之境
- 神枪手
- 殉道者永受赞美

一、枪响"小花园"

1933年6月14日晚7时35分，正是上海四马路（今福州路）红灯高挂、艳帜飘扬时分，突然"小花园"的总弄内响起一阵凄厉枪声，跟着就是市公安局督察员马绍武踉跄倒下，血水四溅。这用《时事新报》上的话来说，那就是："中央特派驻沪特务组督察员吕克勤北里饮弹，小花园甜心妓院晚宴未成，遇暴徒枪中要害顷刻毙命。"

所谓"北里"，就是妓院，源自孙棨的《北里志》，说的是盛唐时期的长安城北平康里，秦楼楚馆鳞次栉比，名妓花魁争芳斗妍。"北里"也就由此成为书寓、窑子的指代。辛文房的《唐才子传》中，也有"乘兴北里，每题诗倡肆"一说。

所谓"吕克勤"就是马绍武，也就是史济美。马绍武原本也是中央特科的"红队"队员，在叛变投敌后，成为国民党中央组织部调查科主任徐恩曾的忠实走卒。

张国栋说："1931年中统在上海只设有一个特派员，由杨登瀛担任。1932年始正式设立'上海行动区'，以马绍武为区长，许祖忻（卿）为副区长。1933年马绍武死去后，许祖忻一度兼代区长。"（张国栋，1992年）

关于马绍武的死，徐恩曾在回忆录中写道："我派在上海工作的负责人史济美，是我一个得力的干部，于1933年6月回京述职，我因上海连续出事，想到他过去的服务成绩优异，向忠发和共产国际职工会驻华代表牛兰夫妇，以及其他重要案件，都是经他设计破获的，断定共产党对他必恨之切骨，意欲调他离开上海，以避风头，但他不同意这样措置，坚持仍回到原来的岗位，我只好叮嘱他注意安全，让他回去。不料回沪当天下午，他因欲赶赴一个自己作主人的约会，一下火车，即迳趋约会地点，就在他下汽车走上台阶的时候，被六个预伏在该处的暴徒，包围袭击，身中七枪而死。"（徐恩曾，1992）

于是，徐恩曾责令顾顺章即赴上海办案，务必彻查马绍武死于非命的真相。

6月16日一早，顾顺章车抵上海，先是拜会市公安局长文鸿恩和市长吴铁城，随后就驱车前往四马路，亲自勘查马绍武的遇刺现场。

钱化佛在《三十年来之上海》（1984）中说，"树木蓊蔚"的"小花园"原本"确是一个清静的好所在，夹道榆柳，一望无际，春藏莺簧，夏发蝉噪，秋冬寒鸦点点，尤具倪迂画意"。只是后来，紧挨边上的四马路日益堕落成为藏污纳垢的红粉街、红灯区，小花园再也"找不到一些园的色彩，花的芬芳，所目睹的祇有荡妇妖姬，所耳闻的，祇有郑声卫响"。

"小花园"对于顾顺章来说，并不陌生。生性好色的他，早在改换门庭之前就时常光顾这里，十分熟悉周围地形，所以坐车刚一驶近浙江路上的东出口，他就让司机将车靠边停在马路斜对面的永泰女鞋庄门前。

顾顺章推门下车，先是穿弄而过，穿过"小花园"的总弄，径自来到广西路上的西出口，然后转身往回走，沿着马绍武遇刺路线，再由西向东，重走一遍，边走边根据当事人和目击者的叙述，设想当时情景。

据马绍武的司机朱绍祥说，马绍武当晚乘坐的是警务车，挂着两块牌照：一块是市公安局特别发放的4223号，一块是全市统一发放的1038号。

朱绍祥还说，他将车停在广西路上的西出口。马绍武下车前还让他将车停好后，就去二弄妓女甜心家领取车饭钱。

目击者则说，马绍武下车后步行入弄，独自前往二弄妓女甜心家赴宴，在二弄转角处遭到四五个人围追堵截，"出枪轰射"。马绍武"当即负伤四五处，夺路向该弄东端出口亡命奔逃，行未数步，创重倒卧于该弄东方旅社后门口，血如泉涌，奄奄一息"。

目击者还说，事发后，"甜心妓院中人，及附近各妓院妓女，闻警毕集，一时啼莺叱燕，喧声阗弄，老闸捕房得讯，立饬干探前往，召救护车将马绍武送往仁济医院救治，因伤过重，延至八时许毙命"。

勘查完现场，顾顺章又在市公安局的技侦室里，仔细查看了那几颗从马绍武身上取出的弹头。

顾顺章发觉那几颗从马绍武身上取出的弹头，跟另外几颗在另外两起枪击案中所得到的弹头，是从同一支枪中射出的。他直觉怀疑"小花园"血案的背后，一定就是国共两党的殊死搏斗。

顾顺章带上幕僚和爪牙，伙同租界巡捕，四面出击，全城缉捕他昔日的战友、中央特科的"红队"队员。

几乎同时，上海滩上也就迅速传开了失踪多时的著名左翼作家丁玲，因为跟马绍武的被杀有关，而被当局下令"枪决"的特大新闻。

二、1469号车牌

丁玲是在1933年5月14日失踪的。

人们先是在昆山花园路7号楼下发现一具无名男尸，进而发现那人正是中共江苏省委宣传部长、有名的湖畔诗人应修人，然后再发现应修人惨死之前去过7号楼上，最后又发现寓居7号楼上的丁玲竟已随着应修人的尸横街头而失踪。

丁玲，原名蒋伟，又名蒋冰之，1904年生，湖南临澧人。1925年与胡也频结为夫妇，1927年发表成名作《莎菲女士的日记》，1930年参加中国左翼作家联盟，1931年主编《北斗》，1932年加入中国共产党，同年出任左联党团书记。

宋庆龄、蔡元培、鲁迅、杨杏佛等人风闻丁玲的失踪源于反动当局的秘密绑架，旋即展开声势浩大的营救行动。

为了营救丁玲和跟丁玲同时失踪的潘梓年，宋庆龄、蔡元培、鲁迅、杨杏佛等人通过中国民权保障同盟成立了"丁潘保障委员会"。

史沫特莱说："1931年，中国第一个民权保障同盟成立。蔡元培博士担任副主席，杨铨先生担任副主席兼总干事执行委员。孙夫人宋庆龄女士担任主席，林语堂、鲁迅等人担任执行委员。同盟里面有两个外国人，一个是美国的青年记者哈罗德·伊沙克，一个是我。林语堂、伊沙克和我三人一起负责英文出版的通讯报道工作。"（史沫特莱，1985）

杨铨即杨杏佛。史沫特莱说，杨杏佛是"有真才实学、名实相符的中国学者一流人物中的一个"，"是一位政治家，一位学者，更是一位组织人才兼行政干才"。作为民权保障同盟的总干事，杨杏佛为"丁玲和另一个作家潘梓年"的被绑架，"奔走不遗余力，并发表声明呼吁社会公众的声援"。

"发表声明呼吁社会公众的声援"的，还有林语堂、胡愈之等人组织的"丁潘营救会"和中国左翼作家联盟。林语堂、胡愈之等人联名致电南京国民政府，要求查明真相，尽快释放被绑架者。中国左翼作家联盟在《为丁潘被捕反对国民党白色恐怖宣言》中，公开揭露反动当局对外投降卖国、对内实行法西斯专制的罪行，强烈要求释放政治犯，呼吁世界各国无产阶级和进步人士支持中国人民反对国民党白色恐怖的斗争。

面对社会舆论的巨大压力，南京国民政府先是噤若寒蝉，继而矢口否认。行政院长汪精卫在复电中国民权保障同盟主席宋庆龄时说："据公安局复称，并未有逮捕丁玲之事，故对于丁玲之失踪，实不明了……"

胡适也在他编辑的《独立评论》上，刊登了上海市长吴铁城的电报，说："报载丁玲女士被捕，并无其事。此间凡关于一切反动案件，不解中央，即送地方法院。万目睽睽，决不敢使人权受非法摧残。"

然而，史沫特莱已掌握确凿证据，足以证明汪精卫、吴铁城的信誓旦旦一文不值，足以证明丁玲等人在"万目睽睽"之下惨遭当局"非法摧残"的传言绝非空穴来风。

史沫特莱的证据是一个侥幸逃脱特务魔掌的李姓"工程师"的证词。那个李姓"工程师"（丁玲一直以为他是"无耻叛徒"，名叫胡雷。其实，他本名夏采曦，化名李斐、李蕫、李菊村，1925

年加入中国共产党,历任中共青浦县委书记、松金青县委书记、扬州特委书记、南京市委书记、江苏省委宣传部长、上海沪西区行委书记)说,出事当天,"两个特务和一个司机"把他"推进"一辆"1469号车牌的汽车",来到了一个"懦夫叛徒"供出的丁玲的家。

丁玲"应声开门"后,就被"抓住","押下楼梯"带走。

随后,丁玲家中来了一个"又高又瘦,神情紧张"的男子,跟两个蹲守特务中的一个"扭打起来"。"高"而"脆弱"的男子"一脚踢倒特务,接着纵身跳上窗台,飞下了四楼"。特务连忙"冲出房门,去收尸体,怕把外国租界发生绑架的事故张扬出去"。

史沫特莱说,那个"懦夫叛徒"就是丁玲的"私人秘书并兼翻译"冯达。

丁玲说,冯达是在她丈夫胡也频牺牲之后,是在她最"寂寞孤凄"的时候,悄然"走进"她"生活"的。丁玲说:"这是一个陌生人,我一点也不了解他。他用一种平稳的生活态度来帮助我。他没有热,也没有光,也不能吸引我,但他不吓唬我,不惊动我。他是一个独身汉,没有恋爱过,他只是平平静

■蒋祖林与父亲胡也频、母亲丁玲

静地工作。他原是史沫特莱的私人秘书,左翼社会科学联盟的一个普通盟员。他已参加了党。他曾有优厚的工资,每月收入一百元。后来他把职务辞掉,在党中央宣传部下属的工农通讯社工作,每月拿十五元生活费。"(丁玲,1984)

胡也频和丁玲的儿子蒋祖林说:"1933年5月14日上午,冯达出门前跟我母亲约定,最迟中午12点以前回家。要是过了时间不回来,就不要再等,马上离开,并且通知组织和有关同志。因此,一过12点,我母亲还不见他的人影,就想尽快离家出走,不料潘梓年来了。来了又不走,听我母亲说了情况,也不急着要走,只顾自己坐下,坐在沙发上看报纸,我母亲也不好催他,只能陪他聊天。"

丁玲说:"不一会,突然听到楼梯上响着杂乱的步履声,我立刻意识到不好了。门砰的一声被推开了,三个陌生人同时挤了进来。我明白了,潘梓年也明白了。我们都静静地不说话。来人当中为首的一个高个子,马上站在我的书桌前,我的书桌是临窗的。一个人守在门边,一个人就翻查书架。后来我知道,为首的那个特务叫马绍武,是一个大叛徒。"

马绍武先将丁玲带到"黄浦江边"的一个"黑窝"。"第二天清晨",就"前呼后拥"地"送上火车",押往南京。

丁玲说:"中午时候,火车进了南京站。南京是国民党中央政府的所在地,是屠杀革命人民的总指挥部。像欢迎国民党的党国要人那样,涌上来一大群人,像看猴子似的挤近前来看我。押解我的人簇拥着我坐进一辆大巴士,车子开到了国民党中央党部。"

蒋祖林说:"我母亲被押送到南京后,马绍武就再也没有出现过,直到'红队'锄奸,打死马绍武,报上又将他们两人扯到一起。"

三、谣言杀人

1933年晚些时候，史沫特莱在"苏联高加索疗养院的房间里"，再次看到了"1469号车牌"的出现。

史沫特莱说，她在"翻阅最近的上海西文报纸"时，发现"一个以'身入龙潭虎穴，跟踪追捕共党'而著名的国民党情报人员"，即"脱党的共产党分子"马绍武，"所乘汽车开过公共租界宝钗院前时，他和司机当场饮弹毙命"。四天后，"四个蓝衣社匪徒"就用速射手枪，将她的"朋友"杨杏佛打死在了"中央研究院的台阶前"。

史沫特莱说，马绍武坐了"一辆大型轿车，牌照号码是1469号"。这跟事实有出入。至少是跟当时报纸上所说的事实有出入。当时，报纸上援引马绍武的司机（他也没有如史沫特莱所说，与马绍武一起"当场饮弹毙命"）的话说，马绍武当晚乘坐的是警务车，挂着两块牌照：一块是市公安局特别发放的4223号，一块是全市统一发放的1038号。

丁玲获知马绍武已死，也不比史沫特莱更早。她说，她当时被徐恩曾关在南京，关在一个"荒凉的到处长着一层绿苔的庭院"里，由顾顺章负责看管。徐恩曾允许她读一些"旧的古典小说"和"新的杂志"。她在一张"包书用"的过期《商报》上，读到了一篇"完全是造谣、写得很长、很详细的"有关她的"新闻"。丁玲说："此文造谣说我被捕后不单是自首了，而且与来捕我的叛徒、特务马绍武同居；后来马绍武受到共产党的制裁，死于上海三马路他的相好的一个妓女门外，说这一暗杀案件也同我有关。还说我现在又怎样怎样，把我形容成一个无耻的、下贱的女人。"

我没能找到那一张丁玲"记得清清楚楚"的《商报》。我在1933年6月25日的《大公报》上,找到了"丁玲已被枪决"的原因,那就是"丁玲被捕后即表示愿意自首,并引诱马绍武同居";那就是"马绍武被杀,蛛丝马迹,涉嫌及丁"。我还在1933年6月28日的《时事新报》上,找到了该报对于"马绍武捕丁后即与同居"及"马绍武被杀,蛛丝马迹,涉嫌及丁"的反驳。《时事新报》认为:"丁之被杀,适在与马绍武同居之后"的说法,"纯系欲以卑鄙之手段,掩饰其刑法上之罪恶"。

丁玲说:"国民党用大刀机关枪屠杀了成千上万的爱国志士和革命青年,现在他们又要用卑劣恶毒的谣言从精神上来杀害一个手无寸铁的知识妇女,一个在社会上有声誉的革命女作家,这些恶毒卑劣的鬼把戏显然是有人幕后操纵制造的。"

《时事新报》说:"诬蔑丁女士,不过欲籍此以掩其罪耳。"

事实上,"丁玲被捕后即表示愿意自首,并引诱马绍武同居"等"恶毒卑劣"的"诬蔑",确实如丁玲和《时事新报》所言,都是"有人幕后操纵制造"的。一手"操纵制造"那些"恶毒卑劣"的"诬蔑"的"幕后"人物就是徐恩曾、顾顺章之流。

徐恩曾、顾顺章之流,一边颠倒黑白,混淆视听,将一盆盆污水泼向"一个手无寸铁的知识妇女,一个在社会上有声誉的革命女作家",一边指派另外一个心狠手辣的高级特工接替马绍武,"继任他的职务"。

这个人就是钱义璋。

可是,"约在二个月之后——八月十二日",徐恩曾不无沮丧地哀叹道:"钱君到一个旅馆里去会见一个人,正欲登电梯的时候,被预伏的暴徒袭击身死。"

四、葬身之所

徐恩曾说："这一连串的伤亡，尤其是最后两案，直接伤害我们派去的总负责人，且其选择的地点和时间，都是经过周密的计算和布置，使人难于提防，这种情况引起其余的工作人员的不安，每个人的神经非常紧张，那些曾从共产党中转变过来，或是曾经参加对共产党地下组织的破坏行动的人，更人人自危，整日不敢出门，因为谁也料不到，何时会成了红队的次一目标，大家在紧张恐怖中过生活，自顾尚不暇，当然完全丧失了向敌人还击的能力。"

谁也不比徐恩曾更加清楚，马绍武及其继任者的死意味着什么。徐恩曾说："马、钱二君之死，很明白地是共产党向我的全体同仁下了警告：'上海，是你们的葬身之所，谁要来，就是这个样子。'"

徐恩曾不想眼睁睁看着自己的部下谈虎色变，闻风丧胆，"紧张恐怖"到了拒绝去上海任职的地步。他这就煞费苦心，绞尽脑汁，使出更加阴险、更加毒辣的一招。这一招就是"选择了四个胆大心细的行动人员，分成二组，给他们一个任务，就是要他们和黑社会的人物去接近"。徐恩曾"给他们一些钱，让他们尽量去大吃大喝，进赌场，玩女人，争风打架，表现毫不在乎的样子"。

徐恩曾说："在一个半月之后，其中的一组，果然已和红队的一个分队长'小山东'结识了。有了这个'进身之阶'，于是极力抓紧'小山东'，并在有意无意之间，按照黑社会中的成规，帮了他们不少忙，使在'小山东'的眼中承认是个够义气、讲情谊的值得一交的朋友，因此就交往日密，友谊日深。"

经盛鸿（南京师范大学历史系教授）则另有一说："中统上海区派了一个名叫张阿四的小特务，以工厂工人的面目出现，伪装革命，钻入到中共地下组织内部，被调进'红队'工作。作为一个普通队员，张阿四不能随便上街，平时必须单独隐藏在'红队'给他安排的住处，只有在有任务时，才会临时派人来通知他跟着一起行动。因此，他虽然参加过几次行动，还是既不了解'红队'的工作部署与行动计划，更不知道'红队'领导人的住址。"（经盛鸿，2004）

此时，已是1934年7至8月间。

徐恩曾决定收网，以"小山东"为突破口。

一个名叫"熊国华"的年轻人就此浮出水面，并于同年9月15日清晨，匆匆踏入上海四马路上的谦吉旅馆，向账房要了一个二楼单间。

关于"熊国华"的来历，众说纷纭。譬如，杨光华说是"老龚"；张沈川说是翁瑛（本名朱文元，江苏常熟人），即中共中央军委三局（通讯联络局）首任政委；经盛鸿又说来自"东北"。经盛鸿说："其实，'熊国华'只是那人的临时化名。此人早年参加中共组织。'九·一八'事变后曾被组织上派赴东北参加过抗日义勇军。后来，他逃到上海，混入中共地下组织，担任了地下组织中至关重要的'报警员'工作。但此人工作懒散，好吃好喝。1934年6月26日，由于他工作的懈怠疏忽，导致了中共上海地下组织领导机关的一次极其严重的破坏与无可估量的损失。"

经盛鸿所说的"极其严重的破坏与无可估量的损失"，是指中共上海中央局书记李竹声、秘书长李得钊等人的被捕。

经盛鸿说，李竹声、李得钊等人的被捕是因为熊国华"独斟独饮"，一个人"喝得酩酊大醉"，没有能将已被"潜伏在租界特区法院的情报人员"事先送出的"极端重要的捕人情报与捕人名单"及时"报送中央局"。

经盛鸿说:"熊国华犯了如此严重的错误,却毫无自责悔改之心,反而对抗组织的批评和审查,并威胁与要挟党组织,声称要向敌人告密。不久,果然悄悄地向中统上海特务机关自首。只因为与他联系的中共地下组织人员多用化名,多是单线联系,而且已作了一些防范与转移,因而他的叛变未立即造成重大损失。于是,中统上海区的头目季源溥、韩达等人就指示熊国华不要暴露叛徒面目,继续留在中共党组织内部侦查,做内奸,协助中统破坏新成立的中共上海局与中共江苏省委。"

徐恩曾说,他以熊国华为诱饵,设计了一个圈套,"故意放出空气",说熊国华已经"秘密"向他"效忠","正在暗中引导治安人员进行破坏共产党的'中央机关'"。

陈同生则说,熊国华早已"被国民党逮捕了,在敌人威胁利诱下叛变了革命,供出了党的机关的地址和领导人,并充当敌人特务机关的眼线,来进行对党的破坏活动。为了保卫党的首脑机关的安全,由赵轩、邝惠安、孟华亭同志等领导的'打狗团',决定派胡陵武执行处死叛徒的任务"。(陈同生,1959)

经盛鸿说,赵轩、邝惠安、孟华亭等人"针对熊国华近来诡秘谨慎的特点,制订了一个周密的刺杀计划。他们让一个与熊国华熟识并有联系的化名叫'巴本'的地下党员,托人带信用暗语通知熊国华,声称上海局的新领导人要与他亲自会面谈话,请熊在9月15日到英租界四马路昼锦里谦吉旅馆开一个独人房间守候,使用姓名为'熊国华',在那几天的某一时刻,上海局新领导人将秘密来这房间与他见面并作重要谈话"。

熊国华这就欣然前往并在谦吉旅馆里待了整整一天，只在晚上出去了一次。

第二天，熊国华又是反锁房门，关了自己一天禁闭。直到深夜11点，才让旅馆茶房送了一碗肉丝汤面进去。

半小时后，两个身穿黑色短装的壮汉来到了谦吉旅馆。他们径直上楼，敲开了熊国华入住的34号单人包房，跟着就是双枪齐发、一阵猛射，将睡眼惺忪的熊国华打得浑身是血，倒地不起。

这是当时报纸上的说法。

陈同生的说法是只去了一个胡陵武。"胡本人是宪兵出身混入党内的投机分子，他向熊国华打了一枪却未中要害，仓皇逃走了。"

陈同生的说法接近于徐恩曾的说法。徐恩曾说，熊国华"在寓所中被人暗算，但枪中腿部未死"。

经盛鸿的说法则是："到谦吉旅馆执行镇压熊国华任务的红队人员共有五人，由邝惠安亲自率领，其余四人是赵轩、孟华亭、祝金明，以及临时叫来协助工作的红队成员张阿四（外号张麻子）。"

按经盛鸿的说法，这个外号"张麻子"的张阿四应该就是受"中统上海区"派遣，"以工厂工人的面目出现，伪装革命，钻入到中共地下组织内部，被调进'红队'工作"的"小特务"。

五、如入无人之境

当时各大报纸都说，熊国华身中三枪，急送仁济医院救治，住一楼145号病房18号床，门外有三人轮流站岗，"每天24小时都有特别警探把守"。

陈同生说:"帝国主义与国民党的警察、宪兵、特务认为这是一个发现我党地下武装组织的好机会。他们将熊国华送到仁济医院,布置了不少暗探窥探着我们的行动。敌人采取的是'张网待鱼'的伎俩,企图达到破坏我地下武装组织的目的。而盛宗亮因为熊国华认识他,害怕熊带着敌人来抓他,为了他个人的安全,毫不考虑特科同志的安全,以书记身份下令给特科同志,必须在一周内完成处死熊国华的任务。"

盛宗亮,即盛忠亮,亦名盛岳,又名伐樵。曾在莫斯科中山大学学习和工作了六年,1933 年 1 月回国,时任中共上海中央局书记。

盛忠亮说:"我 1933 年 1 月从俄国一回到上海,就担任中央宣传部长,参加了中央上海局的工作。"(盛岳,1980)

黄药眠说,盛忠亮叛变后,曾"在上海法捕房作了一次反共演说"。他以"共产党中央局代理书记"的身份教训他们这些"团中央局"的人,说:"现在,党中央局、团中央局都几乎全被破坏了,连最微薄的活动经费因同国际方面的联系断了,也难以维持了。因此,我劝你们还是及早脱离共产党,另寻生路为妙。不然,冻死饿死或者是被枪毙了,谁会把你们当作烈士?"(黄药眠,1987)

陈同生说,邝惠安、孟华亭等人为了执行盛忠亮的命令,"进行了多次讨论。经过反复严密的侦察,作了很精密的布置"。

这个"精密的布置"就是"邝惠安是行动的总指挥,孟华亭担任掩护任务,小祝准备狙击巡捕房警车,以便赵轩脱险"。

陈同生说:"9 月 26 日,由赵轩同志一人进入敌人张下天罗地网的仁济医院。他打扮成为一位富商的样子,坐的是私人包车,手捧鲜花，高视阔步登楼探望病人。赵轩同志进入熊国华住的头等病房，一枪即将熊击毙。在附近保护熊的一个'保镖'才拿出枪来，即被赵打倒了。他走出医院大门，一个看门巡捕正在慌慌张张不知如何办好，却被赵轩一把抓住对他说：'楼上出了暗杀，快去给巡捕房打电话！'赵轩与巡捕手拉着手走路，自然没有人怀疑他，他便非常顺利地离开了出事地点，安然脱险了。"

陈同生还说："因为赵轩已迅速地完成任务，他们都平安转移到四马路一家酒楼上去看巡捕搜索行人。这些蠢头呆脑的巡捕闹了一二小时，自然毫无所得。"

但在当年的报纸上，比较一致的说法还是，当天下午 3 时 40 分许，四名"红队"队员来到了仁济医院的住院部。只见他们"两穿中山装，一穿黑长衫，一穿蓝布长衫，年约二三十岁左右"。住院部的看门人让他们出示探望病人的小木牌，他们中的两人随即亮出手枪，将看门人逼入门房间，连同"电话间内职员等，一并看守，不许动弹，并将电话机阻塞，断绝通话"。另外两人则"直上第一层楼，闯入 145 号病房，走近 18 号病床"。

当时，熊国华"尚卧于床上，忽见有人进内，正拟叩问时，该两男子即抽出手枪，各向其开放一枪，均在头部和脑部"。

1934 年 9 月 27 日，《申报》的相关报道中，特别说到了"包探与巡捕亦惨死非命"的详情。《申报》说，负责守卫一楼 145 号病房的老闸捕房 253 号包探，当时正在"楼下会客室内闲坐，忽听枪声起自 145 号病房，知事有变，乃急拔所佩手枪，走出会客室"，与 145 号病房里出来的那两名"红队"队员不期而遇，狭路相逢，当场就被"无情枪弹"击中要害。接着，另外一个法租界巡捕房的 721 号巡捕见势不妙，"反身图逸"，被"贯穿前胸"的三枪打死在了病房大楼前的花坛边。"及待捕房得报,赶派全班中西武装探捕赶到四处追缉。"四名"红队"队员早已"如入无人之境,从容逸出医院","鸿飞冥冥",消失在了茫茫人海之中。

六、神枪手

整个租界,被闹市上空的震耳枪声惊得魂飞魄散。

徐恩曾说:"一向以繁荣安宁自诩的公共租界治安,经此骚扰,竟至手足无措,全市立即轰动起来,中外各报纸纷纷记载和讨论这一事件,英、法、日租界当局,于出事后立刻举行紧急会议,一致认定若要迅速而彻底破获这个政治性组织,必须获得中国治安机关的合作,因为他们鉴于过往的事例,相信关于这一类事件,我们掌握较多的资料和经验。因此,派员来和我们进行洽商。我们当然愿意接受租界当局的请求,协助他们破案。"

双方就此"签定"了一份"临时合作的书面协定"。

根据这份"协定","英、法租界的全部警探",将"在执行破案那天的24小时之内",完全"接受"徐恩曾的"指挥"。

根据这份"协定",租界当局将"在执行后的一星期以内",交出"全部人犯",听由徐恩曾处置。

从来标榜公允、超然、严守中立的租界当局,这就完全撕下了伪善的外衣。

徐恩曾随之凶相毕露,责令上海区的季源溥、韩达等人,增派两个特务化装成小贩,埋伏在张阿四家的附近。

经盛鸿说，这两个特务"一个化装成卖水果的，一个化装成修鞋的。张阿四假装到水果摊上买水果，乘机通风报信，交换情报。这样，他们终于弄清了一点：'红队'的负责人，是一个名叫邝惠安的广东人"。

邝惠安，本名龚昌荣，是个"神枪手"。双手使枪，百发百中，外号"老广东"。

这一天，邝惠安有事来找张阿四。张阿四就示意装扮成修鞋匠的特务跟上去。

经盛鸿说，化装成修鞋匠的特务"发现前面的邝惠安在走'之'字拐。这是当时中共地下工作者经常使用的走路方式。一会儿走到路这边的人行道上，一会儿又走到路那边的人行道上，目的是为了发现尾巴与甩掉尾巴。狡猾老练的特务也不动声色地跟着邝惠安走'之'字拐，竟然丝毫没有让邝惠安发觉。这样，他终于发现了邝惠安的一处活动地点"。

邝惠安和他的妻子林二妹就住在法租界巨籁达路（今巨鹿路）112号的新文祥银楼三楼，这里是"红队"密藏武器之处，藏有大批轻重武器，还有不少用于宣传的印刷品。

1934年9月27日，邝惠安及其战友遭到毁灭性打击。

徐恩曾说："执行的那天，自上午7时开始，至11时半结束，分别在六个不同场所，同时进行，若将这些实地资料供给一个杰出的剧作家，不难写成好几部精彩绝伦的'警匪喋血战'的电影故事，尤其是捕捉红队首

■ 邝惠安

领邝惠安这一幕,那个替我们驾驶汽车的英国朋友,当时看得目瞪口呆。"

当时,邝惠安手拿雨伞,走出银楼,就被两个特务紧紧盯上。盯梢的特务示意停在路旁汽车里的另两个特务尾随接应,企图实施绑架。邝惠安用雨伞一晃,撒开大步,扭头疾走,飞快跑向人流如织的霞飞路,却被预伏四周的十几个特务团团包围,堵住去路。邝惠安临危不惧,奋力反抗,一连将几个特务打倒在地,终因寡不敌众而被捕。

经盛鸿说:"特务与巡捕们押着邝惠安,猛扑其住地新文祥银楼三楼。这里是红队储藏武器的地方,因而邝一被押上三楼,就大叫起来,以让其妻林二妹警觉。特务们找到他住的房间。邝的妻子林二妹一步跳到床前,拆开床垫拉出一支驳壳枪,准备拒捕。一个西捕纵身一跳,把林二妹压倒在地,夺下她手中的武器,给她上了手铐。接着动手搜查,搜出大量武器弹药。"

陈同生则说,邝惠安等人的被捕跟盛忠亮的叛变直接有关。陈同生说:"叛徒熊国华被击毙后,引起敌人的一阵紧张,盛宗亮等叛变后又向敌人提供了线索。一次,特科几个人用打麻将作掩护,正在家里开会时,被敌人包围了。因是突然袭击,无法抵抗,未撤去警号,后来的人,也相继被捕,特科主要干部,均受了损失。"

七、殉道者永受赞美

邝惠安及战友被捕后,反复经受了竹针、皮鞭、老虎凳、"保险伞"、辣椒水等酷刑。但邝惠安等人虽皮开肉绽,浑身是伤,仍坚贞不屈。

特务们让张阿四来对质，邝惠安怒目圆睁，大吼道："滚开！你给我滚开！"其他"红队"队员也说："我们是共产党的打狗队！你们要杀就杀，何必多问！"

一个特务头子说："你们只要讲出你们的中央机关，讲出给你们提供情报的人，我们就保证给你们光明前途，全家团圆。"

邝惠安冷笑道："你们自己的前途都不光明，还有什么可以给别人的？"

陈同生说："特科同志被捕之后，除了那个宪兵出身的胡陵武叛变了，所有同志都抱定必死的决心。敌人把他们从租界引渡到国民党的公安局。国民党希望从他们口里获得我党地下组织的材料。在上海时他们受过各种酷刑，华亭一人受过八次电刑。他们一句话也未说，一个字也未写。"

经盛鸿却说，"熬刑不过叛变招供"的是陈俊明。

1934年10月29日，上海高等法院第二分院刑庭正式开庭，"公开审讯"邝惠安等，指控他们"犯有人命重案"，包括"两次谋杀熊国华"，连续"杀害"一名包探、一名巡捕，还有预谋枪杀"前市公安局政治密探马绍武"。

法官问邝惠安等人是否知罪、认罪、服罪，邝惠安等人的回答是："为民除害，何罪之有？我们杀死马绍武、熊国华，绝对不是泄私愤、报私仇。我们是为我们的事业伸张正义。我们是为我们的同志讨还血债。马绍武是个大特务，他的双手上都是我们同志的鲜血。熊国华是个可耻的叛徒。他居心叵测，恶意陷害革命同志，实在是十恶不赦，恶贯满盈。"

12月6日，上海高等法院第二分院刑庭正式判处邝惠安、赵轩、孟华亭、祝金明四人死刑，之后引渡给了南京国民政府，从上海押赴南京。

听说邝惠安等人到了，徐恩曾即亲自出面劝降，希望他们能够回心转意、为他所用。邝惠安乘其不备，夺过边上警卫的手枪就打，可惜子弹卡壳，未能打响。邝惠安不无遗憾地扔下手枪，对徐恩曾冷冷说道："算你走运，逃过一劫！"

逃过一劫的徐恩曾并不死心，依旧关照他的手下好生优待邝惠安等人。

陈同生说："解到南京，他们开始受'优待'。国民党中央党部的代表，向他们保证，不但不判罪，还可以分配工作。表示要他们展其所长，以对付汉奸。华亭、赵轩认为这是骗人的鬼话，邝惠安却认为如能获得机会，骗了出去，一定可以为党做些更有意义的事。他主张来一次假投降，编造一些似是而非的东西去欺骗敌人。华亭和赵轩始终不大赞同。邝是负责人，一切由他包办了。"

邝惠安太天真了，上了敌人的当。

他们的假投降，没有能够骗过阴险奸诈的敌人。

阴险奸诈的敌人逼迫他们交出真正有价值的东西后，将他们带到了军法处。

军法官说："你们都够判几个死刑，要想活，只有获得国民政府的特赦。要想我们为你们求情，向国民政府请求特赦，你们就必须先帮我们将上海共产党的领导人全都抓到。"

邝惠安当场破口大骂，既骂敌人，也骂自己。

孟华亭语重心长地劝慰了他。

当天晚上，孟华亭辗转反侧，夜不成寐，忍不住叫醒同牢房的陈同生，将这事原原本本地告诉了他。

孟华亭痛心疾首地说道："我们这一场战斗，我们几个人却做了姜伯约。但我并不相信'谋事在人，成事在天'这种鬼话，主要还是我们的斗争经验不够，个别同志对敌人还存在着一些幻想。这是很惨痛的教训！"

陈同生说，他不敢相信邝惠安会犯那样的低级错误。

孟华亭说，邝惠安"虽是工人出身，脱离生产太久，浪荡江湖，幻想太多"。

孟华亭又说："我们应当为党牺牲，可是我们在牺牲前还给党带来些耻辱，这是我很不甘心的。"因此，他恨不能剖开心来给陈同生看，坚持要陈同生相信他们的清白，并再三强调："敌人未从我们嘴里，取得一点影响党的秘密组织安全的材料。我们的心，永远是与党在一起的。"

陈同生心如刀割，忍不住流下了眼泪。

孟华亭要他牢牢记住，"无论如何不能在敌人面前流眼泪，也不要为同志的牺牲伤心。我们的人永远需要的不是互相怜惜，需要的是互相鼓舞！"

陈同生不知道自己能用什么话来鼓舞孟华亭。陈同生说："你不需要我鼓舞，你永远鼓舞着我。也请你相信吧，没有你，没有我，没有我们所有被捕的人，中国革命仍是会胜利的。我们跟着牺牲同志的血迹前进，我相信还有更多的人会跟着我们。不管敌人如何残暴，他们永远是少数中的少数。我们是为绝大多数人的利益而战斗的人，不会灭亡，一定胜利！"

孟华亭点了点头，由衷说道："也许我们的路线走得不大对，但我们的总方向是对的。打倒帝国主义，铲除封建势力，为社会主义、为共产主义而奋斗的方向是正确的。说到我们走的路线，似乎还得摸索，还得付出代价。我相信如果摸对了，我们便接近胜利了。可惜得很，我读书太少，读对革命有用的书更少，真是吃了大亏呀！"

1935年4月13日下午4时，邝惠安、赵轩、孟华亭、祝金明四人在南京宪兵司令部军法处的刑场上被"套以麻绳，绞决木桩"。

陈同生说："他们与我们告别，全所静寂无声，含泪相送。"

赵轩举起一双戴上手铐的手放在心口，用目光向大家致以最后的敬意。

孟华亭说："非常可惜！我们不是向各位告别走上战场，虽说日本强盗已经占了小半个中国，战场上也需要我们这样的人。"

此时，全所静寂得落一片树叶都可听见声响，唯独牧师在一旁喃喃祈祷："愿善良的人，回到主的面前……"

牧师祷告完毕，要给邝惠安他们洒圣水，让他们忏悔罪孽，他们则同声高呼："打倒帝国主义！"

他们还说，我们同时上路，不致寂寞。唯一遗言就是，死后同埋一处，不负生则同监、死后同淘之义。

牧师这才相信，世间真"有比基督受难时更显得伟大的人"。

大家听他逢人就讲，便要他解释他的感慨。

牧师动情说道："你们看过《圣经》，基督在受难之前，已昏迷了，别人替他戴荆冠他也不知道。今天我看到他们与我们告别，都是清清楚楚的，好像我们明天还要见面一样。他们相信的一定是比基督教义更有力的真理。人真有不可想象的善良和伟大，可是残害比基督还伟大的人是要万世被咒骂的。好像殉道者永远要受赞美一样。"

第十三章 并蒂莲

- ◎ 派沈琬去
- ◎ 挺进师
- ◎ 按住蒋介石的脉搏
- ◎ 失联
- ◎ 开张吃三年

一、派沈琬去

  一个小孩子的性格,在母胎里便已注定了。在我未生之前,我母亲就非常难过,坐卧不安。除了冰冻的蚝蛎和香槟酒之外,什么也不想吃。如有人问我跳舞是从何时起的,我便回答说:"在母胎时便已开始了,因为母亲吃的蚝蛎和香槟酒,是美神亚佛罗德的食物。"

  相信当时还叫沈琬的小女生,到于熙俭身边工作,"协助他翻译"《邓肯女士自传》(1934)时,就曾一边听写,一边暗问自己:我的性格是"在母胎里便已注定了"的吗?

  即使回答是肯定的,恐怕她也不会预见自己后来的人生竟跟"潜伏"有关,有关的"潜伏"将与"伪装"挂钩。性格即命运。"潜伏"的命运却要反向改变她的性格,变简单为复杂,变纯净如水为"偏好伪装",以致"时时处处伪装和保护自己"成为一种即使非与生俱来却也再难轻易剥卸的"职业本能"。毕竟19岁的她还是学生,速记学校的学生,整天跟炳勋速记符号打交道。此外,还有什么呢?还有"摆脱封建束缚","把命运掌握在自己手里";还有"自食其力","成为一个独立自由的新女性";还有"如王人美、黎莉莉等",在水银灯下"拍电影,当电影明星"。

■沈安娜

在我离开南洋高商之前,有一天,叶露茜执意要拉我去一家照相馆拍明星照。盛情难却,我只好一同去了。叶露茜拍了很多张各种姿势的照片,我只拍了一张。发型是照相馆帮助设计的。衣服、项链也是照相馆借的。这张充满青春浪漫气息的明星照,我一直珍藏在身边。毕竟那时的我,内心深处,确曾潜藏了一个"明星梦"。能当电影明星,那多美啊!(沈安娜,2016)

无独有偶,同样的梦,丁玲也做过。她也拍过明星照。她的处女作《梦珂》(1927)写的是,"她自己报考电影演员的那段生活经历和对这段生活的体验与感受"。(蒋祖林,2016)她的"感受"不好。她绝难忍受自己"任那些毫不尊重的眼光去观览"。她"不明白为什么她竟然这样的去委屈她自己,也等于卖身以至于卖灵魂似的"。

丁玲对"纯肉感的社会"说"不"。

沈琬也一样,拒绝"非常无礼的侮辱"。

丁玲成了作家。"她的名望,她的影响,她的吸引力,对当时的文学青年来说,是能使万人空巷的,举国若狂的。"(孙犁,2002)

沈琬成了情报员。她"一生承载太多的秘密,肩负太多的使命,经历太多的惊险"。她"由特殊材料制成",是"我党隐蔽战线的

杰出女战士,一个'按住蒋介石脉搏的人'"。(罗援,2010)

说来太巧了,1934年冬天,我刚帮助于熙俭完成《邓肯女士自传》的翻译工作不久,国民党浙江省政府到炳勋中文速记学校招考一名速记员。我那个班的学生还有一个月才毕业,校长杨炳勋决定挑选学习成绩比较好的我和另外两名男生去实习、应试。一个月后,根据成绩和表现,从三人中录用一名。这是进省政府工作啊,同学们都趋之若鹜,而我的态度却并不积极。我不愿去国民党的衙门应试……我认为,就是去拍摄进步电影,也比到国民党机关衙门里去侍候官僚舒心。(沈安娜,2016)

沈琬的"不积极"被舒曰信和华明之报告了王学文。王学文说:"你们一定要好好启发她,叮嘱她努力争取考上。"

《中西功讯问调书》(1996)里说,王学文从"1934年开始担负中共中央的上海工作(情报工作等),与上海的日本人组织一直是不可分割的关系"。

中西功所说的"中共中央的上海工作(情报工作等)",即指中央特科。

王学文在中央特科时的上级是王世英。

王世英,字子杰,1905年生,山西洪洞人。1925年加入中国共产党,历任中共皖北特委、亳州分委委员、上海中央执行局军委委员、上海临时中央局军委代理书记、中央特科负责人,主持情报和联络工作。

王世英同意派沈琬去浙江工作后,王学文便让舒曰信、华明之和沈琬具体开导她。

■ 王世英及其夫人的合影

■ 王学文

华明之,本名华家骊,字鸿申,1913年生,江苏无锡人,1934年加入中国共产党。

舒曰信,本名舒庸之,1915年生,江苏宜兴人,1933年加入中国共产党,1934年与沈珉成婚。

沈珉,是沈琬的二姐,1912年生,江苏泰兴人,1933年加入中国共产党。

根据王学文的指示,舒曰信和华明之商议好之后在沈珉的陪伴下找我谈话。

谈话的气氛自然是非常严肃的,谈话的地点仍然是在姐姐、姐夫的小亭子间。

舒曰信神色严峻地对我说:你不是要求参加革命么?你先说说你为什么要参加革命?

我不假思索地说:我参加革命,就是要追求妇女解放,不受包办婚姻的束缚，要求自由，要求民主，要求进步。

舒曰信说：还有呢？

我想了想说：还有就是不做亡国奴！九一八事变，国民党不抵抗日军，却镇压爱国志士，我痛恨国民党反动派，我听你们讲了，只有共产党能够救国救民。

■舒曰信

舒曰信说：好！现在浙江省政府招速记员，党组织决定派你去应试。

我听到"党组织"一词，吃了一惊。此前，我曾听姐姐说过，姐夫是革命者，我也曾积极要求参加革命，但是后来就不见了下文。此时我用试探的口吻问道：你们是共产党？

舒曰信和华明之郑重地点点头。

我当时震惊万分。这一年多来，我听到、看到国民党反动当局残害共产党人的许多骇人听闻的消息。在我的心目中，共产党人都是些大义凛然、舍生忘死的革命志士。没想到自己的姐夫和学兄都是共产党。令人敬佩的共产党就在自己身边！我心灵受到了极大的震撼，一时不知说什么好，就对姐姐说：这么大的事情，你怎么不早告诉我？

沈珉拍拍我的手说：好好听他们给你交代任务吧！

舒曰信接着说：党组织很需要掌握国民党反动政府的内幕情况。希望你一定要认真应试，争取被正式录取。

华明之补充道：去浙江省政府担任速记员，就是参加革命。

我高兴地说：真的么？只要是参加革命，我就去！

做一个革命者，这是我梦寐以求的。

舒日信说：到国民党政府部门去做速记员，可以预先知道敌人的图谋。

华明之接着说：这样我们就可以更有效地保护自己，更有力地打击敌人。

此时我的心情非常激动，虽然我对共产党的认识很肤浅，对情报工作更是一无所知，但是我了解姐夫和学兄，并对他们充满信赖，认为跟着他们走，没有错。于是我坚定地说：我要革命，我一定好好干。（沈安娜，2016）

二、挺进师

沈琬说到做到，不仅"夜以继日，反复练习"，而且"反应较快，速记能力明显比两个男生强"。一个月试用期满，被正式录用为浙江省政府秘书处议事科速记员，而且还拿到了好几份重要情报。

当时的沈琬也不懂，蒋介石的得力干将、保安处长宣铁吾做军事报告，拿出军用地图来指指点点，说是要"清剿"共产党、"清剿"红军，她就特别上心，都记录下来，偷偷整理成文。不久，沈珉来信要她回家，她就把那些偷偷整理成文的材料，还有另外一些偷出来的"高层会议的原始速记稿"，包括印得不清楚、准备作废销毁的秘密文件，统统夹在衣服里面，"混装"进一个小皮箱子，就"大模大样地坐火车带回上海"。这可吓了沈珉一大跳，脸色顿时变了。沈珉骂沈琬是"冒失鬼"，竟然"一点掩饰都没有，就把这么许多重要情报,随便卷在衣服里面带回来"。舒曰信见势不妙,忙打圆场,在边上拼命摇手,帮小姨子辩解。舒曰信说,这事也不能全怪安娜,要怪还是要怪我们没有很好地教她,她初出茅庐,什么都不懂。

■沈伊娜

"安娜"是舒曰信给沈琬取的名字,用来表明"参加革命"的"决心"。

舒曰信的原话是:"革命的苏联是我们中国的未来。我建议改个苏联女孩的名字。我看你就叫'安娜'吧。"

华明之一听就叫好,说:"'安娜'这个名字好,既好听,又符合沈琬活泼的性格。"

沈琬改了"安娜",沈珉也一并改了"伊娜"。但是,舒曰信强调,对外还是沿用原名,比较安全。

舒曰信的考虑很周到,王学文也再三叮咛,情报工作的第一原则就是要保证安全,万不可冒失大意。

> 为了确保我的安全,王学文还指示道:安娜是情报员,是不宜跑交通的,就让伊娜跑吧。伊娜跑了几个来回,王学文又觉得,伊娜实在忙不过来,而且一个女子经常往返于沪杭之间,也有所不便;于是他和舒曰信商量决定,由华明之指导、联络我的工作。(沈安娜,2016)

从此以后,沪杭线上,常能发现华明之的身影;西湖堤畔,更能看到他和沈安娜携手同行，流连忘返。在旁人眼里，那是一个执着的大男孩正在狂热追求一个温文尔雅的纯情少女。而在他俩心间，彼此默契的内心深处，却是以每个上级指示的转达、每份重要情报的传送，日益递增着完全建筑在了共同信仰、共同理想之上的情投意合。

华明之和沈安娜的共同努力，有力配合了中国工农红军挺进师的斗争。

中国工农红军挺进师的斗争，是在"中国工农红军北上抗日先遣队"兵败怀玉山后开始的。

1934年10月10日，红一、红三、红五、红八、红九军团以及党中央、军委机关和直属部队共8.6万余人，从瑞金到湘西，开始战略转移。同时，中共中央、中革军委授权项英、陈毅成立中共中央分局和中央军区，领导南方红军开展游击战争；又电令寻淮洲、乐少华、粟裕等人领导的红七军团，以"中国工农红军北上抗日先遣队"的名义东征闽浙，与新红十军及新升级的地方武装合编为红十军团，由省苏维埃主席方志敏兼军区司令员，曾洪易任省委书记兼军区政治委员，刘畴西任军团长，乐少华任军团政委，粟裕任军区参谋长，到敌后创建皖浙赣苏区，变内线作战为外线作战。通过威胁国民党统治的腹地，吸引和调动一部分"围剿"中央苏区的兵力，配合中央红军主力突出重围，战略转移。

然而，红十军团屡战屡败，屡败屡战，死伤惨重，命悬一线。

1935年1月10日，红十军团在浙西遂安的茶山开会，粟裕、刘英（时任红十军团政治部主任兼第十九师政治部主任）等人做最后努力，强烈呼吁分兵游击，减小目标，保存实力。但刘畴西执迷不悟，仍命令全军保持建制，原路退回老家休整，最终导致整个红十军团，连同刘畴西自己，统统被敌人装进早已设好的圈套。

1月16日，方志敏、乐少华、刘英、粟裕等人所率的先头部队800多人，在江西境内的港头村遭到敌浙江保安第二纵队一个团和更多地方靖卫团的疯狂狙击。方志敏派人送信，要后面的刘畴西务必紧紧跟上，在当天率主力通过敌人防区，与先头部队会合。刘畴西却边打边撤，将部队带到化、婺、德东北部、怀玉山附近的杨林。这也就注定了红十军团最后的命运可能是全军覆没。

8月6日，方志敏、刘畴西等人在南昌就义，怀玉山突围成功的红十军团残部400余人则在师长粟裕、政委刘英的带领下，重树起中国工农红军挺进师的旗帜，从闽浙赣根据地出发，顽强挺进浙江境内，继续开展游击战争。他们是不灭的火种。他们在1935年3月25日打响了进入浙西南的第一仗。他们旗开得胜，在龙泉县住溪消灭了一个分队的地主武装，俘敌30多人，缴枪40多支。

1935年5月上旬，挺进师进入龙泉、遂昌、松阳三县边界地区，粟裕在师级干部会上提出了"两个转变"的思想。这就是尽快实现由正规军向游击队的转变，尽快实现由全师集中行动打正规战向分散开展广泛的游击战的转变。部队随即分散下去发动群众，集中起来打击小股敌人，打掉了一批国民党的区、乡武装，镇压了那些罪大恶极的乡长、镇长和公安局长。挺进师很快发展到近千人，扩编为五个纵队。

消息传到杭州，浙江省主席黄绍竑慌忙披挂上阵，亲自出马，纠集了八九个保安团前来"围剿"。粟裕和刘英因势利导，兵分两路，先是跳出包围圈，把战火引向浙赣铁路沿线，再杀了回马枪，一举打掉黄绍竑的两个整连。而那两个连均属黄绍竑的"怀中利剑"士官教导团。

黄绍竑铩羽而归，宗孟平（时任中共浙西南特委书记、挺进师政委会随军代表兼行动委员会书记）麾下的第二纵队乘机进军浦城、遂昌边境，又在龙泉宝溪草鞋岭打垮了国民党军第五十二师的一个营。

宗孟平的鲜血最终还是洒在了浙西南的大地上。1935年6月6日晨，宗孟平部因地主告密而被遂昌际下的"剿共"义勇队200余人设伏重创，宗孟平身负重伤，壮烈牺牲在遂昌县横源坑。

6月中旬，粟裕、刘英在松阳县小吉村号召挺进师各部继承宗孟平遗志，深入发动群众，进行土地革命，开展缴枪扩红运动，以实际行动迎接中国工农红军成立纪念日。

中国工农红军成立纪念日始于1933年7月11日，由中华苏维埃共和国临时中央政府根据中革军委6月30日的建议而设立。1949年6月15日，中国人民革命军事委员会发布命令，以"八一"两字作为中国人民解放军军旗和军徽的主要标志。新中国成立后，中国工农红军成立纪念日改称中国人民解放军建军节。

挺进师的"八一"行动，犹如晴天霹雳，多点开花，打得衢州、江山、仙居的敌人纷纷告急。浙江省政府慌忙任命宣铁吾为"浙南剿匪指挥部"总指挥，率部进驻遂昌。

但敌人做梦也没想到，他们的"浙南剿匪"部署尽为我军及时获知。挺进师见招拆招，游刃有余，全线告捷。

刘英说，我军因为及时获知敌人"浙南剿匪"部署而胜利"击破敌人进攻"。1940年夏，应中共中央东南局的要求，刘英花了一个多月时间，在皖南泾县新四军部写出7万余字的《北上抗日与坚持浙闽边三年斗争》，其中不点明地点名，特别说到了"关系方面"。刘英所说的"关系"是指"谍报网"，就是指潜伏在敌人营垒内部的我们党情报员。刘英认为，"在半月以前"就从"关系方面"得知敌人将"对浙西南游击基地和红军要举行大规模的残酷进攻",挺进师"决定对付敌人进攻的对策","重新配备干部与编制部队",以及"确定各个地区和部队的新任务"之间存在因果关系。正因为"乘敌人尚未布置就绪之先,我们业已将部队分散于各个基地",并"配备了各地区的中心领导",所以敌人"调集了26个团以上的兵力,向我游击基地及红军作大规模残酷的进攻",结果还是满盘皆输。

当时,《东南日报》的要闻报道说:"浙江素称平安之区,自粟、刘窜浙后,匪化已波及全浙,以目下形势来论,浙江共匪不亚于四川、江西之匪,若当局未能迅速肃清,前途实堪可虑。"沈安娜的心中有说不出的喜悦,但每天上班、下班,她还是不温不火,不惊不乍。

> 看到那些消息,我心中非常高兴。但是,我只能在心里暗暗高兴,不敢和别人谈论,因为这样可能会引起别人的怀疑,从而暴露了自己的真实政治身份。我一直牢记党组织的交代,我的身份要严格保密。(沈安娜,2016)

三、按住蒋介石的脉搏

1935年秋,华明之和沈安娜正式结婚,结为伉俪。他们的情报质量也随之上了一个新台阶。2007年,沈安娜在北京接受我的专访。沈安娜说:"我们是一个夫妻组。华明之是我的丈夫,也是我跟上级党之间的交通员。我二姐沈伊娜和二姐夫舒曰信是上海的夫妻组。两个夫妻组,相互之间,既有独立,又有联系。明之

■华明之、沈安娜夫妇与华国祥、朱明仁在上海

和我结婚之后,我们的情报就更加有序。经过他的整理、浓缩,用很薄的纸,很细的钢笔,把一大张情报,缩小成一小块,伪装就比较容易,传递也更加安全了。"

后来,王学文调离上海,新领导化名"小张",让沈伊娜用暗语写信,通知沈安娜回来领新的任务。沈安娜赶到法租界的一个公寓后,方知二姐已经调去了"小张"那里"住机关",两人成了一对"假夫妻"。沈安娜说:"当时'小张'不在,我要向二姐汇报,二姐说,你还是等他回来,当面向他汇报,他是我们的'新领导'。二姐还说,他很年轻,你见到他,就叫他'阿哥'好了。后来,他来了,我就向他汇报,请'新领导'指示。他说现在的形势很恶劣,叫你来就是要你提高警惕,注意隐蔽。作为我们党的情报员,无论多难多苦,我们都要保守机密,绝对服从党的命令,始终跟党保持联系。"

沈安娜后来很久才知道，"小张"的真名叫丘吉夫。1935年秋，王学文根据王世英的指示辗转去香港。王世英作为当时中央特科负责人，带领一部分同志撤离上海去了天津。留在上海的情报工作由丘吉夫负责。不久，丘吉夫被抓，徐强顶岗。

1937年7月7日，卢沟桥事变爆发，全面抗战开始，沈安娜辗转来到武汉，邂逅鲁自诚、华韵三夫妇。

鲁自诚，字鸣三，1893年生，浙江绍兴人。1924年加入中国共产党，1933年参加中央特科。同年，介绍舒曰信入党，翌年介绍华明之、姚子健（1915年生，江苏宜兴人）入党，亦介绍舒曰信、华明之和姚子健参加中央特科工作，受王学文领导。沈安娜和华明之都称鲁自诚为"大哥"，说他是他们的"革命引路人和启蒙老师"。

■鲁自诚

■姚子健

华韵三，本名华曼倩，1914年生，华明之胞妹，江苏无锡人。1937年与鲁自诚结婚，1938年加入中国共产党，协助鲁自诚从事党的秘密工作。

鲁自诚听沈安娜说，她"八一三"后与上海的党组织失去联系，就指点她去武汉八路军办事处（简称"八办"）接关系。鲁自诚说："过去，你和明之是做秘密情报工作的，当时我虽不是你们的领导，但我知道你们的情况。现在你去'八办',不能随便向'八办'一般接待人员暴露你们从事秘密情报工作的身份。一定要见到董必武那样的领导同志,才能汇报你们两人在上海和杭州的工作,可以要求分配工作,也可以要求入党。"

有幸得到鲁自诚的指点,沈安娜很快找到八路军办事处,先后见到董必武和周恩来。董必武说:"现在共产党与国民党再次合作,一致抗日。但是,我们深知,国民党顽固派的反动本性是不会变的。防人之心不可无。摸清国民党内部的意图和动向,将会大大有利于抗日民族统一战线工作的开展。我们知道你以前做情报工作,在浙江省政府当速记员,认识省政府主席朱家骅,朱现在是国民党中央党部秘书长,你可以利用老部下的身份去找他,要求进中央党部秘书处。要是你能打进国民党的核心机关,继续为我们提供情报,做

■1940年,周恩来、博古、叶剑英(后排右起)与林伯渠、徐特立、董必武(前排左起)在重庆曾家岩

好预警，我们的又团结又斗争，就能更主动，更有针对性。"周恩来也说："我们不是第一天跟蒋介石打交道。我们有过血的教训。蒋介石被迫抗日，反复无常，我们必须按住他的脉搏，了解他的动向，不让他毁了全民抗战大业。"

遵照周恩来和董必武的指示，沈安娜第二天就到江汉二路157号，即国民党中央党部秘书处，要朱家骅给安排工作。

朱家骅问："你是从浙江来的吗？"沈安娜答："我千里迢迢来武汉，就是求主席栽培，为党国效劳。"朱家骅嘿嘿一笑，满口答应，还帮她办了"特别入党"。因为中央党部秘书处的人，尤其是机要处速记员，一定得是国民党员。沈安娜尚未在籍，必得先办一个。

所谓"特别入党"，即"直接入党"，也就是由三个国民党中央委员共同提名，介绍入党。这种"飞过海"式的做法，手续简单，审批快捷，党证编号前还有一个特别醒目的"特"字。这样一个"特"字，特别容易让人联想到许许多多只可意会、不可言传的东西，譬如后台，譬如靠山，譬如来头，譬如背景。"特别入党"的党员，在国民党内特别吃得开。

别人求之不得，沈安娜却一点也高兴不起来。她"想自己不辞辛苦来武汉找党，为的是追随共产党革命和抗日，现在却要加入自己所深恶痛绝的国民党"，太窝囊了，太"别扭"了！她为自己的先斩后奏而"很久没能入睡"。她又"忐忑"又"不安"。她"像是做错了什么事"。她嗫嚅地"汇报"给董必武，说："事情来得太突然，来不及请示，又不能稍有犹豫。"董必武则是"笑了笑"，对她说："一个情报人员，就是要机警灵活，要有随机应变的能力，特别要善于隐蔽自己。这是情报工作的特殊需要。有了国民党员的

■1940年秋,徐仲航(前排右三)与沈安娜、华明之(前排左一)等人在国民党财政部电台院内

身份,才能取得信任,长期立足。"

听董必武这么一说,我如释重负,感觉心里的一块石头落了地。但是心中仍感别扭:进入了国民党机关,那些抗日爱国青年会怎么看我呢?

"你是不是还有顾虑?"董老关切地问,像是看穿了我的心。"记住,今后你要学会忍辱负重。忍辱负重,懂么?"董老加重语气说。

我点点头。我从心里佩服这位充满智慧的长者。后来在中央党部工作时,我每当遇到难题,就会以董老的嘱咐自勉:"忍辱负重",心中便会增添力量。(沈安娜,2016)

四、失联

沈安娜忍辱负重,深潜蒋党核心,获取了许多重要情报,其中包括国民党五届九中全会的"反共"绝密议题。

1941年12月15日至23日,国民党中央在重庆召开五届九中全会。事先,中共南方局得到消息,即于10月10日在红岩村开会商讨。周恩来对董必武、孔原、邓颖超等人说:"要注意搜集九中全会材料。"当时,沈安娜不顾产后未满月,坚持顶岗上班,伺机拿到印刷股里留待统一销毁的作废文件,交徐仲航送达南方局。沈安娜送出的材料中,不仅包括进一步强化蒋介石独裁统治的"授予总裁大权以期迅速完成抗战胜利建国成功案",还有何应钦(时任国民党军委会参谋长)的《关于对共产党问题的报告大纲(草案)》、徐恩曾(时任中统局副局长)的《对共产党的处理问题的提案(草案)》等国民党的核心机密。这些集中反映了皖南事变后国民党愈加坚持"一个政党,一个领袖,一个主义"的反动本质。周恩来高度重视,在发往延安的电文上特别注明:"注意保护情报来源"。毛泽东同样高度重视这一批机密材料,亲笔批示:"九中全会表现了国民党的极大动摇性,这种动摇似要待到法西斯失败时才会起变化,那时变好变坏,当依国际国内条件来决定。"

> 繁重的情报工作无情地消耗着我们的精力,但我们无怨无悔。努力完成党交给我们的任务,就是我们最大的愿望。(沈安娜,2016)

可是,徐仲航的突然被捕,猝不及防,完全中断了华明之、沈安娜夫妇与党的联系，以致他们再不遗余力，也难完成任务。

1942年秋天，徐仲航被国民党中统特务秘密逮捕，关进五云山集中营。敌特鹰犬旋即盯上朱家骅的"亲信"、甘乃光（时任国民党中央党部副秘书长）的"红人"沈安娜。他们并不知道徐仲航是沈安娜和华明之的上线，但他们知道沈安娜曾托人给徐仲航办"特别入党"，他们的手中握有沈安娜写给徐仲航的信，信上说："前些日子孩子生病，借了你一点钱买药，这个月发的薪水，仍不能还，要下个月才能还你。"阎明复（阎宝航之子，曾任中共中央书记处书记、统战部部长、全国政协副主席）说过这件事。沈安娜说："1939年秋，经中共中央南方局组织部长博古'特批'，我正式入党，成为中共党员。正当我深受鼓舞，要和明之为党多作贡献时，我们的直接领导人徐仲航不幸被捕了。此前，他已打入国民党官办的'正中书局总管理处'。这份工作需要有国民党员的身份作掩护，我曾为他办党证，请两个中央党部秘书长的副官帮他办一下'特别入党'，但党证还没发下来。这次，他突然没有按规定时间来联系，我们又不知道他住哪里，只好以同事身份写信探音讯。几天之后，两个不明身份的年轻人就拿着那封信来到中央党部，说徐仲航是'共党'，要找沈小姐谈话。"

先是直接领导失踪了，接着就是两个不速之客"要找沈小姐谈话"。这件事实在是蹊跷。真的是善者不来，来者不善。真的是谈也不好，不谈也不好。左右为难的沈安娜必须在最短时间内作出恰如其分的反应。稍有不慎，就有可能造成不堪设想的严重后果。沈安娜决定以静制动，以不变应万变。她说，她不认识这两个人，让传话的人撵走他们。孰料那"两个不明身份的年轻人"就是赖着不走。他们说，他们奉上峰差遣来见沈小姐，沈小姐避而不见，他们不好回去交差。沈安娜这就起身下了楼,来到他们面前。来人追问沈安娜,为什么找徐仲航借钱。来人还说,他是共产党,已经被抓起来了。沈安娜说:"我看他们模样像是两个小特务,又一听,只是问信上的那些事,便摆出国民党官场的架子,装作生气地反问:'你们有什么证据说人家是共产党?'两人抢着说:'徐仲航的抽屉里全是反动书籍。'我用激将法套出了原委,一听只是发现了几本进步书籍,便抬出'大靠山'压他们说:'小职员向朋友借几个钱算得了什么?你们有事向朱家骅秘书长报告好啦。'说罢便将这两人撂下,扬长而去。"

沈安娜虽暂时顶住了特务的盘问,但深知此事的严重性。因此,她一回家,就"把炉子从走廊搬到屋里",要华明之跟她一起坚壁清野,"一个清理抽屉,一个清理箱子",将"藏在竹竿里准备交给徐仲航的情报",连同其他一切"可能引起麻烦"的书籍、信件,都"塞进炉子里马上烧掉"。尽管他们"一直按秘密情报工作的规矩,经常清理家中的东西,销毁可能引起特务怀疑的物品",但家里还是有"油印材料和速记材料",还是有"保存了多年的进步书籍,甚至鲁迅和郭沫若等人的著作、抗战歌曲集"。

> 我们用那些要销毁的材料烧火煮粥。忙乱中,我只往锅里倒了点水,竟然忘了放米。不一会锅里的水烧干了。明之发现锅底已经被烧成了暗红色,急于伸手去端锅,手指被锅耳朵烫伤,锅也摔坏了。我们又换了个锅,继续烧材料煮粥。
> (沈安娜,2016)

他们确信,只要敌人盯上了徐仲航,怀疑他是潜伏在重庆的中

■1944年,鲁自诚、华韵三、沈安娜、华明之、华藻及孩子们在重庆

共党员,他们就会不择手段,非撬开他的嘴不可。沈安娜和华明之的判断是对的。徐仲航在敌人的审讯室里,受尽了刑讯逼供,被折磨得死去活来,但始终不曾泄露党的机密。数日后,国民党中央党部财务处处长兼正中书局董事长又找沈安娜谈话。沈安娜反复强调,她跟徐仲航并不太熟,只是礼尚往来,朋友帮忙而已。处长也就只能泛泛而谈,说她"年轻不懂事,还帮人搞'特别入党',以后不要做这种事了"。沈安娜说:"事后,我们分析敌人为何不再深究此事:一方面肯定是徐仲航在敌人面前坚决顶住,没有供出我们。另一方面敌人早已知道我是朱家骅的'老部下',是朱家骅给我办的'特别入党',安排在中央党部机要处任机要速记员,敌人也怕搞过头,对他们自己不利。但我们没有,也丝毫不敢放松警

惕,焉知敌人不会放长线钓大鱼?"

但沈安娜、华明之夫妇跟党的联系就此断了,一断就是三年。

三年里,他们"茶饭不香,度日如年"。他们明知道"危险并没有过去,不宜继续收集情报,但仍像一辆快速奔驰的汽车,即使踩了刹车,还有一种向前冲的惯性,一见到有价值的情报,就忍不住想收集起来。明知无处可送,还是坚持在夜深人静的时候,一边听着隔壁宪兵队拷打人犯的声音,一边看着有情报内容的速记纸,任泪水在脸上流淌"。

  我们坚信:再等等,明天或者后天,就会有人来联络,取走情报!

  但是,日复一日,一晃几个月过去了,组织上仍然没有派人来联系。记有情报内容的速记纸不可久存,只好烧掉。眼看着自己获取的一件又一件情报,又自己一点点烧掉,这是我们最痛苦的。(沈安娜,2016)

沈安娜、华明之夫妇还拖儿带女,坚守岗位,执意不搬家。

沈安娜"在中央党部机关工作五年多了,由开始的夫妻两人变成了四口之家",不能再住上清寺街75号那个不到10平方米的破烂房子。秘书处实在看不下去,不忍心让他们的"速记骨干"再"与地狱为邻",在"阴森恐怖的宪兵队"边上,终年累月忍受"天棚上到处滴水","地板上积满雨水","楼板夹层里老鼠打架撕咬","决定"给她"这个速记骨干换个好一点的宿舍",但沈安娜还是按兵不动,婉拒了上峰的美意。

> 最后我们下了决心：在这里我们已经生活了五年，就是再住五年，我们也要坚持。当初我们冒着战乱的危险，从浙江到武汉找党，为了什么？为了找党组织。现在是我们知道党组织在哪里，却不能去找，得等组织来找我们。现在我们有工作，有房子住，虽然生活苦点，但可以克服。说什么也不能与党组织断了线啊！（沈安娜，2016）

五、开张吃三年

三年的望眼欲穿，终于等来了老家的亲人。

1945年10月的一天晚上，沈安娜和华明之刚吃过晚餐，正在涮洗碗筷，蓦地听到有人敲门。"嗒，嗒嗒，嗒。嗒，嗒嗒，嗒。"

> 我和明之对看了一眼，似乎有些不相信自己的耳朵。难道真的是党组织派人来接关系了？
> 我抑制着剧烈的心跳，走到门边小声问：谁？
> 门外传来一个似曾相识的声音：我。
> 我凭直觉猜测，可能是自己人，赶快把门打开。门一开，闪进一个人，他马上回身把门关上，动作很敏捷。
> 我和明之定睛一看，原来是多年不见的老领导吴克坚！（沈安娜，2016）

吴克坚，曾用名吴黑撑，1900年生，湖南平江人。1924年加入中国共产党，1928年参加中央特科工作，历任中共中央长江局副秘书长、南方局常务委员、《新华日报》总编辑等。

吴克坚的激动，一点不亚于沈安娜和华明之。

吴克坚晚年回忆道："我受中央社会部李克农委托，到上海搞地下工作。在到上海前，我在重庆又找到了沈（安娜）、华（明之）夫妇。我一方面向他们传达了周恩来对他们卓越的工作成绩予以嘉奖，另一方面我希望他们继续提供情报。他们及时提供了情报。"（沈安娜，2016）

■吴克坚

第二天晚上，沈安娜、华明之夫妇"提供"给吴克坚的"情报"，是早有准备的国民党六大和六届一中全会的全套背景资料，其中包括秘而不宣的《本党同志对中共问题之工作方针》和蒋介石5月19日晚在重庆体育场宴请全会代表时的讲话稿。

吴克坚怦然心动，感叹道："你们真的是三年不开张，开张吃三年啊！"

> 现在本党的处境，一方面受着敌人的压迫、友邦的轻侮，一方面又要提防反动派的阴谋毒计，稍不留神，就要陷入它的罗网陷阱。尤其我们党的基础没有稳固，党的力量没有充实，四面荆棘，危险万分。更不能不委曲求全，忍耐到底。因此我们大家总要体认到本党的处境，实在是十分的艰危，所负的责任，实在是十分的沉重。

《事略稿本》第六十卷中所说的"提防反动派的阴谋毒计"，在《本党同志对中共问题之工作方针》中，被赤裸裸地表述为："中共一贯坚持其武装割据，借以破坏抗战，致本党委曲求全，政治解决之苦心，迄无成效，而本党同志在各地艰苦奋斗惨遭中共残害，书不胜书。追溯往事，能无愤慨。乃中共最近更变本加厉，提出联合政府口号，并阴谋制造其所谓'解放区人民代表会议'，企图颠覆政府，危害国家。凡我同志均应提高警觉，发挥革命精神，努力奋斗，整军肃政，加强力量，使本党政治解决之方针得以贯彻。"要是将这一赤裸裸的表述与蒋介石在1945年5月5日的开幕词中一再强调"在实施宪政以后，本党的责任不但不因之减轻，而无宁更为加重"联起来看，跟国民党中央专门成立特种委员会来"反共"联起来看，跟"照审查意见通过"《对中共问题之决议案》联起来看，跟十五次大会选蒋介石当总裁，全场"一致起立通过，高呼口号，响彻云霄"联起来看，那么毛泽东的"七大"预言就能再一次证明其无比正确："即使日本侵略者被打败了，中国仍然可能发生内战，将中国拖回到痛苦重重的不独立、不自由、不民主、不统一、不富强的老状态里去。"因为"国民党内的反人民集团"坚持"法西斯独裁统治"。

> 不论怎样迂回曲折，中国人民独立解放的任务总是要完成的，而且这种时机已经到来了。一百多年来无数先烈所怀抱的宏大志愿，一定要由我们这一代人去实现，谁要阻止，到底是阻止不了的。（毛泽东，1945）

1946年1月10日，政治协商会议第一次会议在国民政府礼堂开幕，国民党方面每晚都要召开"党团会"，准备第二天跟共产党舌战，会议记录都由沈安娜负责。沈安娜就记录一式两份，一份上交，一份经华明之浓缩、摘要、密写、秘藏，连夜送到事先约好的接头地点，交给吴克坚，再转周恩来，保证我们党在谈判桌上始终牢牢掌握主动权。

开始吴克坚把接头地点选在牛角沱，那里既不太冷清，也不很热闹，离我们的住处不远，可节省时间。连续两个夜晚，双方又换了地方，然后按事先约定的钟点赴约，谁先到了，就在无人的墙角或光线暗的地方隐蔽起来，等对方出现，便迎上前去。双方在擦肩而过时，一搭手，明之的情报就递到了吴克坚的手上。二人背向而行，再绕一两个小圈，各自返回。

后来吴克坚告诉我们，那时每天夜里周恩来都等着我们的情报，如果稍晚一点，就会问秘书："材料送来没有？"（沈安娜，2016）

1946年3月、4月，蒋介石接连召集小范围会议，调兵遣将，抢占东北。情报又为沈安娜获得，并送到了周恩来手里，被周恩来用来公开揭露蒋介石的伪善嘴脸，搞得蒋介石很恼火，严令中央党部秘书长吴铁城查找漏洞，结果自然是虎头蛇尾，不了了之。

1946年5月，沈安娜随国民党中央党部"还都"南京，在丁家桥办公。

6月26日，国民党不顾全国人民的强烈反对，以围攻鄂豫边宣化店为中心的中原解放区为起点，相继在晋南、苏皖边、鲁西南、胶济路及其两侧、冀东、绥东、察南、热河、辽南等地，向解放区展开大规模进攻，全面内战爆发。

在三年多的解放战争中，华明之除继续指导、协助、配合沈安娜的工作外，还由何以端（1898年生，四川营山人，1924年加入中国共产党）指定，先后联系葛亦远（时任内政部警察总署上校处长）、汪志道（时任江苏省田赋粮食管理处常镇区购运处主任秘书）、王黎夫（时任国防部联合勤务总司令部上校专员兼办公室主任）等人，将他们搜集的情报汇总上交。

在这过程中，沈安娜的二哥沈勤、华明之的六弟华藻，也都加入了吴克坚情报系统，致使泰兴"沈太史第"里的沈家和荡口"华襄义庄"里的华府，也就成为名副其实的"情报世家"。

沈勤，1908年生，1948年正式加入吴克坚情报系统，打入反动当局国防部联合勤务总司令部运输署，提供了上海港军运调度等情报。

华藻，1920年生，1938年加入中国共产党，1947年起专任沈安娜、华明之与吴克坚、何以端之间的交通员，频繁往返于南京和上海之间。

> 1948年秋的一天，我接到通知：吴克坚要见我。
>
> 通知是专门负责与我和华明之联系的沪宁交通员华藻传达的。吴克坚要求我以回婆家探亲为由，到上海秘密口头汇报。经华藻各方探查，将接头地点定在浦东大楼"四姐妹舞厅"。
>
> ……
>
> 晚上八点整，在华藻的陪同下，准时到达约定地点与吴克坚会面。
>
> 吴克坚穿一身西装，看上去像一个洋行的高级职员。我手

提坤包，打扮得比平日入时。

我和吴克坚在舞厅一角坐下，一边吃零食，喝咖啡，一边低声谈工作，补充书面情报的不足。为避免引起怀疑，我们偶尔下舞池跳上一曲。吴克坚不大会跳舞，只是装装样子而已。两人基本上与一些不跳舞的闲客一样，俗称"摆测字摊"，只是吃喝聊天，加上嘈杂的音乐声，正好掩护。

华藻头戴一顶礼帽，坐在离吴克坚和我不远的、灯光昏暗的角落里，不时到外面探探动静。他把帽沿压得很低，灯影中很难看清他的脸。

……

会面结束后，吴克坚先离开，不远处另有人暗中接应。华藻和我随后离开。华藻护送我回到上海的家，第二天又送我登上返回南京的火车。（沈安娜，2016）

在南京，沈安娜一直坚持到了 1949 年 4 月 20 日，也就是南京当局拒绝在《国内和平谈判（最后修正案）》上签字，国共和谈彻底破裂，我军在安徽枞阳至裕溪口段突破敌长江防线的那天。

新中国成立后，中国共产党完成了历史性转变，已经从一个领导人民为夺取全国政权而奋斗的党，转变成为在全国执政并长期执政的党。但沈安娜的后大半生，后大半辈子的人生，却一如既往，还得是"站岗不带枪，放哨无帐幕；时时观风云，处处察微末；战场虽无形，甲兵在胸中"（萧克，1986）。她仍是一个隐身人，不能以本真示人。她回想起抗战之初，在重庆，在曾家岩"渔村"，邓颖超对她说："为了党的秘密工作，要甘当无名英雄。"周恩来让她牢记："我们党的事业需要一大批无名英雄。"她回想起学速记那会,在上海,在于熙俭身边,帮着他翻译《邓肯女士自传》(1934),书里有"我的跳舞便是表现人生"。

> 我终日终夜,在艺室里练习跳舞,籍着身体的动作,使人类的精神,有一种神圣的表现。有时我呆坐着,两手放在胸前,盖着怀部,沉思默想几个钟头之久。这样经过数月之后,我每次一听到音乐,则音乐的各种音节和音波,都好像注射到我内部的此种中心泉源。其所反映的不是理智的背影,而是心灵的背影。

邓肯穿上了舞鞋,再也停不下来。

沈安娜战斗在隐蔽战线,只能"守口如瓶,防意如城",只能"祇畏神明,敬惟慎独",只能"大白若辱,大方无隅,大音希声,大象无形"。

英国哲学家普德曼说:"播种一个行动,你会收获一个习惯;播种一个习惯,你会收获一个个性;播种一个个性,你会收获一个命运。"

正因为邓肯以舞为生,所以她夜"不能成寐",就"孑然一身到雅典卫城上去,走进酒神戏院,独自跳舞"。在风也似的旋转中,听到了"一种生离死别之声"。

正因为沈安娜绝对忠诚于我党隐蔽战线,所以直至自己的肉体生命的最后时刻,她在她的弥留之际,断续说着的仍是"我暴露了?他们抓人了,从后门跑……"

第十四章 「一号机密」

- ◎ 中央文库
- ◎ 决不让一个纸片落到敌人手里
- ◎ 我不死,我还要工作
- ◎ 「小老大」
- ◎ 让自己永远沉默
- ◎ 档归我们天下

一、中央文库

陈涛外号UvdenoB,号称半吊子革命家,他附会革命,自遑风流,为西湖旅馆桃色案中主角,号称淫棍,曾与阿双、瘝三为当代风流人物。他向瘝三津津乐道同乡舒某赠妓联语(联云:百人曰豪,千人曰杰,既到妆台,甘为牛马;一顾倾国,再顾倾城,愿藏金屋,当产龙蛇)。瘝三、阿双大加称赏,说此人才华绝世,可引为同志。(罗章龙,2005)

■陈为人

罗章龙自命不凡,特立独行惯了,把谁都不放在眼里,以致风烛残年,依然点名道姓,不依不饶,挨个儿骂,恶毒骂遍"大革命的逃兵败将","夸夸其谈、大言不惭的空头大少","十里洋场的'九尾龟'","品质恶劣不堪的清客相公",诸如阿双、瘝三、陈涛,统统被他骂得狗血喷头。

阿双即瞿秋白,瘝三即李立三,陈涛即陈为人。

罗章龙说，陈为人"自逞风流，作恶多端"，"淫逼女工，无所不为"，是向（忠发）、李（立三）"地下朝廷的富贵闲人"，"讲求并实行荒淫无耻的生活方式"。

但陈为人事迹的最感人之处，偏偏就是"廉约小心，克己奉公"，以重病残生，为党管好中央文库。

当时，陈为人获释出狱，因"受刑太重，两腿麻木，肺病复发"（韩慧英，2005），组织上安排他静心休养，他却再三恳求继续工作，哪怕从一个党的高级领导干部（陈为人1921年加入中国共产党，历任中共北方职工运动委员会书记、北方区执委会组织部长、满洲临委书记兼秘书长、满洲省委书记等）转岗为中直机关内部专司文档保管的普通科员。

1926年7月，中共中央在上海召开扩大执行委员会会议，通过《组织问题议决案》，对"党的机关"作出明确规定，规定"应增设中央秘书处，以总揽中央各技术工作"。这一规定很重要。这一规定以"组织的完善与合乎需要"和"工作人力之充分与负责"，保证了"党的机关之健全"，保证了"党的政治的与技术的职任"的"机关"化"执行"。但从1926年9月中央秘书处应运而生，到1930年4月中央在《对秘密工作给中央各部委同志信》中重申，凡"不需要的文件，必须随时送至文件保管处保存"，再到1931年4月中央出台《文件处置办法》、以制度规范文件档案的收集、分类、整理、编目、保管、销毁，中央文档的集中管理，还是有一个发展过程。而在这一过程中，又以张唯一、瞿秋白、陈为人的作用尤为突出。

当时中央秘书处下属五个科，张唯一是文书科科长，工作人员有张越霞、张纪恩等人。这个科要负责刻钢板、油印、收发文件、药水密写。这些工作都是分头去做的，而且都是非常秘密的。中央的文件和会议记录，一式三份，一份中央保存，一份送苏联的共产国际，一份由特科送到乡下保存。（毛毛，1997）

上面这段话，是毛毛（邓榕）转述的黄玠然访谈。黄玠然曾任陈独秀秘书、中共中央秘书处秘书长。他说，"中央的文件和会议记录，一式三份"，其中的"一份由特科送到乡下保存"。而《陈为人传》（1997）中写道："当时中央档案分为三套，一套存秘书处的文件保密处，另外还有两套，一套由共产国际中共代表团保存，后来委托共产国际代管；另一套是中央委托顾顺章代存。"

所谓的"秘书处的文件保密处"，当指张唯一主管的"文件保管处"，也就是黄玠然所说的"文书科"。

张唯一，1892年生，湖南桃源人，1927年加入中国共产党，人称"张老太爷"。

1930年9月，中央决定精简中直机关，一律取消科以下的"处"，以"更高的组织速度与更广的组织范围"为"新的组织工作方式"。张唯一便在戈登路1141号（即恒吉里，今江宁路673弄10号）建起"中央文库"，用于藏匿六个箱子、两万多件"珍贵的文件资料"。

这批珍贵的文件资料，共六箱、两万多件，其中有中共中央各种会议文件，如历次代表大会形成的决议、决定和会议记录；有中共中央公开发表的文件，如宣言，通电，告工人、农民、士兵书等；有中共中央同共产国际的来往文电；还有地方党组织的请示报告、调查材料、会议记录、党内刊物，留法、留德支部的文件；各革命群众团体的文件；还有一些著名革命烈士

遗留下来的材料。这些文件资料比较完整地反映了中共的活动和历史面貌，是中共最珍贵的一部分文献。（毛毛，1997）

中央文库是我们党历史上第一座地下文档库，堪称我们党早期记忆的"一号机密"。

周恩来见中央文库里的文档越收越多，却只有最简单的登记入库，并无分门别类进行梳理规整，就让瞿秋白拟一个办法，列几条行之有效的措施出来。瞿秋白心细如发，很快拿出七条意见，逐一说到文档收集的范围、分类编目的原则、登记造册的格式，甚至细致要求库内文档"均按时日编"，"切记注明年月日，愈详愈好"。

■瞿秋白

瞿秋白起草的《文件处置办法》是中共档案史上现可查见的最早文献。周恩来在这个条例上亲笔批道："试办一下，看可否便当。"周恩来、瞿秋白的心是相通的。他们想要的"最理想"状态，就是既方便"存阅（备调阅，即归还）"，还可"备交将来（我们天下）之党史委员会"。

顾顺章的叛变使"备交将来"的向往，差点毁于一旦。

二、决不让一个纸片落到敌人手里

黄玠然在接受毛毛（邓榕）的专访时说，由中央特科送到乡下保存的那一部分中央文档没有损失，新中国成立后都拿到了。这显然有误。当年，黄玠然曾协助周恩来抢险，紧急处理顾顺章叛变事件，应该知道那一部分中央文档。正因为"中央委托顾顺章代存"，所以顾顺章一出问题，周恩来就派陈赓等人去追，非追到不可。

> 1931年4月，顾顺章护送张国焘赴苏区，回沪途中滞留武汉遭逮捕，旋即叛变。但他怕连累他岳父及家人，并未透露文件之事，而偷偷遣人将文件秘密销毁了。（吕芳文，1997）

为什么顾顺章"并未透露文件之事"？因为"他怕连累他岳父及家人"。为什么会"连累他岳父及家人"？因为那一部分中央文档由"他岳父及家人"代为保存了。

1982年1月15日，李强在上海开会，发言时说："洪扬生到处钻，到处活动，其实有许多事情我知道，他都讲不出来。如顾顺章交他岳父保存了一批文件，洪扬生不知道保存在哪里，我知道，因为我亲自到过那个地方。"

> 1931年4月25日，时任中央特科主要负责人的顾顺章在汉口被捕，随即叛变。顾顺章掌握上海的中央机关及中央领导人的住址，对秘密工作方式了如指掌。周恩来派人紧急通知张唯一立即携带文件全部转移。张唯一雇佣了两辆黄包车，连夜将六箱子文件分几次运往法租界恺自迩路（今金陵中路）的一幢独立小楼里，这里是他的家。"中央文库"由此躲过了一劫。（董少东，2013）

张唯一先是将中央文库搬回自己家中，再交给湖南农运领袖凌炳保管。据凌炳后人提供的最新材料，凌炳生前亲笔所写回忆，凌炳"保管"中央文库期间，只跟自己的兄弟、儿子"见过一两次面"，就连母亲"也是每隔几个月才约在相隔很远的地方见一次面"。

"一·二八"淞沪抗战后，凌炳又将中央文库交给陈为人。陈为人正式接手中央文库后，将所有文件秘密运至开纳路（今武定西路）明月新村家中。那是一栋独门三层小楼房：第一层卧室兼客厅；第二层为卧室；第三层改为一个小阁楼，靠里墙二尺做了一堵木板墙，两墙当中存放文件。

从此，陈为人和妻子韩慧英离群索居，不参加党的会议，不参加任何公开活动，不轻易与人结交。他白天是湘绣店老板，晚上则反锁门窗，遮严光亮，整夜整夜在三层阁里整理党的"一号机密"。为了便于秘藏、转移，他将文件全部用薄纸、小字重抄，并剪掉四边的空白，分类归档。他的桌旁搁着一个常年有火种留着的火炉子，一旦出现不测就准备焚楼烧房，决不让一个纸片落到敌人手里！

三、我不死，我还要工作

1935年2月，叛徒告密，致使张唯一、韩慧英接连被捕。陈为人"为了防止暴露，免遭损失，立即转移住所，化名张惠高，带着全部'文库'和三个年幼的孩子，搬至小沙渡路康脑脱路口（今西康路康定路附近）合兴坊十五号一幢二层楼房居住"。（徐强，1980）

从这时起，陈为人和党组织的联系中断了，他陷入极度痛苦中：除了一个人担负起保卫中央文库的重任外，还要养活和

■ 中央文库旧址（原小沙渡路康脑脱路口合兴坊 15 号）

照顾身边的三个孩子。韩慧英被捕的当天，家里已经无积蓄了，一天两顿红薯充饥。陈为人肺病吐血，只好把萝卜当作水果吃。为了掩护身份，瞒过楼下的房东，陈为人每次在楼下煮好红薯后，常常把一片干鱼盖在上面，再往楼上端（表示生活正常），快到楼门口时，又把那片干鱼收藏起来，怕不懂事的小孩看见抢着要吃。就这样，那片干鱼片足用了一个月之久。（吕芳文，1988）

1936 年秋，当陈为人与徐强（陈为人遗孀韩慧英在其《自传》

中写道，他"姓金不知名字"）接上关系，并按规定送完最后一箱文件后，一回家就大口吐血不止。组织上表示："只要能保住为人，需要用多少钱，就用多少钱。"但陈为人坚决不让组织上在他身上多花钱。直至生命的最后一刻，陈为人还握紧双拳，圆睁双眼，对刚出狱不久的妻子喃喃说道："你不要怕，我不要紧……我不死，我还要工作……"

1937年3月12日晚9时许，陈为人终告不治，英年早逝。

1937至1939年，中央文库先后由徐强、李云、周天宝、吴成方和刘钊等人保管。

1939年2月，中共中央成立了中央社会部。潘汉年随之就任中央社会部二部部长，与孔原（原名陈铁铮，化名田夫、田心，1906年生，江西萍乡人，1925年加入中国共产党，历任中共江苏

■徐强、李云夫妇的晚年合影

省委组织部长、中央组织局组织部长、中央驻北方代表等）和曾希圣（曾名曾勉，1927年加入中国共产党，历任中共中央长江局军委秘书长、中央军委谍报科科长、红军总司令部侦察科长、中央军委二局局长等）专司情报。

8月25日，中共中央政治局作出《关于巩固党的决定》，进一步强调"必须加紧党的秘密工作"，严格区分"党的公开机关与秘密组织"及"公开党员与秘密党员"，绝"不应由公开党员兼任党的秘密工作"。

10月10日，中共中央发布《关于反奸细斗争的决议》，要求"中央局、区党委、省委，如有政治上坚定忠实，能力上胜任称职的干部，必须成立专门的社会部"。中央认为，"现在民族敌人阶级敌人对共产党八路军新四军的阴谋暗害工作，比任何时候都要加紧了"，具体表现为"汪逆汉奸最近在上海等地，以特务工作及暗杀等方法，进行投降反共的活动，实行个人恐怖"，表现为"反共分子，自国民党五中全会后，发布所谓防制异党的办法，成立了反共的特务委员会，派遣特务人员到各地进行反共的特务工作"。因此，"全党全军必须最高限度的提高革命的警惕"。

正是在此背景下，潘汉年出任中央社会部副部长，负责组建华南情报局，并领导香港、上海的情报工作。

四、"小老大"

1939年春，潘汉年受命到香港、上海开展对敌隐蔽斗争。同年秋，中央批准成立华南情报局，由潘负责，助手有张唯一、李默农等，领导机构设香港，在沪、港、南洋展开工作。为了协助潘的隐蔽活动和开展情报工作，中央社会部派内勤干部十余名到上海。（刘人寿、何荦，1995）

华南情报局分管两头：一头是香港，一头是上海。

香港一头，又分四块：一是八路军驻港办事处的情报点，由李默农（即李少石，原名国俊，又名振，1906年生，广东新会人，1926年加入中国共产党，1930年与廖仲恺、何香凝女儿廖梦醒结婚，在香港建立秘密交通站）负责，主要成员有连贯、柯麟、徐明诚等；二是东北抗联驻港办事处的情报点，由董麟阁（即董海平，1900年生，吉林人，东北抗联李杜将军秘书、东北抗联驻港办事处处长）负责，在天津、重庆、香港都设有电台；三是苏联驻港的情报点，由朱伯生（八路军驻苏联办事处联络官）负责，主要成员有金仲华（1907年生，浙江桐乡人，时任"保卫中国同盟"执行委员）、邵宗汉（1907年生，江苏武进人，时任《星岛日报》主笔）等；四是孔祥熙的政治经济顾问胡鄂公。

上海一头，则分两阶段：一是八路军驻上海办事处阶段，即1937年8月至1939年6月，负责人是刘少文、徐强、吴成方。吴成方，即《中共谍报团李德生讯问记录》中的"吴戢光"。李德生在日本警视厅特高一课招供："吴戢光，又名吴元戎，日常称老吴，上海情报科负责人（期间——1937年冬——短期去中共江苏省委工作）。"二是"八办"撤退，潘汉年让龚饮冰接收刘少文的移交人员吴成方、谭崇安等，同时建立李白台、杨健生台和郑执中台，定期跟延安直接通报。让江苏省委调来的史永（本名沙文威，字重叔，1910年生，浙江宁波人，1934年加入中国共产党，一直在上海、南京、汉口、重庆从事情报工作）等打入敌伪内部。再让刘人寿、董慧（原名董奉然，1918年生，祖籍广东，生长在香港，1938年加入中国共产党，1947年与潘汉年结婚）等十余名来自延安的中央社会部"内勤干部"，加上乔犁青（化名曹亚臣，山西人，时任《市声》半月刊编辑）、孟述先（原东北抗联驻天津办事处主任、"东总"联络部副部长）等人，建立多个情报点，并在法租界贝勒路（今黄陂南路）710弄46号三楼设台，"同香港、延安通报，并收听新华社新闻"。（陈邦本，2004）

这时，延安通讯学校毕业的张志申、叶钟英、汤琦（叶母）、朱捷夫（叶继父）到上海。叶是烈属，朱是受到敌监狱考验的老同志。在组织安排下，于黄陂南路710弄46号设了电台，与延安通报。但屡呼不应，组织要我去帮忙，接通了。这个电台除与延安通报外，还抄收新华社新闻稿。到1942年夏被搜查才停止工作。（刘人寿，1999）

■缪谷稔

同一时期，组织上又"安排"吴成方领导的刘钊，将中央文库再一次整体打包，伪装成"私人衣物"，运往公共租界康脑脱路生生里（今康定路1119弄）内的一幢独栋小楼，暂存亭子间，由缪谷稔保管。

■郑文道

缪谷稔，又名青裳，化名李念慈、陈一鸣，1915年生，江苏江阴（今无锡市）人。1927年加入中国共产党，1932年被捕，1935年获释，1937年到上海，1938年回澄西做地方武装工作，后重回上海市商会当高级职员，暗中转运医药用品往苏北新四军，很像《51号兵站》里面的"小老大"。

他正式接替刘钊成为中央文库的新一任保管员后，也像凌炳、陈为人一样离群索居，不再参加党的会议，不再参加任何公开活动，不再轻易与人结交，不再想见谁就见谁。即便是吴成方，彼此很熟，是亲密战友，也断了直接联系，联络全靠交通员小郑。

五、让自己永远沉默

吴、缪间的交通员小郑，即郑文道，也就是程和生，1914年生，广东中山人。1938年加入中国共产党，同年9月加入中共隐蔽战线，担任吴成方与中西功之间的联络员。

和中西功联络之初，程和生对于一个日本人帮助中国抗日，总觉得有点不可思议。时间长了，他发现，中西功完全像个中国人一样地在为抗日熬费心血，便对他产生了一种难以言表的尊敬。中西功和他都是中共党员。两人清楚知道：作为共产党员，就应该为革命事业作牺牲，明知道有牺牲的危险，也应该为革命的利益去工作，去坚持。因此，中西功说："我们现在就是这样。也许某一天的早晨或者夜里，我就被日本宪兵抓去了，那么，我仍旧要坚持我的誓言，我不会吐露有关组织的任何秘密。"程和生的眼眶潮湿、红润了,轻声回应他的话:"先生,我可以对你说,一旦我被捕了,我不会泄露一点有关你的情况。"

(方知达、梁燕、陈三百,1995)

郑文道说到做到,用自己的年轻生命兑现了承诺。

那是1941年10月4日,左尔格向莫斯科发出他最后一封,也许是最重要的一封电报:"苏联的远东地区可以认为是安全的,来自日本方面的威胁已排除。日本不可能发动对苏战争。相反,日本将在下几周内向美国开战。"莫斯科很快复电,对他的工作甚感满意,并宣布左尔格及其"拉姆扎"小组的使命已告完成。

10月10日,"拉姆扎"小组的核心成员之一宫城与德,因他手下一个兼作裁缝的女情报员的被捕而被捕。宪兵对宫城严刑拷打,宫城跳楼自杀,被树枝挡住骨折重伤。宪兵仍不放过,继续用刑。宫城熬不过去,供出了另外几个核心成员,也就是尾崎秀实、克劳森及夫人安娜。

10月15日,尾崎秀实被捕。他受刑不过,把左尔格供了出来。但是,他并不知道左尔格的真实身份是苏军总参谋部情报总局特工,只知道左尔格为共产国际工作。

10月16日,在证据确凿的情况下,日本检察署向法相岩村提交逮捕同案人犯的呈文,岩村批准了除左尔格以外,包括西园寺公一、前首相儿子犬养健、克劳森等重要人犯的逮捕令。但由于外务省的反对,左尔格的逮捕令却是由东条英机批准。也有一种说法,是近卫文麿批准了对左尔格的逮捕令。但是,当天早晨,近卫内阁全体总辞职,因而近卫文麿下令逮捕左尔格的可能性应该不大。

10月18日,克劳森和左尔格被捕。安娜供出真相。安娜跟克劳森结婚,曾被苏军总参谋部情报总局审查过。左尔格和克劳森去日本，苏军总参谋部情报总局的女特工还骚扰、威吓过安娜。

> 中西功等与尾崎秀实在情报工作上并无组织关系，但有情报交换关系，特别是1938年9月以后。尾崎秀实被捕后，中西功等仍无畏地持续进行工作，而日本警察从对"共产国际谍报团"事件的审讯中发现了他们，并于1942年6月开始逮捕。当时中西功仍在杭州，进行有关浙赣战役的调查和情报活动，来自东京的两名"特高"人员已来到上海等待他们。（解学诗，2004）

对于中西功和西里龙夫（《中共谍报团李德生讯问记录》中说，他是"上海情报科成员，公开身份为日本同盟社南京支社首席记者，1940年成立南京组时为南京组成员"）的逮捕，是在东京刑事法院检事指挥下，由日本驻上海总领事馆的警察进行的，随即被捕的还有三名中国人。其中一个就是郑文道。

郑文道的被捕引起了吴成方的强烈不安。吴成方在第一时间赶到了缪谷稔家。

这时，中央文库已被缪谷稔夫妇从康脑脱路生生里内的一幢独栋小楼，悄然转运到了自己家中，也就是金家巷嘉运坊（今胶州路175弄、新闸路1851弄）的三层阁上。

听说郑文道被捕了，病榻上的缪谷稔顿时剧咳不止，大口吐血。

这时的缪谷稔跟陈为人一样，不仅罹患严重肺结核，而且病情日益严重，吴成方本拟另找可靠同志顶岗。

吴成方示意缪妻扶缪谷稔躺下，先静一静。缪谷稔则挣扎着下床，执意上三层阁搬东西，瘦削脸上通红通红，不知是急的，还是咳的。吴成方拗他不过，只能先去落实交通工具和新的库址。

再说郑文道，他从被捕的那一刻起，满脑子想着的只有一句话，一句他当着中西功面说过的话："先生，我可以对你说，一旦我被捕了，我不会泄露一点有关你的情况。"

一点"不会泄露"的最可靠举措，就是让自己永远闭嘴、彻底沉默。

当押送郑文道的车子经过江西路（今江西中路）、三马路（今汉口路）口时，他一声大喝，蓦地跃起，挣脱押解人员，飞纵车外，头部重重摔砸在飞驰的轮畔。

七天后，他从昏迷中醒来，发现自己躺在日本宪兵司令部里，又强忍着浑身伤痛，再次搏命自戕。这一回，他纵身跳出的不是颠簸的车厢，而是四楼的窗口。他以他血花迸溅的最后瞬间，永远凝聚不可战胜的忠魂！

六、档归我们天下

左尔格案件发生后，中共上海情报科的日本人、中共党员中西功（公开身份为满铁调查部上海事务所属员）、中共党员西里龙夫（公开身份为日本同盟社南京支社首席记者）被逮捕，上海情报科南京组负责人李德生与汪锦元、陈一峰（本名倪兆渔）、郑文道（化名程和生）等旋即亦遭逮捕。《中共谍报团李德生讯问记录》是日本警视厅特高一课于1942年（昭和十七年）9月至次年1月对李德生十六次法庭调查的记录。李德生在调查中供出了上海情报科的组织、人员、日常活动、联络方法、工作重心、获取、传递情报的途径、手法以及所获情报本身。

■1945年，汪锦元（左一）、陈一峰（右一）探望李德生

　　李德生的回答事无巨细，十分详尽，为我们今天全面了解上海情报科的活动提供了罕有的第一手材料。（程兆奇，2013）

　　在那份"事无巨细，十分详尽"的招供中，竟没一字牵涉缪谷稔，足见李德生再真心"悔过"、竭力"配合"，也说不到中央文库上去，这也就足以反证中央文库的确是机要中的机要、秘密中的秘密，也就愈益突显郑文道的"生的伟大，死的光荣"。他严守对同志的承诺、对工作的职责。

　　1942年6月，缪谷稔病情恶化，不得不将中央文库转交陈来生（原姓甄，1919年生，上海人，1938年加入中国共产党）。陈来生一如蚂蚁搬家，发动全家来搬，人人夹带数份，不厌其烦地来回，用上了竹筐、淘箩、面粉袋，足足耗时一个多月，才将两万多件珍贵文档全部安全转移到同一条新闸路上的赓庆里（即新闸路944弄，今已拆除），后再另搬成都北路972弄3号西厢房和新闸路488号兴隆大饼店楼上。

1944年9月，缪谷稔溘然离世，成了第二个陈为人。

1949年5月下旬，上海解放。9月上旬，陈来生将他用命守护的全部文档，送到中共上海市委组织部。中共上海市委组织部当即开具证明，104包、共16箱的文件、资料均"未受到霉烂、虫蛀、鼠咬等半点的损伤"。

9月18日，中共中央华东局办公厅收到中央来电，说："大批党的历史文件，十分宝贵，请你处即指定几个可靠同志，负责清理登记，装箱，并派专人护送，全部送来北平中央秘书处，对保存文件有功的人员，请你处先予奖励。"

1950年2月下旬，中央文库所保存的所有文档送抵北京，于1959年10月入藏中央档案馆。时值国庆十周年大典，正应了瞿秋白生前所说的"备交将来（我们天下）之党史委员会"。

第十五章

最后的努力

◎ 陈云来了
◎ 「三人团」
◎ 沧海横流，方显英雄本色
◎ 在浦东上船

一、陈云来了

《陈云传》（2005）中说，1935年5月31日，中共中央在四川泸定"召开政治局常委会议"，决定派陈云"去上海恢复白区党的组织"。陈云就"只身一人悄悄地离开长征队伍"，于同年7月上旬安抵上海，用在中央特科时期的化名"李介生"，住进法租界天主堂街（今四川南路）、新永安街（今新永安路）口的永安旅馆。

■晚年陈云

在旅馆里，陈云从电话簿上查到上海江西路浙江实业银行副总经理章乃器的电话。章乃器是陈云过去在商务印书馆发行所的亲密同事章秋阳的哥哥。由于这个关系，同他比较熟悉。陈云打电话请他约章秋阳见面。这时章秋阳是上海证券交易所的经纪人，但"仍做党的外围掩护工作"。章秋阳立即把陈云接到法租界霞飞路（今淮海

中路）358弄尚贤坊21号自己家中。（中共中央文献研究室，2005）

陈云本可以在章秋阳的家中住下来，但"刚安置下来，他们过去在商务印书馆的同事何孝章正好来章秋阳家，见到陈云。虽然何孝章原来也是中共党员，但为防万一，何孝章走后，章秋阳立刻将陈云转移到公共租界北山西路的老泰安里111号他丈人家中"。

章秋阳，别名乃起，字郁庵，1901年生，浙江青田人。1922年进商务印书馆发行所虹口分店当店员，由徐梅坤（时任上海地方兼区执行委员会书记）介绍加入中国共产党，历任商务印书馆工会执行委员会委员、党团委员、中共商务印书馆发行所分支部书记、上海店员总联合会委员长、党团书记、上海特别市市民代表等。

陈云在北山西路老泰安里111号住下后，孙诗圃即被章秋阳唤来相见。

孙诗圃，1911年生，浙江萧山人。1925年，陈云由董亦湘（本名彦标，又名桩寿，字叔桐，1896年生，江苏武进人，1921年加入中国共产党，1925年1月在无锡城中公花园多寿楼与九老阁间的空地上，主持召开党员会议，正式宣布中共无锡支部成立）、恽雨棠（1902年生，江苏武进人，1923年加入中国共产党，1931年与夫人李文一并牺牲在上海龙华）介绍加入中国共产党，又接任中共商务印书馆发行所分支部书记，遂与薛兆圣介绍发行所的同事孙诗圃加入共青团，1926年转为中共党员。

孙诗圃入党后，就在徐梅坤、陈云等人领导下，积极参与上海工人三次武装起义。他在第二次武装起义受挫后，还随陈云等人"乘船来到浙江宁波地区的余姚，同当地党组织取得了联系"。因为"当时余姚县北伐军已经到达"，余姚的党组织请陈云去"协助开展工

作","领导盐民运动"。（中共中央文献研究室，2005）

1927年春夏之交，大革命失败，孙诗圃被捕入狱，备受折磨，直到1932年方才开释，跟章秋阳恢复联系。章秋阳见孙诗圃重见天日，无以为衣食业，就跟无锡新监（即无锡监狱、江苏第五监狱）典狱长邢源堂（号松庐，又名邢松龄，1893年生，江苏江阴人）商量，给一份活计。邢源堂跟章秋阳"交谊极深"，有求必应。章秋阳张嘴了，邢源堂也不好驳他面子，便安排孙诗圃在自己手下打工，当书记员，整天抄抄写写。好在孙诗圃能文能武，能屈能伸，时间一长，邢源堂用得顺心，倒也少他不成。

> 我接到党组织的命令后，马上动身来到上海，同章秋阳等接上了头。那么，如何才能确保陈云的安全呢？章秋阳建议，可以考虑让陈云去无锡。因为，无锡新监主管邢源堂与章秋阳交谊极深，这个关系可以利用。党组织同意了这个计划，于是让我返回无锡找邢源堂，借口说是一个姓李的朋友在交易所亏欠了几千元，在筹款弥补中，打算在无锡躲避一下，还清债即回沪。邢源堂同意接待，并安排好了食宿。联系妥当后，我回到上海，居住在四川路北京路的周炳杨、孙新圻、乐俊英三位大律师的律师事务所内。律师事务所内有三部电话，章秋阳可随时找我，打算必要时可由我陪同陈云去无锡隐藏。（孙诗圃，1995）

就在孙诗圃两头奔忙，在无锡和上海之间来来回回时，章秋阳已帮陈云联系上了潘渭年（即潘企之，潘汉年堂弟）、吕鉴莹（潘汉年表妹）夫妇，并从他们那里得知潘汉年的最新行踪。原来，1935年2月下旬，红军连战连捷，四渡赤水，在运动中消灭敌有生力量，在川黔滇边地区纵横驰骋；潘汉年则悄然离队，乔装南下，经贵阳、柳州、梧州、广州、香港，从水上潜入上海，向浦化人（时任中共上海中央局"三人团"成员，主持日常工作）和董维键（时任中共上海中央局宣传部代理部长）了解上海中央局及其与共产国际联系的情况。潘汉年的了解是奉张闻天之命。张闻天代表中央要潘汉年"在上海长期埋伏，保证中共和共产国际的联系畅通无阻"。但上海的白色恐怖空前严重，李竹声（第一任中共上海中央局书记）、盛忠亮（第二任中共上海中央局书记）等人接连叛变的负面影响持续发酵，潘汉年实在是太难立足，只能到了不久后又返回香港去等陈云的消息。

潘汉年见过的浦化人和董维键，陈云也让潘渭年和吕鉴莹安排着见面了。夏衍在《懒寻旧梦录》（2006）里说，陈云和潘汉年相继约见的"董维键"是"董牧师"，以"基督教牧师为掩护"。这是张冠李戴了。在当年上海，我们党内只有一个"董牧师"，就是浦化人介绍入党的董健吾。

浦化人，曾用名王养三、张培龄、张培林，1887年生，江苏无锡人。1927年加入中国共产党，历任中共上海中央局宣传部委员、宣传部长。

董健吾，本名守青（一说选青），化名周继吾，1891年生，上海青浦人。1927年加入中国共产党，1929年加入中央特科二科，利用圣彼得堂牧师身份，协助陈赓、潘汉年搜集情报，镇压叛徒。

■浦化人

冯玉祥在《我的生活》（2015）中，多次写到了浦化人和董健吾。冯玉祥说，浦化人是他在"做陕西督军时认识的，为人富于热情，坚毅果敢"，彼此"共处甚久"，后来"竟以一圣公会牧师而加入了共产党，成为一个忠实活动的共产党员"。冯玉祥还说，董健吾（董贤武）是他的"朋友"，他曾派董健吾和浦化人一起"负责办理铁路工人的福利事业"。

1930年3月，经浦化人倡议，董健吾在上海公共租界戈登路（今江宁路）441号创办大同幼稚园（后迁法租界环龙路，即今南昌路48号），掩护了大批革命先烈的遗孤和我们党领导人的后代，他们中有彭湃、杨殷、恽代英的儿子，以及蔡和森、向警予、李立三的女儿，还有毛泽东和杨开慧的儿子毛岸英、毛岸青、毛岸龙。毛岸青后来致信董健吾的儿子董寿琪，由衷地说道："回想起我们在上海的情景，好像就在眼前。在白色恐怖的上海，在我们最困难的时候，蒙董伯伯和你们全家对我们的照顾，我和岸英至今不能忘怀，并且十分感激的。"

1931年4月，董健吾随顾顺章去武汉执行任务。任务完成后，顾顺章不顾董健吾的再三规劝，执意要留在武汉公开表演变魔术，还跟一个"身着白衣、白帽、白高跟鞋的时髦女郎"鬼混，以致被敌撞上捕获，之后无耻叛变。危急时刻，"龙潭三杰"（李克农、钱壮飞、胡底）当机立断，力挽狂澜，及时向中共中央报警。同时，脱险赶回上海的董健吾，也向周恩来提供了更多可以用作印证的情况。于是，周恩来在陈云、陈赓、李强（时任中央特科四科科长）等人协助下，迅速采取一系列反制措施，抢在敌人之前，扑灭了一场直接危及中共中央、江苏省委和共产国际远东局机关安全的大灾难。

《陈云传》（2005）中说，陈云见浦化人和董维键后不久，浦化人和董维键也被捕了，接着是共青团上海中央局也遭破坏。

二、"三人团"

7月22日,中共上海中央局和江苏省委再次遭到大破坏。在这次大破坏中,继2月19日上海中央局书记黄文杰等36人被捕后,上海中央局负责人浦化人、宣传部代理部长董维键等又被捕。24日,共青团上海中央局也遭破坏,书记文德等8人被捕,文德叛变。情况如此恶化,陈云在上海恢复中共组织的工作一时难以进行。(中共中央文献研究室,2005)

关于1935年"2月19日上海中央局书记黄义杰等36人被捕"一事,当事人陈同生曾回忆,他在狱中"利用自首分子出去'过堂',也许是向他的上司汇报成绩时",与朱镜我(1901年生,浙江鄞县人,1928年加入中国共产党,历任中共江苏省委宣传部长、中国社会科学家联盟党团书记、中国左翼文化总同盟党团书记、上海中央局常委、宣传部长)进行了"较详细的谈话"。朱镜我痛心地告诉他:"去年10月大破坏后,中央决定黄文杰同志负责,建立新的领导机构。现在又被破坏了。事实证明,内奸打入了我们的组织内,这一次破坏是空前的,共青团和左翼团体,几无幸免。全部秘密组织,只有很小一部分可能还保存着。"(陈同生,1959)

"可能还保存着"的"很小一部分",重被刘仲华收拾、整合起来是在1935年3月。

刘仲华,化名华再成、刘子华、秦叙五,1899年生,山西崞县人,1923年加入中国共产党。

1935年3月,刘仲华经饶漱石(化名阿石,1903年生,江西抚州人,1925年加入中国共产党,历任中共上海沪西区罢工委员

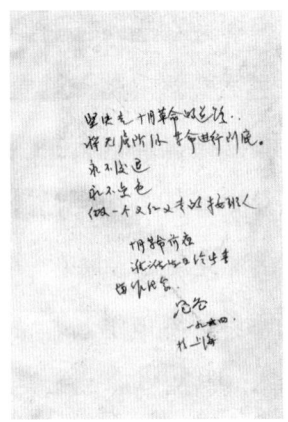

■ 陈同生送给女儿的生日礼物《不倒的红旗》

会党团书记、赣东北特委书记、共青团中央秘书长、中华全国总工会宣传部长兼秘书长、上海执行局党团书记、华北办事处主任、中共河北省委代理书记）介绍，在上海见了"老头子"。"老头子"是格伯特的外号。格伯特不是共产国际"常驻上海"的"全权代表"，只是一个"很有经验的工作人员"。但当时上海"只有一个人"，就是格伯特。刘仲华跟格伯特谈了中央局的困境。格伯特认为，中央局应当尽快恢复，不可无人担纲。刘仲华这就在有他和贺昌之（化名张涛、章涛，1933年加入中央特科，受武胡景直接领导）、浦化人等三人参加的3月17日会议上，宣布成立"五人团"（除刘、贺、浦外，另加全总代表的"代理者"和团中央工委成员各一人），由刘、贺、浦三人（事实上的"三人团"）集体主持中央局的日常工作。

3月22日，上海中央局致信共产国际执委会和中共驻共产国际执委会代表团，报告"新的中央局"的"成立"及其领导成员的"分工"，同时恳请"共产国际派几位同志"来上海，以"加强苏维埃革命的发展和加强新的中央局的领导"。

这就是中央泸定会议决定派陈云"去上海恢复白区党的组织"

的背景。潘汉年6月20日在上海写给共产国际驻华代表们的信，也足以印证这一点："（中共）中央看到中共上海中央局不断遭到破坏和国统区群众斗争领导薄弱，决定加强领导。同时（中共）中央新的负责同志波克利洛夫（他的中文名字叫张闻天）和陈云认为，鉴于红军进行长期行军和长期内战，同军队一起转移的（中共）中央无力领导全国的工作，应该改变自己的领导方法。"

7月上旬，陈云安抵上海，入住永安旅馆。

7月9日晚，刘仲华告诉贺昌之，共产国际已派人来组织新的正式的中央局，让"三人团"办移交。第二天，刘仲华又让浦化人和贺昌之预做准备，之后去莫斯科。

问题是，谁也不曾想到"7月22日，中共上海中央局和江苏省委再次遭到大破坏"，40人被捕入狱，浦化人也未能幸免。

三、沧海横流，方显英雄本色

此时，陈云已住垃圾桥（今浙江路桥，因毗邻"垃圾码头"而得名）堍南侧、北京路（今北京东路）近浙江路（今浙江中路）的一家钢铁商店楼上，这是中央特科给安排的。《陈云传》（2005）引用了陈云本人在1967年12月5日为朱军所写的一份材料里的话："经过章秋阳找到了当时上海的党的特科（即做保卫和情报工作的）一个负责人。此人是广东汕头一带的人，这个人的姓名已经记不起来了。"关于"这个人"，陈云注明，他是康生爱人曹轶欧妹妹苏枚的丈夫。陈云说："苏枚丈夫为我安置住处，第一次在一间租住的楼上，地点记不得了。第二次即安置在朱军在法租界独家居住的房子的楼上。"

朱军，1908年生，河北景县人。1927年加入中国共产党，新中国成立后历任海军快艇学校政治委员、海军军事学院副院长、海军工程学院院长、海军军政干部学校校长、海军学院院长。

朱军当时在上海做党的地下工作。住在那里的，还有他的夫人刘寄萍和一个小孩。"那时秘密工作时期也不便问各人的姓名，所以也不知他们叫朱军和刘寄萍，但后来朱军与刘寄萍在抗战后都到了延安，才知道姓名是朱军和刘寄萍。"陈云还写道："我住在朱军处很安全。安全地住进去，安全地离开他家，从上海到苏联。"

（中共中央文献研究室，2005）

陈云的记忆清晰无误，《陈云传》（2005）的注却误说"苏枚的丈夫"叫"楚文"。其实，苏枚的第二任丈夫不叫楚文，而叫邱文，即萧寿煌，1911年生，广东大埔人，1932年加入中央特科。郝在今在《中国秘密战：中共情报、保卫工作纪实》（2015）里说："1934年，苏共中央政治局委员基洛夫被刺杀，苏共开始在党内肃清托派。王明、康生积极参与苏联'肃托'，同时也对在莫斯科学习的中国同志下手。康生熟悉的特科成员萧寿煌被逮捕杀害，1933年中央离开上海后负责特科工作的武胡景，本是康生的同乡兼同事，也被加以叛徒特务的罪名逮捕杀害。"

陈云经萧寿煌的"安置"，住在"一间租住的楼上"期间，一日三餐均由章秋阳、唐文云（当时在华商证券交易所经营公债）夫妇的幼子俞三元送上来。

陈云在俞三元连同饭菜一起送上来的报纸上看到，公开声明脱党的变节者中竟有70多人认识他。

当年的上海，实在是风声鹤唳、步步惊心。

当年的上海，用陈同生的话来说，简直就是"最黑暗年月"，"不仅党的组织遭受了空前的大破坏，左翼群众团体也受到了空前的大损失。从党支部、区委、省委，到中央局，以及赤色团体（左联、社联、剧联、美联、影联等）都有人被捕了。所有的号子里关满了政治犯，一间间挤得很紧，只能住四个人的牢房要住十个人，住十个人的则住二十多人，即使像装沙丁鱼罐头一样也挤不下"。（陈同生，1959）

沧海横流，方显英雄本色。英勇的中国共产党经历了1927年的反革命叛变、1931年1月至1935年1月的"左"倾错误、1935年1月的遵义会议和"开始了以毛泽东同志为首的中央的新的领导"，已经是一个高度"巩固和统一"的党、一个"快要胜利了的党"、一个"任何力量也不能战胜了的党"。（中国共产党中央委员会，1945）

更何况瞬息万变的国内外形势，随着共产国际的七大召开，给了中国共产党人以新的机遇、新的挑战。这机遇就是斯大林更多注意国内问题，基本不再干涉各国党的内部事务；这挑战就是"日本帝国主义加紧对我进攻，南京卖国政府步步投降，我北方各省又继东北四省之后而实际沦亡"。

大敌当前，国难当头，中华苏维埃政府、中共中央呼吁"一切不愿当亡国奴的同胞"，包括"一切有爱国天良的军官和士兵兄弟"，包括"一切愿意参加抗日救国神圣事业的党派和团体"，包括"国民党和蓝衣社中一切有民族意识的热血青年"，无论"过去和现在有任何政见和利害的不同"，有"任何意见上或利益上的差异"，有"任何敌对行动"，"都应当有'兄弟阋墙外御其侮'的真诚觉悟"，"都应当停止内战，以便集中一切国力（人力、物力、财力、武力等）去为抗日救国的神圣事业而奋斗"。（中华苏维埃政府、中国共产党中央，1935）新任共产国际执委会总书记季米特洛夫亦明确表态："我们赞同中国共产党与一切准备真正为拯救自己的国家和人民而进行斗争的有组织的力量结成最广泛的反对日本帝国主义及其中国代理人的反帝统一战线。"

中华苏维埃政府、中共中央发布的《为抗日救国告全体同胞书》（即《八一宣言》，1935年8月1日），是王明"和出席（共产国际）七大的中共代表团一起起草的"，在1935年7月19日交米夫（时任莫斯科东方劳动大学校长，参加共产国际的七大筹备工作）阅改，并送共产国际"审定"。（王明，1935）

统一战线是一个全新事物，不仅不能简单地表现为"急剧改变口号"，反而更本质地"意味着'单方面解除武装'和单方面对今天的敌人作出让步"，意味着今后"在宣传中和在组织群众反帝活动时，应该首先提出拯救中国的口号，而不是'保卫苏联'的口号"，意味着"承认在1927年采取的中国苏维埃化方针是错误的"，而这"错误"又恰是"由斯大林本人提出和论证的"。

因此，"共产国际和中共驻共产国际执委会代表团以及苏联特工部门早在共产国际七大结束前就已采取措施，让中共中央和中国其他地区的中共组织了解新的策略"。（中共中央党史研究室第一研究部，2007）而当时隐居上海的陈云，也就愈加地期盼潘汉年早日从香港来上海，与他一起探讨、研判、推演和考量。

四、在浦东上船

很快，潘汉年与陈云在上海会合了。

同时，章秋阳也已找到瞿秋白的遗孀杨之华和何叔衡的三女儿何实嗣（一说何实山，何叔衡的大女儿）。杨之华、何实嗣与共产国际的驻华代表们有联系。共产国际的驻华代表们通过杨之华、何实嗣，转告上海中央局并陈云、潘汉年，中共驻共产国际执委会代表团认为，"上海目前不需要任何中央的组织"，所以"许多留在上海的党员都应暂时到苏联去"。（陈云，1982）中共驻共产国际执委会代表团的最新指示，实际上终结了陈云的来沪使命。

泸定会议给陈云的"任务"是"去上海恢复白区党的组织"。陈云是作为"白区党的组织"的新一任最高领导来的上海。当时，上海再"不需要任何中央的组织"，那么陈云还有什么必要留守上海？陈云可以"暂时到苏联去"，却仍"决定小开先走"。他坚持认为，他的"任务在上海工作，故不决定即走"。但中共驻共产国际执委会代表团又来电催促，通过中央特科，限令陈云早日动身，不得迟缓。

1935年8月10日，《申报》第三张第十版上又有公开报道，说"鄂高法院已起诉上海神秘西人案"，点明华尔敦等人的"犯罪"系"受共党第三国际格柏乌之指使"，"勾结"中国共产党，"危害民国"，"刺探中国政治及军事上之秘密"。陈云这才依宋庆龄的安排，与陈潭秋（名澄，字云先，1896年生，湖北黄冈人，中共一大代表，历任中华苏维埃共和国中央执行委员会委员兼粮食部部长、中共福建省委书记、中央苏区分局委员兼组织部长）、杨之华、何实嗣（或何实山）、曾山（原名曾如柏，又名修生、宪朴、曾珊、唐古，1899年生，江西吉安人，1926年加入中国共产党，时任中共江西省委书记兼江西军区政治委员）、潘渭年一起，由马海德（医学博士，原名乔治·海德姆，1910年生于美国纽约，第一位加入中国共产党的外国人，也是新中国成立后第一位加入中国籍的原外籍公民，新中国成立后任卫生部顾问，2009年入选"一百位新中国成立以来感动中国人物"）护送，在浦东上了一艘开往符拉迪沃斯托克（海参崴）的苏联货轮。

  一九三五年夏季有一天，宋庆龄叫我把两位客人护送到一艘开往苏联的船上。我立即穿上时髦的西服，开着一辆天蓝色的福特轿车，护送这两位客人到了码头。在旧中国，我这个外国人就是畅行无阻的护照，因而顺利地完成了送人的任务。回到诊所不久，宋庆龄给我打来了电话，她一再说我做了一件很好的事情，对我表示感谢。后来收到了宋庆龄派专人送来的信，才知道送走的是两位重要的中国共产党人。（马海德，1981）

这是陈云第一次出国。

陈云一行甫离上海，8月24日的《申报》又在第三张第十一版上大篇幅报道"怪西人案在鄂高院开审"，直指华尔敦"勾结刘燧元、萧柄实、陆海防等组织机关，刺探中国关于政治上及军事上之秘密，报告第三国际"，故当局"分别以危害民国紧急治罪法起诉，开庭审判"。

沈醉后来说，陆海防就是他"带了两个特务"到大马路东亚旅馆抓的。陆海防"这个贪生怕死混入到革命阵营中的败类，看到审讯他时搬出那么多刑具，不待用刑，经戴笠一顿名利诱惑，马上答应交出他的上级领导人"华尔敦。（沈醉，1990）

方文（张放的笔名，后改名刘进中）说，陆海防"这个无耻之徒"就是被他"当作革命者介绍到左尔格领导的情报组里工作的。最后他得以爬到重要领导岗位上去，有了换取高官厚禄的资本。他虽不可能把这组织全部人员一网打尽，但由左尔格所创建的和由华尔敦发展起来的这一深入到蒋介石各军事首脑内部的100多人革命情报组织,被敌人完全破坏了"。

华尔敦事件"对莫斯科产生了强烈震动",维克托·乌索夫如是说。

维克托·乌索夫说:"上海发生的多次迫害和失事使莫斯科的领导人很不安。"他们谈虎色变,成了惊弓之鸟。他们只想"召回"他们可以"召回"的每个人,并"建议"把每个大使馆的"教授"(喻指共产国际执委会国际联络部、国家政治保安总局对外局的特工)和"法学家"(喻指苏军总参谋部情报总局的特工)达到数量限制为各一人。他们不希望看到跟他们"有联系的中共同志受到警察的追捕,随时可能被15名猖獗活动的内奸出卖",再三催促没有和陈云同行的潘汉年及早动身。潘汉年"随身携带了进行无线电联系所必需的呼叫信号、波长和时段",受命"直接同共产国际代表取得联系,以设法恢复无线电联系"。中央不想让他"直接同中共上海中央局建立联系",因为中央认为"既然中共上海中央局遭破坏,其内部必有暗藏的叛徒"。莫斯科疑虑重重、心惊肉跳,同样想着"反恐怖和反奸细的斗争",想着"政治反动派得到加强、叛徒活动增多、公安委员会和外国情报机构采用了新的变化了的侦察方法"。(赖安,2007)

8月底,潘汉年登上了苏

■陈翰笙、顾淑型夫妇

联货轮"东方号",化名"水番三郎",仍走陈云一行走过的上海—符拉迪沃斯托克(海参崴)—西伯利亚—莫斯科路线。四个多月前,匆忙走过同样路线的,还有陈翰笙、顾淑型夫妇。

这一年的十月革命节,陈翰笙、顾淑型夫妇由两位苏联人陪同到红场观礼并见斯大林。同时见到斯大林检阅游行队伍的另外两位无锡人,是潘汉年及与潘汉年同行的严朴。严朴是陆定一(1906年生,江苏无锡人,1925年加入中国共产党,时任中国工农红军总政治部宣传部长,主编《红星》报)夫人严慰冰之父。严慰冰后来在她所写的《严朴生平》中曾提及,严、潘二人结伴旅苏,以及到莫斯科时,正赶上11月7日红场大阅兵,严朴有幸"第二次"见到联共(布)中央委员会总书记。9月上旬先到莫斯科的陈云,则已忙中偷闲,以"廉臣"为笔名,开始伏案写作《随军西行见闻录》(1936),假托一个以"被俘之身"在"赤军医院服务"的"军医"口吻,向世人首次道出"朱毛赤军不分晴雨,终日行军,由江西而湖南、广东、广西、贵州、四川、云南、西康,而转入四川之理番、松潘。足迹几遍大江以南,历时八月余,约计行程一万二千里,历尽无数高山大川"。

> 我国共产势力,年来伸张极速。朱毛,徐向前,贺龙、萧克等赤军,已成为中国的一强大力量。当赤军初起时,本系星星之火,迄今则成燎原之势。现在中国两大赤军会合,朱毛与徐向前会合,声势大振,且军事重心,已由东南而移到西北,剿共军事,无论在作战上运输上皆大感困难,赤军活动愈难抑止矣。(陈云,1936)

参考文献

一、图书

薄一波：《太岳情深忆陈赓》，《陈赓纪念文集》编委会编：《百年追思：陈赓大将诞辰100周年纪念文集》，解放军出版社，2003年

博古（上林）：《吃人礼教下之"杀子伦理"》（1925年10月15日），无锡市史志办公室编：《秦邦宪（博古）文集》，中共党史出版社，2007年

博古（则民）：《前尘》（1924年11月25日），无锡市史志办公室编：《秦邦宪（博古）文集》，中共党史出版社，2007年

曹聚仁：《上海春秋》，生活·读书·新知三联书店，2016年

陈琮英：《我所知道的向忠发被捕与叛变》，中共上海市委党史研究室编：《上海党史资料汇编》第5编《党史人物》，上海书店出版社，2018年

陈福康、丁言模：《杨之华评传》，上海社会科学院出版社，2005年

陈赓：《陈赓日记》，战士出版社，1982年

陈立夫：《成败之鉴》，正中书局，1994年

陈坦：《七年铁窗》，东南大学出版社，1992年

陈同生：《在最黑暗年月里的战斗》，《不倒的红旗》，中国青年出版社，1959年

陈云（廉臣）：《随军西行见闻录》（1936年），《陈云文选》（第一卷），人民出版社，2005年

陈云：《关于章秋阳同志的历史情况》（1982年3月16日），中共中央文献研究室编：《陈云传》（上），中央文献出版社，2005年

程季华主编：《中国电影发展史》，中国电影出版社，1963年

程兆奇：《六十余年前的特殊"口述历史"：〈中共谍报团李德生讯问记录〉书后》，《歧羊斋史论集》，上海交通大学出版社，2013年

丁玲：《梦珂》（1927年），《丁玲全集》第三卷，河北人民出版社，2001年

丁玲：《一九三〇年春上海》（1930年），《丁玲全集》第三卷，河北人民出版社，2001年

丁玲：《一个真实人的一生：记胡也频》（1950年），《丁玲全集》第九卷，河北人民出版社，2001年

丁玲：《魍魉世界：南京囚居回忆》（1984年），《丁玲全集》第十卷，河北人民出版社，2001年

董秉弟：《出生入死的伉俪：记周恩来最可信赖的熊瑾玎夫妇》，熊畅苏主编：《红色伉俪传奇人生》，中国文联出版社，2007年

方知达、梁燕、陈三百：《太平洋战争的警号》，东方出版社，1995年

冯建辉：《从陈独秀到毛泽东：中共六任领导新视角》，中央文献出版社，1998年

冯玉祥：《我的生活》，中国青年出版社，2015年

龚育之：《龚饮冰》，中共党史人物研究会编：《中共党史人物传》第三十四卷，陕西人民出版社，1987年

龚育之：《龚育之访谈录》，中央文献出版社，2009年

共产国际执行委员会特工部：《关于远东和近东国家共产党秘密工作状况和特务工作情况的书面报告》（1932年6月3日），中共中央党史研究室第一研究部译：《联共（布）、共产国际与中国苏维埃运动（1931—1937）》第13卷，中共党史出版社，2007年

顾保孜：《超越血缘之爱》，中国青年出版社，1998年

顾顺章：《特务工作之理论与实际》，南京京华印刷厂，1933年

管文蔚：《管文蔚回忆录》，人民出版社，1985年

韩慧英：《自传》，《高邑文史资料》第5辑，高邑县政协，2005年

郝在今：《中国秘密战：中共情报、保卫工作纪实》，金城出版社，2015年

胡鄂公：《辛亥革命北方实录》，中华书局，1948年

黄玠然：《党的"六大"前后若干历史情况》，中共上海市委党史研究室编：《上海党史资料汇编》第2编《土地革命战争时期》（上），上海书店出版社，2018年

黄慕兰：《黄慕兰自传》，中国大百科全书出版社，2012年

黄药眠：《动荡：我所经历的半个世纪》，上海文艺出版社，1987年

洪扬生：《中央特科一科的工作情况》，中共上海市委党史研究室编：《上海党史资料汇编》第2编《土地革命战争时期》（上），上海书店出版社，2018年

江奇涛：《人间正道是沧桑》，江苏文艺出版社，2009年

蒋祖林：《丁玲传》，人民文学出版社，2016 年

经盛鸿：《红队呈威仁济医院》，《无形战线》，上海古籍出版社，2004 年

柯麟：《回忆彭湃》，人民出版社，1992 年

赖安：《关于中共领导人被捕一事给共产国际执委会东方书记处的信》（1934 年 7 月 3 日），中共中央党史研究室第一研究部译：《联共（布）、共产国际与中国苏维埃运动（1931—1937）》第 14 卷，中共党史出版社，2007 年

黎莉莉：《行云流水篇：回忆、追念、影存》，中国电影出版社，2001 年

李关德：《海上静安》，上海古籍出版社，2003 年

李红兵、王奇主编：《穿过幸福时差：听月坛老人讲故事》，新华出版社，2009 年

李凯：《隐蔽战线史话》，中共中央党校出版社，2011 年

李强：《我所知道的中央特科》，《李强纪念文集》，中共党史出版社，2006 年

李滔、易辉主编：《刘鼎》，人民出版社，2002 年

李维汉：《回忆与研究》，中共党史资料出版社，1986 年

李维汉：《李维汉同志谈罗亦农同志牺牲前后》，《罗亦农诞辰一百周年纪念集》，湖南人民出版社，2002 年

李文宜：《李文宜回忆录》，东方出版社，2004 年

李一氓：《模糊的荧屏》，人民出版社，1992 年

李一氓：《李一氓回忆录》，人民出版社，2001 年

李以劻：《关于淞沪抗战的片断》，《文史资料选辑》第三十七辑，中华书局，1963 年

力平：《周恩来一生》，中央文献出版社，2001年

梁漱溟：《这个世界会好吗》，外语教学与研究出版社，2010年

林成西、许蓉生：《中共中央特科》，四川文艺出版社，1996年

刘梦华、莫秀华：《熊瑾玎》，中共党史人物研究会编：《中共党史人物传》第四十一卷，陕西人民出版社，1989年

刘人寿、何荦：《记潘汉年对敌隐蔽斗争工作片断》，中共上海市委党史研究室编：《潘汉年在上海》，上海人民出版社，1995年

刘人寿：《抗战时期的上海地下党电台活动》，吴汉民主编：《20世纪上海文史资料文库》第2辑，上海书店出版社，1999年

卢伟良：《关于大埔交通站的回忆》，《广东文史资料》第28辑，广东人民出版社，1980年

鲁迅：《花边文学》，《鲁迅全集》第五卷，人民文学出版社，1981年

罗可群、熊泽初、邱锦荣、郭呈祥：《彭湃》，《中共党史人物传》第三卷，陕西人民出版社，1981年

罗青长：《深切缅怀隐蔽战线的老前辈匡亚明同志》，《匡亚明纪念文集》，南京大学出版社，1997年

罗青长：《总理在统战工作中立下了不朽的功勋》，《百人访谈周恩来》，江苏文艺出版社，1998年

罗章龙：《罗章龙回忆录》，溪流出版社，2005年

吕芳文：《陈为人》，中共党史人物研究会编：《中共党史人物传》第三十六卷，陕西人民出版社，1988年

吕芳文：《陈为人传》，人民出版社，1997年

茅盾：《子夜》，上海开明书店，1933年

毛毛（邓榕）：《我的父亲邓小平》，中央文献出版社，1997年

毛泽东：《中国社会各阶级的分析》（1925年12月1日），《毛泽东选集》第一卷，人民出版社，1991年

毛泽东：《论联合政府》（1945年4月24日），《毛泽东选集》第三卷，人民出版社，1991年

梅龚彬：《梅龚彬回忆录》，团结出版社，1994年

孟真：《中统与我》，《中统内幕》，江苏古籍出版社，1987年

穆欣：《陈赓大将》，新华出版社，1985年

穆欣：《隐蔽战线统帅周恩来》，中国青年出版社，2013年

聂荣臻：《聂荣臻回忆录》，解放军出版社，2007年

欧阳毅：《欧阳毅回忆录》，中共党史出版社，1998年

彭述之：《彭述之回忆录》，天地图书有限公司，2016年

戚元德：《让革命后代永远高举旗帜》，《吴德峰》，中共党史出版社，2007年

钱化佛：《三十年来之上海》，上海书店，1984年

秦福铨：《博古和毛泽东及中华苏维埃共和国的领袖们》，大风出版社，2007年

秦红：《对爷爷及那个时代的浅识》，《博古和他的时代》，当代中国出版社，2015年

秦家骢：《祖先：一个家族的千年故事》，北京联合出版公司，2016年

秦摩亚：《对父亲的埋怨、理解和崇敬》，《博古和他的时代》，当代中国出版社，2015年

上海市虹口区人民政府编：《上海市虹口区地名志》，百家出版社，1989年

上海市上海县梅陇乡人民政府编：《梅陇志》，1986年

沈安娜口述:《丹心素裹:中共情报员沈安娜口述实录》,李忠效、华克放整理,中共党史出版社,2016年

沈醉:《军统内幕》,中国文史出版社,1990年

盛岳:《莫斯科中山大学和中国革命》,现代史料编刊社,1980年

宋云彬:《杨皙子晚盖》,《宋云彬杂文集》,生活·读书·新知三联书店,1985年

孙犁:《关于丁玲》,《孙犁文集》续编1,百花文艺出版社,2002年

孙晓村:《我的回忆》,《孙晓村纪念文集》,中国文史出版社,1993年

唐宏强:《高树勋将军的亲密战友王定南》,《高树勋纪念文集》,中国文史出版社,1998年

王光远:《红色牧师董健吾》,中央文献出版社,2001年

王光远:《浦江魂:白色恐怖下的周恩来》,中央文献出版社,1999年

王建华:《红色恐怖的铁拳:中共中央特科纪实》,人民中国出版社,1993年

王明:《王明给米夫的信》(1935年7月19日),中共中央党史研究室第一研究部译:《联共(布)、共产国际与中国苏维埃运动(1931—1937)》第15卷,中共党史出版社,2007年

王智涛:《从共产国际归来的军事教官:王智涛回忆录》,军事科学出版社,2015年

吴葆朴、李志英:《秦邦宪(博古)传》,中共党史出版社,2007年

吴殿尧:《刘鼎》,中共党史人物研究会编:《中共党史人物传》

第四十三卷，陕西人民出版社，1990年

夏衍：《懒寻旧梦录》，生活·读书·新知三联书店，2006年

萧克：《萧克回忆录》，解放军出版社，1997年

萧克：《无形战线》（1986年），《重庆抗战纪事·续编》，重庆出版社，1991年

解学诗：《隔世遗世：评满铁调查部》，人民出版社，2004年

熊瑾玎：《熊瑾玎诗草》，生活·读书·新知三联书店，1987年

熊式辉：《海桑集：熊式辉回忆录》，星克尔出版有限公司，2010年

徐恩曾：《我和共产党战斗的回忆》，《细说中统军统》，传记文学出版社，1992年

徐梅坤：《九旬忆旧》，光明日报出版社，1985年

徐强：《记陈为人同志保卫党中央档案》，《文史资料选辑》总第三十二辑，上海人民出版社，1980年

许文龙：《中共特工》，青海人民出版社，1996年

杨西彩：《龙潭虎穴任我闯》，凤凰出版社，2011年

杨颖奇、张万栋：《二号嫡系：一个中统大特务的自述》，青岛出版社，1999年

杨子烈：《张国焘夫人回忆录》，香港自联出版社，1970年

姚华飞、陈建宇：《隐蔽战线福将陈养山传奇》，中国友谊出版公司，2006年

叶炳南：《钱壮飞》，中共党史人物研究会编：《中共党史人物传》第三十四卷，陕西人民出版社，1987年

叶孝慎：《民国疑案》，中国青年出版社，2008年

尹骐：《潘汉年传》，中国人民公安大学出版社，1996年

岳先、秦少智：《虎穴龙潭》，群众出版社，2003 年

张国栋：《中统局始末记》，《细说中统军统》，传记文学出版社，1992 年

张国焘：《我的回忆》，东方出版社，1991 年

张纪恩：《周恩来同志在上海革命活动片断及其它》，《党史资料丛刊》（一九七九年第一辑），上海人民出版社，1979 年

张金保：《张金保回忆录》，湖南人民出版社，1985 年

张沈川：《难忘的回忆》，邮电部邮电史编辑室编：《难忘的战斗岁月：革命战争时期邮电回忆录》，人民邮电出版社，1982 年

张文秋：《张文秋回记录》，广东教育出版社，2002 年

张玉法：《近代变局中的历史人物》，九州出版社，2019 年

张云：《潘汉年传》，上海人民出版社，2017 年

张佐良：《周恩来的最后十年：一位保健医生的回忆》，上海人民出版社，1997 年

赵家铭：《陈立夫与中统局》，《细说中统军统》，传记文学出版社，1992 年

郑超麟：《记罗亦农》，《怀旧集》，东方出版社，1995 年

郑超麟：《郑超麟回忆录》，东方出版社，1996 年

中共上海区委：《中共上海区委行动大纲：起义胜利后的各项工作》，《上海工人三次武装起义》，上海人民出版社，1983 年

中共上海市静安区委党史研究室：《红色印记：上海市静安区重要革命遗址通览》，上海社会科学院出版社，2016 年

中共中央党史研究室：《中国共产党历史》第一卷，中共党史出版社，2002 年

中共中央党史研究室第一研究部译：《联共（布）、共产国际与中

国苏维埃运动（1931—1937）》第15卷，中共党史出版社，2007年

中共中央文献研究室：《周恩来年谱（1949—1976）》，中央文献出版社，1997年

中共中央文献研究室：《周恩来年谱（1898—1949）》，中央文献出版社，2007年

中共中央文献研究室：《周恩来传》，中央文献出版社，1998年

中共中央文献研究室：《陈云传》，中央文献出版社，2005年

中共中央文献研究室、陈云研究组：《领袖画传系列：陈云》，辽宁人民出版社，2018年

中国共产党中央委员会：《关于若干历史问题的决议》（1945年4月20日），中共党史出版社，2010年

中华苏维埃政府、中国共产党中央：《为抗日救国告全体同胞书》（即《八一宣言》，1935年8月1日），中央档案馆编：《中国共产党关于西安事变档案史料选编》，中国档案出版社，1997年

中央档案馆：《中共中央文件选集》第三卷，中共中央党校出版社，1989年

周恩来：《在白色恐怖下如何健全党的组织工作》，《周恩来选集》上卷，人民出版社，1980年

周尔鎏：《我的七爸周恩来》，中央文献出版社，2015年

周惠年：《总理十分爱护我们》，《百人访谈周恩来》，江苏文艺出版社，1998年

周燕：《红色"老板"熊瑾玎》，熊畅苏主编：《红色伉俪传奇人生》，中国文联出版社，2007年

朱德：《朱德军事文选》，解放军出版社，1997年

朱敏：《我的父亲朱德》，辽宁人民出版社，2001年

朱端绶：《毛泽东、周恩来和我的丈夫》《八十六载风雨人生路：朱端绶自传》，熊畅苏主编：《红色伉俪传奇人生》，中国文联出版社，2007年

紫丁：《李强传》，人民出版社，2004年

《何长工传》编写组：《何长工传》，中央文献出版社，2000年

《红色华润》编委会：《杨琳小传》，《红色华润》，中华书局，2010年

《上海市行号路图录》，福利营业股份有限公司，1947年

[俄] 维克托·乌索夫：《苏联情报机关在中国（20世纪20年代）》，赖铭传译，解放军出版社，2007年

[俄] 维克托·乌索夫：《20世纪30年代苏联情报机关在中国》，赖铭传译，解放军出版社，2013年

[美] 爱莎多娜·邓肯：《邓肯女士自传》，于熙俭译，商务印书馆，1934年

[美] 史沫特莱：《中国的战歌》，新华出版社，1985年

[美] 魏斐德：《上海警察（1927—1937）》，章红等译，人民出版社，2011年

[美] 约翰·拜伦、罗伯特·帕克：《康生传》，顾兆敏、顾兆平、金朝晖译，中国社会科学出版社，1998年

[日] 福本胜清解说：《中西功讯问调书》，亚纪书房，1996年

二、杂志

蔡孟坚：《两个可能改写中国近代历史的故事》，《传记文学》第37卷第5期，1980年11月

陈邦本：《侯德华在"潘汉年系统"》，《世纪》，2004年第3期

陈立夫：《参加抗战准备工作之回忆》，《传记文学》第31卷第1期，1977年7月

董少东：《"一号机密"：中共早期档案上海历险记》，《百姓生活》，2013年第9期

杜宁：《叛徒顾顺章叛党的经过和教训》，《党的文献》，1981年第3期

李强、毛齐华、张沈川：《1929—1949年我党地下无线电通讯发展概况》，《上海党史资料通讯》，1988年第2期

孙峻亭、李树庭：《接李德进苏区：访当年执行任务者卓雄》，《纵横》，2003年第3期

孙诗圃：《陈云长征时来沪赴苏情况回忆片断》，《上海党史研究》，1995年第3期

周军、潘莹斌：《杨登瀛：周恩来始终牵挂的特殊人物》，《党史博采（纪实版）》，2001年第3期

三、报纸

陈益南：《向忠发死亡之谜》，《南方周末》，2013年5月3日

罗援：《冰清玉洁独立寒秋傲霜雪　丹心素裹智闯虎穴斗敌顽：悼沈安娜阿姨》，《北京青年报》，2010年6月24日

马海德：《宋庆龄：我的革命导师》，《光明日报》，1981年6月3日

秦红：《华润折射的现代史缩影》，《华夏时报》，2014年6月12日

桑晔：《卧底上海滩屡建奇功的鲍君甫》，《人民政协报》，2009年5月7日

王军：《出卖罗亦农的叛徒是谁》，《济南时报》，2009年7月9日

夏衍：《纪念潘汉年同志》，《浙江日报》，1982年11月23日

谢筱迺：《拳拳赤子心》，《人民日报》，1986年1月19日

周恩来：《彭杨颜邢四同志被敌人捕杀经过》，《红旗日报》，1930年8月30日

左湘君：《怪物杨度》，《联合日报晚刊》，1946年12月11日

后记

守住清贫，耐住寂寞

1927年11月至1935年9月，中央特科以其独特方式，在血雨腥风、纸醉金迷的上海，潜伏了八年，奋斗了八年。八年潜伏，八年奋斗，凝聚了多少智慧、果敢、英勇、坚毅。

2010年6月16日上午10时许，中央特科老战士、我党隐蔽战线斗争的国宝级人物沈安娜在京病逝，享年95岁。她的女儿华克放给我发短信说中央领导沉痛悼念她母亲的去世，誉称她是对党有重大贡献的隐蔽战线英雄。她还说她母亲临终前已然昏迷，但昏迷中还是反复念叨："我暴露了吗？快跑！从后门跑！千万不能让他们抓住！"我回华克放短信，说："谨以无穷哀思遥寄我党隐蔽战线斗争的忠诚战士！泣尽继以血，心摧两无声。在这一别竟成永诀时刻，我终将以我的深切缅怀久久追随老人远去的背影。"一个至死都在想着潜伏、生怕自己暴露给党的事业带来极大危害的人是可敬的。

以无穷的哀思、深切的缅怀，虔诚追随这样一些可敬前辈的远去背影，是我的心愿，也是我写这部作品的主旨。

眼看这一心愿、这一主旨，经多年努力，终

要落到实地，我的内心激动，自然无可言表。纸短情长，在这里，我能说的，只能是对我爱着的和爱着我的所有人，轻声说一句"谢了"。

首先，我要感谢上海市国家安全局。二十多年来，彼此多有合作、互动，结下了深厚友谊。

其次，我要感谢金城出版社，尤其是潘涛编审。潘涛是我的良师益友，更是这部书稿的伯乐。这些年来，从上海到北京，从"辞书"到"金城"，他的坚持、他的支持，一直深深感动着我。还有刘小晖、李涛及李凯丽三位老师，他们传承接力、敬业尽责，让人动情。

我还要感谢周恩来的侄女周秉德、侄子周秉华，陈云的女儿陈伟华，秦邦宪（博古）的儿子秦钢和秦铁、儿媳郭少妹、孙子秦洋、孙女秦红，陈赓的儿子陈知建和陈知涯、女儿陈知进，李克农的儿子李力和李仑，罗青长的儿子罗援，钱壮飞的孙子钱泓，李强的儿子李延明和李小强、女儿李晓图，龚饮冰的儿子龚育之、儿媳孙小礼，王世英的儿子王敏清，陈养山的儿子陈建宇，李一氓的女儿李薇薇，熊瑾玎和朱端绶的女儿熊畅苏，周惠年和李得钊的儿子李钊，张沈川的女儿张僧宝，吴克坚的儿子吴兆力，李茂堂的儿子李克前、孙子李炜京和李炜旗、孙女李炜垣、孙媳马玉萍，阎宝航的儿子阎明复，陈同生的女儿陈淮淮、儿子陈乐波和陈申申，沈安娜、华明之的女儿华克放，张鼎丞的女儿张久久，毛泽民的外孙曹耘山，潘汉年的侄子潘冠儒，董健吾的女儿董惠芳和董云飞，鲍文蔚的儿子鲍劲源、女儿鲍晓娜、女婿苗长发，刘鼎的遗孀易辉等。感谢他们热忱待我，给予我各种帮助。

我要感谢我敬重的师长石仲泉同志和沈忆琴同志，他们视我为忘年交。他们的知无不言、诲人不倦，让我长知识、长学问。

我还要感谢中共隐蔽战线的光荣前辈王征明同志及其夫人俞

芷蒨阿姨。王老一直鼓励我刻苦钻研,秉笔直书,说真话,写正史,曾赠我诗句:"饱蘸笔墨理春秋,于细微处见精神。"我一定孜孜不倦,执着践行。

我要感谢我的莫逆同道郝在今同志。感谢他襟怀坦白、赤诚待我,总在我有困难时帮助我。

我还要感谢李琪、世军、博永、卫民、冯炜、恒志、谭平、玉亭、杨林、景嵋、吴江、文健、黄晓、子平、王洪、华倩、耀军、兆田、林捷、晓静、伟星、蒋妍、春熙、伟民、成樑、维国、方泽、治宇、永波、江波、国明、桂保、跃明、安方、胡华、奕昕、未明、咏梅、力奋、晓敏、卫国、士平、点点、邵敏、淑霞、祖德等同志。许多年来,我们一直友好交往,有过许多合作,彼此间的情谊非寻常语言所能表达。

我要感谢一冰、叶子、徐韵、许洁等同志。她们兢兢业业、一丝不苟,既是这部书稿的最初读者,也是我的勤勉帮手。

我还要感谢许多不能在这里逐一列出真实姓名的同志。他们迄今仍在我党隐蔽战线上工作。他们是新一代的无名卫士,就像他们的英雄前辈,以忠诚为本,以奉献为荣。

最后,我要说,我写书,写文史类作品,有一个原则,就是多用引号,尽量以原始材料说话。这还是杨天石先生教我的。杨先生是中国社会科学院学部委员、近代史研究所研究员,重点研究民国史。杨天石每次见到我,总要说:"'资料不够,想象来凑'的伪纪实,我一不买二不看,因为许多好的题材被糟蹋了。因为那些胡编乱造的东西实在是太可怕了。到底哪些查了档案,做了考证,哪些以讹传讹、自己编的,谁分得清?要是我们都分不清,百年以后,还有谁分得清?!因此,你有千变万化,我有一定之规。我就看你加不加注，用不用引号。你不服气，你就给我加注，用引号。你说你的说法有根据，有出处，你就给我把注加上去，用引号标出来。你就给我说清楚。说清你的说法到底是从哪里来的。否则，我就不信你的。你越是写得活灵活现、天花乱坠，我越是觉得你靠不住。"

以杨天石先生的立场看问题，我在我的书里总是特别重视加注、加引号，力求对每个重要史实刨根问底，查找原始出处。我只想老老实实地做一点学问。是则是，非则非。知之为知之，不知为不知。绝不媚俗，绝不浮躁，绝不为了天知我有、地知我无、人知我有、我知我无的虚名，轻易作判断、下结论。《颜氏家训·勉学篇》有云："观天下书未遍，不得妄下雌黄，或彼以为非，此以为是，或本同末异，或两文皆欠，不可偏信一隅"，应该说的就是这个道理。

有人说，真相无从知晓，或许从来就没有真相。我则说不。因为我相信，只要人人守住清贫，耐住寂寞，多一点实事求是之心，少一点哗众取宠之意，坚持"涉密而不泄密，揭秘而不猎奇"，我们就能一步步走近真相，直至最终走进重重迷雾包裹着的真相。

叶孝慎

2021 年 4 月 20 日